Dieses Buch bietet einen weitreichenden Einblick in die zeitgenössische italienische Hermeneutik. Die Beiträge, größtenteils eigens für diesen Band verfaßt, umfassen alle relevanten theoretischen Positionen der Hermeneutikdebatte in Italien seit den sechziger Jahren. Diese intensive Debatte hatte ihr Vorspiel in dem Monumentalwerk des berühmten Juristen Emilio Betti, „Allgemeine Auslegungslehre als Methodik der Geisteswissenschaften" (1955, dt. 1967). Von dort aus entfaltete sie sich zum einen zentriert um die traditionellen Themen philosophischer Hermeneutik, stellte zum anderen aber auch Bezüge zu den Geistes- und Sozialwissenschaften her, zur Semiotik, zur Geschichte, zur Philosophie der Kunst und der Religion. Auf diese Weise entstand ein außerordentlich reichhaltiges und fein differenziertes Bild. Das Buch dokumentiert dies durch unmittelbare Zeugnisse jener Forscher, die sich in den letzten dreißig Jahren in bedeutsamer Weise an der Debatte beteiligt haben.

Franco Bianco (Hg.)

Beiträge zur Hermeneutik aus Italien

Alber-*Reihe* Philosophie

Beiträge zur Hermeneutik aus Italien

Beiträge von

Franco Bianco
Alberto Caracciolo
Umberto Eco
Sergio Givone
Italo Mancini
Luigi Pareyson
Mario Ruggenini
Carlo Sini
Gianni Vattimo
Vincenzo Vitiello

Herausgegeben von
Franco Bianco

Verlag Karl Alber Freiburg/München

Gedruckt mit Unterstützung
des italienischen Außenministeriums,
des italienischen Kulturinstituts, Stuttgart
des Instituts Suor Orsola Benincasa, Neapel

Die Deutsche Bibliothek – CIP-Einheitsaufnahme

Beiträge zur Hermeneutik aus Italien / Beitr. von
Franco Bianco ... Hrsg. von Franco Bianco. – Freiburg
i. Br.; München: Alber, 1993
(Alber-Reihe Philosophie)
ISBN 3-495-47744-6
NE: Bianco, Franco [Hrsg.]

Gedruckt auf alterungsbeständigem Papier (säurefrei)
Printed on acid-free paper

Druck: Offsetdruckerei J. Krause, Freiburg i. Br.
ISBN 3-495-47744-6

Gli huomini le cose *dubbie*, o *ignorate*, che lor'*appartengono*, naturalmente *interpretano* secondo le loro *nature*, e quindi usciti *costumi*, e *passioni*.

Die Menschen deuten die zweifelhaften oder dunklen Dinge, mit denen sie zu tun haben, natürlicherweise nach ihrer eigenen Natur und den daraus hervorgehenden Leidenschaften und Sitten.

Giambattista Vico, De' principj d'una scienza nuova d'intorno alla comune natura delle nazioni (1730)

Inhalt

Einleitung*

Von Franco Bianco

Um die Mitte der fünfziger Jahre – das geistige Klima war noch weitgehend von den Sorgen der Nachkriegszeit bestimmt, die italienische Philosophie begann erst allmählich wieder Beziehungen zum europäischen und außereuropäischen Denken zu knüpfen, wobei sie ihre Aufmerksamkeit vor allem auf die Existenzphilosophie und den logischen Positivismus richtete – war es der Jurist Emilio Betti, der dem italienischen Denken der Gegenwart die Auseinandersetzung um die Hermeneutik eröffnete. In seiner monumentalen „Teoria generale della interpretazione"[1], in der sein dreißig Jahre zuvor mit der Reflexion über hermeneutica juris beschrittener Denkweg[2] seinen Abschluß fand, legte er seine Summa der Probleme einer Auslegungslehre vor, die sich im Gefolge Schleiermachers und Diltheys als „allgemeine Methodik der Geisteswissenschaften"[3] verstand. Aus Gründen, denen wir hier nicht im einzelnen nachgehen können,[4] ignorierte die

* Übersetzt von Ute Lipka.

1 Vgl. E. Betti, Teoria generale della interpretazione, 2 Bände, Mailand: Giuffré 1955; 2. Aufl., hrsg. von G. Crifò, Mailand: Giuffré 1990; dt: Allgemeine Auslegungslehre als Methodik der Geisteswissenschaften, Tübingen 1967.

2 Vgl. E. Betti, Methode und Wert des heutigen Studiums des römischen Rechts, in: Tijdschrift voor Rechtsgeschiedenis 15 (1937) 137-174.

3 Vgl. E. Betti, Die Hermeneutik als allgemeine Methodik der Geisteswissenschaften, Tübingen 1962.

4 Es sei mir gestattet, auf meinen Aufsatz „Die Hermeneutik-Debatte in der italienischen Philosophie der Gegenwart", der demnächst in der

italienische Philosophie jener Jahre jedoch Bettis Werk,[5] dessen Interesse für die Probleme der Hermeneutik im Hinblick auf die vorherrschenden Tendenzen in der italienischen Kultur jener Zeit sozusagen zu früh kam. Die Diskussion zum Thema der Interpretation sollte in Italien erst im folgenden Jahrzehnt Fuß fassen und sich von vornherein in eine Richtung entwickeln, die die Probleme einer allgemeinen Theorie der Art, wie sie Betti ausgearbeitet hatte, an den Rand drängte; stattdessen bezog sie sich mehr auf das Thema der „existentialen Interpretation", wie es Rudolf Bultmann in seiner Aufnahme von Gedanken des frühen Heidegger[6] formuliert hatte.

Die Tatsache, daß der Verfasser von „Sein und Zeit" inzwischen reserviert, wenn nicht gar widerstrebend der hermeneutischen Thematik begegnet war, die doch in den Jahren seiner philosophischen Anfänge[7] im Mittelpunkt seiner Interessen gestanden hatte, war gewiß nicht ohne Bedeutung für die Verspätung, mit der diese Thematik in Italien Aufnahme fand, und für das geringe Interesse für sie in den sechziger Jahren. Erst im darauffolgenden Jahrzehnt kam aufgrund der zunehmenden Rezep-

---

„Zeitschrift für philosophische Forschung" erscheinen wird, zu verweisen.

[5] Keine philosophische Zeitschrift in Italien hat damals das Werk Bettis besprochen!

[6] Vgl. G. Miegge, L'Evangelo e il mito nel pensiero di Rudolf Bultmann, Mailand: Comunità 1956; A. Caracciolo, Il problema della demitizzazione nel dialogo Bultmann-Jaspers, in: Giornale critico della filosofia italiana 36 (1957) 300-321 und 488-514; E. Castelli (Hrsg.), Il problema della demitizzazione, Padua: Cedam 1961 (dt.: Entmythologisierung und existentiale Interpretation. Kerygma und Mythos VI-1, Hamburg-Bergstedt 1963); F. Bianco, Distruzione e riconquista del mito, Mailand: Silva 1962; I. Mancini, Saggio sulla demitizzazione, Mailand (Sonderdruck aus: Rivista di Filosofia Neoscolastica [1962/1963]).

[7] Vgl. M. Heidegger, Ontologie (Hermeneutik der Faktizität), (Gesamtausgabe Bd. 63), Frankfurt a. M. 1988.

tion der von Hans Georg Gadamer in „Wahrheit und Methode“[8] ausgearbeiteten Thesen und aufgrund der beginnenden Auseinandersetzung zwischen philosophischer Hermeneutik und Ideologiekritik die Diskussion in Italien in Gang. Die italienische Philosophie befand sich damals in einer dynamischeren Phase dank der Wirkung von Philosophen verschiedener Generationen, die nicht selten von theoretischen Erfahrungen jeweils anderer Richtungen geprägt, aber an einer Auseinandersetzung mit den Problemen der zeitgenössischen Hermeneutik interessiert waren. Auf diese Weise waren die Grundlagen geschaffen sowohl für ein tiefgreifendes Überdenken der wichtigsten philosophischen Traditionen, die in der ersten Hälfte des Jahrhunderts in Italien lebendig waren, als auch für Verpflanzungen und Synthesen, die bisweilen der Originalität nicht entbehrten, die aber, wie schon in der Vergangenheit (z. B. bei der Rezeption der Phänomenologie), einen eklektischen Zug der italienischen Philosophie in der zweiten Hälfte des zwanzigsten Jahrhunderts sichtbar machten.[9]
Neben den spezifischen Themen der philosophischen Hermeneutik berührte das Interesse für die Probleme der Interpretation somit ein breites Spektrum von Fragen, die nicht nur die Philosophie der Kunst, der Geschichte oder der Religion betrafen, sondern auch die methodische Reflexion innerhalb der Geistes- und Sozialwissenschaften, von der Anthropologie bis zur Soziologie, von der Geschichts- bis zur Rechtswissenschaft, von der Literaturwissenschaft bis zur Semiotik. Das Bild, das sich daraus ergab, spiegelte nur zum Teil die Diskussionen wider, die

---

[8] Dessen italienische Übersetzung, hrsg. von G. Vattimo, in Mailand bei Fabbri 1972 veröffentlicht wurde.

[9] Vgl. P. Rossi und C. A. Viano (Hrsg.), Filosofia italiana e filosofie straniere nel dopoguerra, Bologna: Il Mulino 1991.

in der europäischen Geisteswelt geführt wurden, welche unmittelbarer vom zeitgenössischen deutschen Denken beeinflußt war. In diesem Rahmen konnte endlich auch der Beitrag Bettis, dem schon seit geraumer Zeit von angesehenen ausländischen Denkern eine nicht unbedeutende Rolle innerhalb des gegenwärtigen „Konflikts der Interpretationen"[10] attestiert worden war, wiederentdeckt und angemessener gewürdigt werden.

Auf Betti kann, wie angedeutet, jene Tendenz in der zeitgenössischen Reflexion zurückgeführt werden, die auf den Spuren Diltheys in der Hermeneutik eine allgemeine Methodik der Geisteswissenschaften erblickt. Das bedeutet im Guten wie im Schlechten, daß für den Verfasser der „Allgemeinen Auslegungslehre" das zentrale Problem jeder Hermeneutik die Vermeidung von Mißverständnissen blieb, also an erster Stelle die Gewährleistung der Objektivität der Interpretation. Eine solche „Objektivität" ist sicher schwer zu erlangen, problematisch und vielleicht auch aporetisch; sie brachte jedoch über die nicht zu leugnenden Grenzen hinaus, in denen sie gedacht wurde, ein nicht zu unterdrückendes Bedürfnis zum Ausdruck, das dem Interpretationsprozeß, auf den sich sowohl die Geistes- wie die Sozialwissenschaften gründen, intersubjektiven Wert zu garantieren versprach, weil es ohne diesen Wert nicht möglich wäre, jenem Prozeß wissenschaftliche Erkenntnis zuzuerkennen. Zwar hat die philosophische Hermeneutik dieses Prinzip an der Wurzel gepackt, wie auch die Polemik zwischen Gadamer und Betti[11] zeigen sollte, aber anderer-

[10] Vgl. R. E. Palmer, Hermeneutics. Interpretation Theory in Schleiermacher, Dilthey, Heidegger, and Gadamer, Evanston: Northwestern University Press 1969, 46-65; J. Bleicher, Contemporary Hermeneutics. Hermeneutics as Method, Philosophy and Critique, London: Routledge & Kegan Paul 1980, 27-50.

[11] Vgl. H.-G. Gadamer, Vorwort zur 2. Auflage, in ders., Wahrheit und Methode, 2. Aufl. Tübingen 1965, XIII-XXIV; ders., Hermeneutik und

seits hat sich, während die Geistes- und Sozialwissenschaften ihrerseits die Unverzichtbarkeit auf eine „objektive" Erkenntnis auch für den menschlichen und gesellschaftlichen Bereich betonten, die Hermeneutik nach Heidegger und Gadamer veranlaßt gesehen, den Bann gegen die Objektivierungsprozesse abzuschwächen und nicht nur die Rechte einer „hermeneutischen Logik"[12], sondern auch den positiven Wert und die unumgängliche Funktion der „Distanzierung"[13] hervorzuheben.

Ein Band, der sich wie der vorliegende zum Ziel setzt, für den deutschsprachigen Leser die wichtigsten Positionen zu dokumentieren, die in Italien im Verlauf der Diskussion über die Hermeneutik in der zweiten Hälfte unseres Jahrhunderts eingenommen wurden, müßte also mit Betti beginnen. Wenn das nicht geschieht, dann deshalb, weil das Denken des italienischen Juristen seit geraumer Zeit bekannt und dem deutschen Leser leicht zugänglich ist;[14] dies kann von anderen Autoren, die nicht weniger Aufmerksamkeit verdienen, die in der immer sehr lebhaften Diskussion, die im deutschen Sprachraum über Probleme der Interpretation geführt wird, bisher jedoch noch wenig

---

Historismus, ebd. 477-512; E. Betti, Zur Grundlegung einer allgemeinen Auslegungslehre. Mit einem Nachwort von H.-G. Gadamer, Tübingen 1988.

[12] Vgl. P. Ricoeur, 'Logique herméneutique'?, in: G. Fløistad (Hrsg.), Contemporary Philosophy. A new survey, Bd. 1, The Hague: Nijhoff 1981, 179-223.

[13] Vgl. P. Ricoeur, La fonction herméneutique de la distanciation, in: ders., Du texte a l'action. Essais d'herméneutique II, Paris: Seuil 1986, 101-117.

[14] Von den auf deutsch erschienenen Werken Bettis sind noch zu nennen: Jurisprudenz und Rechtsgeschichte vor dem Problem der Auslegung, in: Archiv für Rechts- und Sozialphilosophie 40 (1952) 354-374; Probleme der Übersetzung und der nachbildenden Auslegung, in: Deutsche Vierteljahresschrift für Literaturwissenschaft und Geistesgeschichte 27 (1953) 489-508; Zur Grundlegung einer allgemeinen Auslegungslehre, in: Festschrift für E. Rabel, Bd. 2, Tübingen 1954, 79-168.

Berücksichtigung fanden, nicht behauptet werden. Nach Betti hat die Diskussion in Italien neue Wege beschritten, die kurz nachgezeichnet werden müssen, wenn man den systematischen und historischen Hintergrund der in diesem Band vorgelegten Beiträge verständlich machen will. Daher werden wir hier einen kurzen Überblick geben, der nicht in erster Linie über die Verfasser der Beiträge dieses Bandes, sondern über die allgemeinen Richtungen und die Themenbereiche, die die italienische Diskussion bestimmt haben, informieren soll. Dabei wollen wir die Perspektiven vor den Blick bringen, die diese Diskussion, die in immer engerer Verbindung zu den wissenschaftlichen Debatten in anderen Sprachräumen erfolgt, heute eröffnen muß.
Was hat die Tatsache, daß in Italien die Diskussion hermeneutischer Probleme mangels einer Rezeption von Bettis Denken von den Themen einer „existentialen Interpretation" ausgegangen ist, für die Entwicklung der Hermeneutik in unserem Land bedeutet? Es handelt sich – das sollte nicht vergessen werden – um Themen, die von philosophischer und theologischer Natur zugleich sind, sie werfen Licht auf die wesenhafte Zweideutigkeit, die nicht nur in der italienischen Kultur das Verhältnis von Hermeneutik und Religion kennzeichnet. Auch bei uns erwies es sich als ein spannungsvolles Verhältnis, das sich in verschiedenen Richtungen ausgeprägt hat, innerhalb derer die Bezugnahme auf Hermeneutik von zutiefst unterschiedlicher, ja gegensätzlicher Art ist. So kann Hermeneutik in den Dienst einer scharfsinnigen Apologetik gestellt werden, die zwar eine kritische oppositionelle Haltung gegenüber dem modernen Denker einnimmt, gleichzeitig aber auch bemüht ist, sich auf den Sinn der christlichen Botschaft zu konzentrieren, um durch das breite Spektrum ihrer Interpretationsmöglichkeiten konfessionelle Schranken überwinden zu helfen.[15] Die Hermeneu-

tik kann aber auch in einem für diese Fragestellung noch kaum empfänglichen Klima für das Thema der Entmythologisierung fruchtbar gemacht werden. In diesem Falle wird sie zum Ausdruck eines Denkentwurfs, der nicht mehr eine radikale Antithese zur Moderne, sondern die Versöhnung mit ihr sucht, in der Überzeugung, daß zwischen mythischem und modernem Weltbild keine Möglichkeit der Vermittlung besteht.[16]

In der italienischen Philosophie der sechziger und siebziger Jahre wirkte sich die Verbindung zwischen Hermeneutik und Religion noch in einer dritten Richtung aus: in der Anknüpfung an das Denken Heideggers, um so zwischen einem objektivistischen und einem religiösen Nichts zu unterscheiden; die Heideggersche „Kehre" als Ablehnung des Nichts als Nichts wird demzufolge zugunsten des Nichts, „das sich in Sein verwandelt",[17] interpretiert. Diese Kehre sucht jegliche humanistische Lesart der existentialen Analytik zu überwinden, um die Wiederentdeckung des Heiligen zu befördern. Nur im Lichte dieser Dimension tritt der hermeneutische Charakter des Heideggerschen Denkens zutage. Wenn Metaphysik im wesentlichen Nihilismus ist, so ist die Heideggersche Ontologie Offenbarung des Ereignisses, und in diesem Sinne stellt sie im zeitgenössischen Denken das Problem der Interpretation in den Vordergrund.[18]

---

[15] Vgl. E. Castelli, I presupposti di una teologia della storia, Padua: Cedam 1952; ders. (Hrsg.), Il problema della demitizzazione, a. a. O.; ders. (Hrsg.), Ermeneutica e tradizione, Padua: Cedam 1963; ders. (Hrsg.), Mito e fede, Padua: Cedam 1966: ders. (Hrsg.), L'ermeneutica della libertà religiosa, Padua: Cedam 1968; ders., La critica della demitizzazione, Padua: Cedam 1972.

[16] Vgl. F. Bianco, Distruzione e riconquista del mito, a. a. O. 211-276.

[17] Vgl. A. Caracciolo, Pensiero contemporaneo e nichilismo, Napoli: Guida 1976, 97.

[18] Ebd. 105-107.

Ab Ende der sechziger Jahre richtet sich schließlich ein Denkentwurf, der in der Unterscheidung von „religiöser Philosophie“ und „Religionsphilosophie“ gründet,[19] auf eine Identifizierung von Hermeneutik und Religionsphilosophie. Nach diesem Entwurf weist jede „religiöse Philosophie“ – was immer ihr Gegenstand sein mag – das Charakteristikum auf, daß sie sich eine Struktur geben will, die ihre Suche nach Absolutheit befriedigen kann. In diesem Sinne ist jede „religiöse Philosophie“ dazu bestimmt, sich im wesentlichen als eine theoretisch-systematische Konstruktion zu entfalten, in der sich das schöpferische Genie des einzelnen Denkers offenbart. Die „Religionsphilosophie“ dagegen stellt sich eine begrenztere Aufgabe, die aus dem Bewußtsein erwächst, vor allem im Dienst der in der Geschichte und im Leben gegebenen religiösen Voraussetzungen zu stehen. Sie versteht sich im wesentlichen als ein Anhören und Aufnehmen der „Botschaft“, des „rettenden Wortes“ in seiner geschichtlichen Konkretheit und nimmt somit die Gestalt der Interpretation jenes „unermeßlichen Gegenstands“[20] an, der im Mittelpunkt einer niemals abzuschließenden Suche nach dem Sinn individueller und sozialer Existenz steht.
Nicht völlig von der religiösen Problematik getrennt, aber auch nicht gänzlich auf sie rückführbar ist auch diejenige Auffassung der Hermeneutik, die das Heideggersche Thema der Unerschöpflichkeit des Seins und der Wahrheit, verstanden als unauflösbare Verflechtung von Licht und Dunkelheit, von Offenbarung und Verbergen behandelt und die sich als Entwicklungsprozeß des sogenannten

[19] Vgl. I. Mancini, Filosofia della religione, Roma: Abete 1968; ders., Teologia, ideologia, utopia, Brescia: Queriniana 1974; ders., Novecento teologico, Firenze: Vallecchi 1977; ders., Filosofia della prassi, Brescia: Morcelliana 1986.
[20] Vgl. I. Mancini, Novecento teologico, a. a. O. IX f.

„offenbarenden“ Denkens versteht. Eine zentrale Stellung nimmt in diesem Zusammenhang die Unterscheidung zwischen „ausdrückendem“ und „offenbarendem“ Denken ein.[21] Ersteres besitzt lediglich die Fähigkeit, die eigene Zeit zum Ausdruck zu bringen; letzteres befähigt hingegen den Menschen, die Offenbarung der Wahrheit mitzuteilen. Nur das Denken, das sich der unlösbaren Verbindung von Person und Wahrheit bewußt ist, ist nach dieser Auffassung ein Denken, daß zur Wahrheit führen kann: in diesem Sinne ein „offenbarendes“ Denken. Das andere, das eine solche Verbindung abstreitet und den Menschen nicht als den Sitz jener Offenbarung, sondern vielmehr als historisches Wesen betrachtet, das unlösbar an seine Zeit und ihre Ansprüche gebunden ist, wird als zweitrangiges Denken angesehen, das zu Recht dazu bestimmt ist, vergänglich zu sein. Nur vom „offenbarenden“ Denken kann man sagen, daß es zur Interpretation fähig ist, da man nur von der Wahrheit eine Interpretation geben kann, wie auch Interpretation stets *persönlich* ist, weil jede echte Interpretation der Wahrheit immer nur persönlichen Charakter besitzen kann.[22]
Diese Auffassung von Hermeneutik bleibt bestimmend auch für die Perspektive, die das Verstehen als Wiederentdecken eines Anspruchs auf Wahrheit begreift, der sich dem Leser eines Textes oder dem Betrachter eines Kunstwerks gegenüber geltend macht.[23] In diesem Ansatz liegt eine Kombination von Einflüssen der ontologischen Her-

---

[21] Vgl. L. Pareyson, Pensiero espressivo e pensiero rivelativo, in: Giornale critico della filosofia italiana 44 (1965) 177-190; ders., Originarietà dell'interpretazione, in: R. Bubner, K. Cramer und R. Wiehl (Hrsg.), Hermeneutik und Dialektik, Tübingen 1970, Bd. 1, 353-366; ders., Verità e interpretazione, Mailand: Mursia 1971.
[22] Vgl. L. Pareyson, Verità e interpretazione, a. a. O. 15-31.
[23] Vgl. G. Vattimo, Poesia e ontologia, Mailand: Mursia 1967, 95-113.

meneutik sowie der Kritik des ästhetischen und des historischen Bewußtseins vor, wobei der sich durchsetzende Wahrheitsanspruch eines Textes oder eines Kunstwerks den Interpreten dazu veranlassen soll, seine Aufmerksamkeit auf die Fähigkeit des interpretandum zu richten, der Gesamtheit der Existenz Sinn zu geben. Diese Konkretisierung des paradigmatischen Charakters der juridischen und der theologischen Hermeneutik[24] führt zu einer Gegenposition gegenüber jeder methodischen Hermeneutik. Als Ausdruck einer rationalistischen Haltung gilt die methodische Hermeneutik als unfähig, über das Anderssein des Werkes Rechenschaft abzulegen.[25] So nimmt die Hermeneutik in diesem Ansatz mehr und mehr den Charakter eines Abschieds von jeglichem begründenden, ja sogar von jeder Art methodischen Denkens an.

Am Interpretationsprozeß, verstanden als Fähigkeit, Bedeutungen durch Zeichen zu erfassen, ist von ihrer Grundlage her auch die Semiotik interessiert. Es ist weder verwunderlich, noch kann es als ein spezifisches Element der italienischen Philosophie bezeichnet werden, wenn es in den letzten Jahren verstärkt Bemühungen gab, eine Synthese zwischen der besonders vom Werk Ch. S. Peirce' beeinflußten Semiotik und der Hermeneutik Heideggerschen Ursprungs herbeizuführen. Man kann sagen, daß diese Bemühungen zu einer Auffassung des Interpretationsprozesses als einer „unbegrenzten Semiose" geführt haben, dessen Grundlagen der anti-intuitive Charakter der Semiotik von Peirce bildet. Peirces Kritik am Cartesianismus wird hier verglichen mit Heideggers Kritik an der

[24] Vgl. H.-G. Gadamer, Wahrheit und Methode, a. a. O. 162, 291 f., 313-315.

[25] Vgl. G. Vattimo, Poesia e ontologia, a. a. O. 96-101.

Phänomenologie Husserls, und sie wird angeführt, um zu zeigen, daß Semiotik und Hermeneutik in der „unbegrenzten Semiose" aufeinandertreffen müssen. Diese Begegnung erscheint schon wegen der Tatsache unvermeidlich, daß sie den Kern trifft, der beiden Positionen gemeinsam ist: die Überzeugung nämlich, daß außerhalb der Interpretation kein Ergebnis zu erzielen und es nicht möglich sei, zum Ursprung einer Interpretationskette zurückzugelangen.[26] Aber wie sich im hermeneutischen Feld ein „Konflikt der Interpretationen" manifestiert, so gibt es hier seit kurzem auch im semiotischen Bereich Tendenzen, die nicht auf ein und denselben Nenner zurückgeführt werden können. Der „unbegrenzten Semiose", die Gefahr läuft, unaufhaltsam abzudriften, und in der, wie die Entwicklung von Derridas Denken lehrt, die Sinneinheit selbst gefährdet erscheint, muß Einhalt geboten werden, nicht, um die Offenheit des Interpretationsprozesses zurückzuweisen, sondern um in der historisch determinierten Gemeinschaft der Interpreten den Ort zu erkennen, an dem sich die Möglichkeit einer Übereinstimmung eröffnet. Diese Übereinstimmung muß ebenfalls auf einen „transzendentalen" Sinn gegründet sein, der jedoch nicht an den Anfang, an die Wurzel des Sinngebungsprozesses gestellt werden darf, „sondern [...] als ein mögliches und transitorisches Ziel jedes Prozesses postuliert werden" muß.[27]
Es ist zum Schluß darauf hinzuweisen, daß in der italienischen Diskussion der letzten Jahre, wenn auch vorläufig nur andeutungsweise, ein weiterer Aspekt hermeneutischer Thematik zutage trat, der in der gesamten Reflexion über Interpretationsprozesse zu wichtigen Resultaten

[26] Vgl. C. Sini, Semiotica e filosofia, Bologna: Il Mulino 1978.
[27] Vgl. U. Eco, Die Grenzen der Interpretation, München, Wien 1992, 440.

führen kann. Es handelt sich um das Problem des Handlungsverstehens, das besonders in der Auseinandersetzung zwischen Philosophie einerseits und Geistes- und Sozialwissenschaften andererseits eine grundlegende Rolle spielt und von dem eine ernsthafte Reflexion, die sich den aktuellen theoretischen Grundfragen widmet, nicht absehen kann.

Seit Max Weber besitzt das Problem des Handelns, das eine bedeutende Ausweitung des hermeneutischen Ansatzes darstellt, die Funktion, all diejenigen aus dem „dogmatischen Schlummer" zu wecken, die vor allem bezüglich der Interpretation von Texten oder Kunstwerken der Meinung waren, auf jedes Verfahren der Bewährung verzichten zu können. Bei der Interpretation des mündlichen oder schriftlichen Diskurses ist es sicher leichter, obwohl nicht gerechtfertigt, sich von der Vorannahme zu verabschieden, zwischen richtigen und falschen Interpretationen unterscheiden zu müssen und diese starre Dichotomie durch das flexiblere Prinzip derer zu ersetzen, die sich auf die Möglichkeit berufen, auf immer wieder neue Weise zu interpretieren.[28] Die Dinge komplizieren sich jedoch, wenn man vom Bereich des Diskurses auf den des Handelns übergeht. Denn viel mehr als um sprachliche Äußerungen geht es hier um Verantwortung, die die Person im ganzen und bisweilen selbst ihr Schicksal miteinbezieht. Das Handeln verstehen, es nicht aufgrund vergänglicher Eindrücke beurteilen, sondern seine innerste Natur erkennen wird dann ein Imperativ, dem sich niemand entziehen kann. Es ist ein Imperativ, der nicht nur eine unermüdliche Anstrengung in der Erkenntnis der Wesenszüge und Motivationen des Handelns erfordert, sondern auch die Möglichkeit zur Kon-

[28] Vgl. H.-G. Gadamer, Wahrheit und Methode, a. a. O. 290-295.

trolle des Verständnisses, das immer erneut durch den Vergleich mit anderen Interpreten, die im gleichen sozialen Kontext wirken, zu erlangen ist.

Wenn unsere Überlegungen zutreffen, dann ist jetzt der Augenblick gekommen, die Tendenz, die nach Max Weber in der Reflexion über den Interpretationsprozeß hervorgetreten ist, von Grund aus umzukehren.

Diese Tendenz hat das Problem des Handlungsverstehens zu Unrecht völlig unberücksichtigt gelassen und sich dementsprechend immer mehr davon entfernt, der Interpretation selbst intersubjektive Gültigkeit zu verschaffen.[29] Erst in den letzten zwanzig Jahren hat die zeitgenössische Hermeneutik dank den Überlegungen Paul Ricoeurs dieses Problem wieder aufgegriffen und aus der Auseinandersetzung mit der analytischen Handlungstheorie Anregungen gewonnen, die auf eine nicht unerhebliche Revision des von der philosophischen Hermeneutik ausgearbeiteten Paradigmas abzielen.[30] Eines der wichtigsten Verdienste Ricoeurs liegt zweifellos darin, daß er einen Aspekt des hermeneutischen Problems, der ein halbes Jahrhundert lang fast nicht beachtet worden war, erneut untersucht hat. Zwar gibt der von ihm gewiesene Weg eines Brückenschlags zwischen hermeneutischem Denken und Orientierung an der Praxis – d. h. der Zurückführung des Handlungsverstehens auf die Textinterpretation – vielleicht eine nicht ganz überzeugende Antwort, weil dabei dem sprachlichen Bereich eine Vorrangstellung eingeräumt wird, die die Grundtendenz von Ricoeurs Denken mit in Frage stellt. Es ist jedoch unbe-

[29] In diesem Sinne scheint mir der kurze Hinweis auf Max Weber, den H.-G. Gadamer in seinen Aufsatz „Hermeneutik und Historismus", a. a. O. 478 f. gegeben hat, sehr bezeichnend.

[30] Für eine nähere Begründung dieser These siehe meinen Beitrag „Texthermeneutik und Handlungsverstehen" in diesem Buch.

streitbar, daß Ricoeur die heutige Hermeneutik genötigt hat, sich mit einer unaufgearbeiteten Vergangenheit auseinanderzusetzen, die sich heute wieder Geltung verschafft. Lange getrübt von der subtilen Verführungskunst einer Hermeneutik, die mit ihrem Anspruch auf Universalität den Versuchen, den Interpretationsprozessen intersubjektiven Wert zuzusichern, keinen Raum ließ, scheint das Bedürfnis nach Bewährung dieser Prozesse – mit Weber ziehen wir vor, statt von „Verifizierung" von „Kontrolle" zu sprechen[31] – endlich dazu bestimmt, dank der neuen, nicht mehr zu umgehenden Diskussion um das Handlungsverstehen in der zeitgenössischen Reflexion wieder zur Geltung zu kommen.

*

Es sei mir gestattet, allen denen meinen aufrichtigsten Dank auszusprechen, die in unterschiedlicher Weise, aber mit dem Blick auf das gleiche Ziel mit ihrem Wirken die Veröffentlichung dieses Buches ermöglicht haben. Ich danke Meinolf Wewel vom Verlag Karl Alber, dem ich die Idee zu diesem Buch verdanke und der mich angeregt und ermutigt hat, den Plan, dem deutschen Leser einen Überblick über die seit Jahren in Italien geführte Diskussion über Fragen der Hermeneutik zu vermitteln, in die Tat umzusetzen. Mein Dank gilt ebenfalls Antonio Villani, dem Direktor des Instituts Suor Orsola Benincasa in Neapel und Anreger bedeutender kultureller Initiativen, für seine prompte Unterstützung des Projekts als Ausdruck seiner Freundschaft und Wertschätzung unserer Arbeit; Frau Carla Mainoldi, stellvertretende Direktorin des ita-

---

[31] Vgl. M. Weber, Über einige Kategorien der verstehenden Soziologie, in: ders., Gesammelte Aufsätze zur Wissenschaftslehre, 4. Aufl., hrsg. von J. Winckelmann, Tübingen 1973, 427 f.; ders., Wirtschaft und Gesellschaft, 5. Aufl., hrsg. von J. Winckelmann, Tübingen 1976, 4 f.

lienischen Kulturinstituts Stuttgart, die sich tatkräftig für dieses Unternehmen einsetzte; Norbert Bickert, Roberto Garaventa, Antonella und Christian Lavagno sowie Ute Lipka, die mit Sachkenntnis die sehr schwierige Aufgabe der Übersetzung der folgenden Beiträge übernommen haben; Hans Rainer Sepp für seine aufmerksame Durchsicht der Texte und deren gewissenhafte Betreuung in allen Phasen der Drucklegung; schließlich den Freunden und Kollegen für ihre Bereitschaft zur Mitarbeit, die diese Übersicht über die verschiedenen Tendenzen der heutigen italienischen Hermeneutik ermöglicht hat. Dreien von ihnen – Alberto Caracciolo, Luigi Pareyson und Italo Mancini –, die in der Zeit zwischen der Fertigstellung ihrer Manuskripte und dem Druck des Bandes vorzeitig von uns gegangen sind, sei dieses Buch gewidmet.

Nihilismus und Hermeneutik*

Von Alberto Caracciolo

I.

Das Wort „Nihilismus“ hat in den letzten Jahrzehnten immer mehr an Gewicht gewonnen, und zwar als Interpretationsterminus sowohl für die *der ontologischen Grundsituation des Menschen* innewohnende Dialektik als auch für *die geschichtliche Situation des gegenwärtigen Menschen*. Dazu haben sicherlich Nietzsche und Heidegger maßgeblich beigetragen. Als Nietzsche unter ein solches Zeichen seine und die darauffolgende Zeit stellte, phantasierte er nicht:

> „Was ich erzähle, ist die Geschichte der nächsten zwei Jahrhunderte. Ich beschreibe, was kommt, was nicht mehr anders kommen kann: *die Heraufkunft des Nihilismus*. Diese Geschichte kann jetzt schon erzählt werden: denn die Notwendigkeit selbst ist hier am Werke. Diese Zukunft redet schon in hundert Zeichen, dieses Schicksal kündigt überall sich an; für diese Musik der Zukunft sind alle Ohren bereits gespitzt.“ „Die Zeit, in die wir geworfen sind, [ist] die Zeit eines großen Verfalls und Auseinanderfalls [...] Die Ungewißheit ist dieser Zeit eigen: nichts steht auf festen Füßen und hartem Glauben an sich.“[1]

Indem Nietzsche die Züge einer Epoche der Weltgeschichte in bewundernswerter Klarheit und mit Scharfblick zeichnete, bestimmte er zugleich die Dialektik, die

---

* Übersetzt von Roberto Garaventa.

[1] K. Schlechta (Hrsg.), Friedrich Nietzsche Werke III, Aus dem Nachlaß der Achtzigerjahre, 634.

der Grundstruktur der menschlichen Existenz innewohnt.

Noch auffallender ist es aber einerseits, daß das philosophisch und philosophiegeschichtlich so grundlegende Wort *Nihilismus* eine hermeneutisch immer wesentlichere und zentralere Rolle auch in so unterschiedlichen Wissenschaften wie z. B. der Psychopathologie und der Psychiatrie, der Literatur, Kunst und Sozialgeschichte spielt; andererseits, daß dieser Begriff heute bedeutender erscheint als Begriffe wie *Dekadenz* (bei Nietzsche übrigens mit Nihilismus verbunden), *Irrationalismus*, *Aktivismus*, mit welchen man den Grundzug der Gegenwart zu kennzeichnen versuchte. Die Bevorzugung des Wortes „Nihilismus" ist aber nicht verwunderlich, denn es verweist auf eine grundlegendere Dimension des Daseins: auf eine ontologische Ebene, die tiefer liegt als diejenige, die mit „Verstand", aber auch „Vernunft" und „Ethik" bezeichnet ist.

In der Tat ist die Perspektive des Nihilismus wesentlich, nicht nur um Gestalten wie Beethoven[2] und Leopardi, Baudelaire und Sartre, Kierkegaard und Dostojewskij, Nietzsche und Heidegger zu begreifen, die für das religiöse, dichterische und philosophische Denken der Gegenwart entscheidend sind; sondern auch um die tiefere Bedeutung „politischer" Bewegungen wie des russischen Nihilismus des 19. Jahrhunderts oder der Pariser Intellektuellen im Mai 1968 zu verstehen. Nur in einer solchen Perspektive kann man bestimmte Paradoxien der jüngsten Geschichte entschlüsseln, die sonst unerklärlich blieben: so die Tatsache, daß Marx das Ende einer Vorgeschichte

[2] Ich denke hier, was naheläge, nicht an die Neunte Symphonie, sondern an die tiefsten und geheimnisvollsten Momente der Sonaten und Quartette.

repräsentiert, aber zugleich jenseits des Anfangs unserer ureigenen Geschichte bleibt; oder die damit zusammenhängende Tatsache, daß der sozial und ökonomisch revolutionär wirkende Kommunismus so erschütternd konservativ in der Ethik und in der Kunst bleibt (wo er all das als bürgerliche Dekadenz ablehnt, was uns auf der Ebene des Experimentierens und Realisierens am bedeutendsten erscheint).

Jede Erwartung aber, von der Reflexion über den Nihilismus im Blick auf *die menschliche Grundsituation überhaupt* als auch auf *die Situation des gegenwärtigen Menschen* Erhellung zu erlangen, bleibt unerfüllt, solange der Begriff des Nihilismus nicht geklärt ist. Zu diesem Zweck werde ich – wie es naheliegt – auf Überlegungen Nietzsches und Heideggers zurückgreifen, um sie freilich in freier Weise zu bedenken.

Mit dem Nihilismus geht die Frage einher: *Warum ist überhaupt Seiendes und nicht vielmehr Nichts*?[3] Dies ist eine *existenzielle* Frage, weil sie der *Existenz,* der tiefsten Dimension des menschlichen Daseins, entspringt: Es ist aber auch die Frage, welche die religiöse Anrufung, das philosophische Fragen und die dichterische Meditation motiviert. Es ist also eine *existenzielle* Frage, weil sie den Gesamtsinn der menschlichen Existenz betrifft. Da der Mensch aber nur im kosmischen Kontext, nur in Gemeinschaft mit anderen Menschen Mensch ist, ist er zugleich ein kosmisches Wesen. Jene Frage ist also nicht nur eine *existenzielle,* sondern zugleich eine *kosmische.* Und der Mensch kann nur insoweit nach dem Sinn seines Daseins fragen, als er nach dem Sinn aller Wesen fragt, die vor ihm

---

[3] Vgl. M. Heidegger, Was ist Metaphysik?, Frankfurt a. M. 1955, 42 und 21; vgl. auch K. Jaspers, Schelling. Größe und Verhängnis, München 1955, Kap. III, Teil I: „Schellings Frage: Warum ist überhaupt etwas, warum ist nicht nichts?" (122 ff.).

lebten, mit ihm leben und nach ihm leben werden. Der einzelne Mensch, der sich jene Frage stellt, fragt ja nach dem Sinn des eigenen Daseins; aber durch ihn und in ihm fragt die Weltgeschichte als universale Gemeinschaft nach ihrem Sinn, fragt der Kosmos nach dem Sinn seines Bestehens. Jene Frage ist also die Frage nach dem Sinn, nach der ontologischen Rechtfertigung all dessen, was ist. Sie entsteht in ihrer Radikalität und Gesamtheit angesichts jener Ereignisse, welche die abgründige Negativität enthüllen, die der Struktur der Existenz schon als Möglichkeit innewohnt: jene so radikale Negativität, die immer wieder *schicksalhaft* erscheinen muß, selbst wenn sie aus menschlichen Verfehlungen entspringt, die das moralische Gewissen zu bekämpfen gebietet, selbst wenn also mit ihr das moralisch Böse gemeint ist. Die Verzweiflung, die Anfechtung des radikalen Nein, der Ablehnung des Lebens, der ontologische Fluch finden sich bei den Eltern, die das krebskranke Kind umsorgen, wie bei dem Soldaten, der dem Tod nahe ist. Warum ist überhaupt Seiendes und nicht vielmehr Nichts, wenn die ontologische Struktur des Seins den Krebstod eines Kindes oder die grausamen Irrwege von Kriegen und KZs zuläßt?

Nun drängen sich aber weitere Fragen auf. Es wurde gesagt, daß der *Nihilismus* mit dieser Frage zusammenhängt. In welchem Sinn? Deckt sich der Nihilismus mit jener Frage als solcher? Ist also der Nihilismus mit der radikalen Grundfrage überhaupt identisch, mit jener existenziell-kosmischen Frage, die der Religion, der Philosophie, der poíesis und dem ethischen Engagement zugrunde liegt? Deckt sich also der Nihilismus mit jener Dialektik, die Nietzsche unter die Alternative von Ja-Sagen oder Nein-Sagen zum Sinn des Lebens zusammenfaßte und die sich in der Alternative von religiösem Segen und Fluch, ontologischer Affirmation und Negation, Hymnus und Tragödie, praktischem Engagement und Trägheit konkretisieren kann? Ist der Nihilismus aber nicht vielmehr die negative Antwort auf jene Frage? Was für ein nihil ist das, welches in jener Frage gegenwärtig ist und sie zur Frage des Nihilismus überhaupt macht? Nietzsche hat gesagt, die Voraussetzung des Nihilismus sei der Tod Gottes; Heidegger war der Ansicht, daß der Nihilismus mit der Metaphysik identisch sei, denn das Wesen der Metaphysik sei die Seinsverlassenheit des Menschen durch das Sein bzw. die Seinsvergessenheit des sich ausschließlich um das zuhandene Seiende kümmernden Menschen. Wie verhält sich nun aber das nihil des Nihilismus zu *Gott* oder zu jenem *Sein*, von dessen Verlassenheit bzw. Vergessenheit die Metaphysik wesentlich und geschichtlich bestimmt sein soll?

Wie Descartes den methodischen Zweifel zum einzigen Weg zur Wahrheit erklärte, so kann man, ja muß man von einem *methodischen Nihilismus* sprechen und in der radikalen nihilistischen Frage diejenige Frage erkennen, die jeder möglichen praktischen und theoretischen Frage innewohnt, welche sich der Mensch während seiner ganzen Existenz stellt. Keine Religion, keine Philosophie, keine Kunst, keine poíesis, keine Handlung (weder auf der Ebene des unmittelbaren Ich-Du-Verhältnisses noch auf jener der politischen Machtverhältnisse) kann wirklich bewußt, ernst, frei, menschlich sein, wenn sie die Erfahrung der radikalen Frage des Nihilismus nicht gemacht hat und diese Frage nicht in sich trägt. Das Leben ist nur dann wirkliches Leben, wenn es über die „Krankheit zum Tode" gesiegt hat. Die Wahrheit des Cartesischen *Zweifels* in die Philosophie aufzunehmen heißt, sich die radikale existenzielle Frage des Nihilismus philosophisch zu eigen zu machen. Im Spektrum der Fragen, die entstehen, sobald man philosophisch über eine bestimmte Frage nachdenkt

(Was ist die Ware? Was ist der Tod?), steckt immer die radikale Frage: Sie macht das Fragen zu einem genuin philosophischen Akt. Es wird also verständlich, weshalb die paradigmatischen Gestalten für das tiefste skeptische Denken der Gegenwart Hiob und Jesus am Kreuz mit seiner Frage „Pater, Pater, ut quid dereliquisti me?“ sind. Es ist auch verständlich, weshalb Jean Pauls „Rede des toten Christus vom Weltgebäude herab, daß kein Gott sei“ eine so entscheidende Rolle im Denken und in der Kunst der Gegenwart (man denke nur an Ingmar Bergman) gespielt hat.

Gerade Jean Pauls tragischer Traum, der die Ankündigung des tollen Menschen in der „Fröhlichen Wissenschaft“ Nietzsches vorwegnimmt, könnte als Grundlage für den Versuch genommen werden, jene weiteren Fragen zu beantworten: Was für ein nihil ist das nihil des Nihilismus? Wie verhält sich dieses nihil zu Gott oder zum Sein Heideggers?

Die Frage des Nihilismus setzt die Möglichkeit voraus, daß der Alptraum Jean Pauls kein *Traum,* sondern *Wahrheit* ist, daß also Gott tot sei. Aber um welchen Gott handelt es sich hierbei? Gott ist hier derjenige, der jene letzte, geheimnisvolle Palingenesis zusagt, in der nicht nur die mala in mundo sondern das malum mundi selbst (und mit „mundus“ ist hier die gesamte Weltgeschichte in ihrer ganzen zeitlich-räumlichen Erstreckung gemeint) endgültig erlöst sein werden; in der also das Reale rational im tiefen Wortsinn bzw. die *Zeitlichkeit* in *Ewigkeit* aufgehen wird. Gott ist derjenige, der *den Gesamtsinn* des Seienden zusichert.

Nun hat man nicht immer und nicht überall mit dem Wort „Gott“ dies gemeint. Schließlich hat man aber mit diesem Wort eine solche Hoffnung auf eine universale und gesamte Erlösung gedacht; und dieser Gedanke ist ein notwen-

diger und zugleich ein unmöglicher. Das schließt selbstverständlich nicht aus, daß das damit Gemeinte schon zuvor in der Geschichte zum Ausdruck kam oder unabhängig vom Wort „Gott" ausgedrückt wird.
Der unmittelbarste Sinn des nihil in der radikalen Frage liegt nahe. Die Frage: Warum ist überhaupt Seiendes und nicht vielmehr Nichts? meint: Wenn Gott nicht ist bzw. wenn das Seiende keinen Sinn, keine ontologische Rechtfertigung in sich trägt, warum ist dann überhaupt das Seiende, warum ist nicht vielmehr Nichts? Das Nichts ist im Grunde die ontologische Folgerung aus einer axiologisch negativen Feststellung gegenüber dem Seienden im ganzen. Das nihil ist *das Nichts an Sinn, das Nichts an Wert,* das *das Nichts an Sein* mit sich bringt. Das nihil kann sich insofern behaupten, als *Gott nicht ist.* Es muß aber betont werden, daß nach dieser Interpretation des Wortes „Gott existiert nicht" auch ein Nicht-Atheist zur Annahme dieses nihil neigen kann, während ein überzeugter Atheist (sogar große Denker wie Feuerbach oder Marx) weit entfernt von diesem nihil sein kann.
Das entscheidende nihil in der Frage des Nihilismus ist aber ein anderes nihil. Es sei noch einmal der Schluß der möglichen negativen Antwort auf die radikale Frage nachvollzogen: Wenn Gott nicht ist, wenn das Seiende keinen Sinn hat, dann hat *das Nichts,* und nicht *das Sein,* eine ontologische Berechtigung. Was aber setzt dieser Gedankengang voraus? Offensichtlich ein Bewußtsein, das in den Weltkontext eingefügt und zu ihm hin offen ist, zugleich aber auf einen Horizont hin, der den Kosmos in seiner Ganzheit transzendiert. Nur in einem solchen Bewußtsein kann die Idee entstehen, daß der Kosmos, so wie ihn der Mensch erfährt, nicht sein oder in seinem Wesen ganz anders sein könnte. Aber dieser Raum, dem das Bewußtsein des einzelnen kosmischen Menschen sich öffnet,

ist nicht einfach der grenzenlose Abgrund, der leere Raum, in dem der Kosmos in seiner Kontingenz erscheint und gleichsam vernichtet wird, sondern der Raum, aus dem *das Gericht über die Welt* herabsteigt und zu dem hin zugleich *die ontologische Anrufung der Welt* aufsteigt. Im Nihil dieses Abgrundes, dieses Horizontes, dieses Raums ist die Quelle der nihilistischen Frage zu sehen. Warum kann man von diesem Abgrund wie von einem Nihil sprechen, und was bedeutet es, daß dieser Abgrund ein Nihil ist? Er ist insofern ein Nihil, als er die Leere, die Stille ist, in der das Seiende im ganzen in Frage gestellt wird, in der die Möglichkeit seiner axiologischen und ontologischen Vernichtung wahrgenommen wird, in der der Kosmos eher gerichtet als erlöst wird, gerade um dann vielleicht erlöst zu werden. Er ist aber auch insofern ein Nihil, als er gleichsam *der transzendentale Raum Gottes* ist: Als ein solcher ist er nie eigentlich leer. Zugleich kann aber keine Gottesgestalt mit der Unendlichkeit dieses Raums, dieses Horizonts ganz identisch sein. Denn ein solcher Raum ist als ein transzendentaler schon immer jenseits jeder konkreten Gottesgestalt. Wenn aber aus ihm das axiologische und ontologische Gericht über die Welt herabsteigt und zu ihm hin das Verlangen nach Erlösung, nach der letzten ontologischen Rechtfertigung der Welt aufsteigt, ist ein solches Nihil am weitesten vom Nichts entfernt.

Dank diesem Nihil führt der methodische Nihilismus zur Wiedergewinnung des transzendentalen Gottesraums, des Glaubenshorizonts, des Grundes der Glaubensfreiheit. Von *Freiheit* im Bereich des die Existenz und das Handeln begründenden und inspirierenden Glaubens zu sprechen, bedeutet aber zugleich zu behaupten, daß der Glaube weder ein undialektischer (der Glaube ist ein solcher nur als Sieg über den als „Krankheit zum Tode“ verstandenen radikalen Zweifel) noch ein endgültiger Gewinn ist. Er ist vielmehr ein immer wieder zu gewinnendes und in seiner authentischen Gestalt immer wieder aufzufindendes Gut. Wenn aber der Nihilismus von seinem Wesen her eine solche Radikalität und ein solches Risiko bezüglich der allesbegründenden *Glaubens*dimension einschließt und eine solche Verantwortung und einen solchen Einsatz verlangt, kann er nicht umhin, den Bereich der *Werke*, der *Ethik*, der *Werte* ebenso radikal in Frage zu stellen. Die Umwertung aller Werte ist nicht das Schicksal oder die Aufgabe eines bestimmten Menschen oder einer bestimmten geschichtlichen Epoche: Sie ist das Schicksal und die ewige Aufgabe des Menschen, der sich seiner nihilistischen Verfassung und somit des seiner *Bestimmung* innewohnenden radikalen *Wagnisses* bewußt geworden ist.

Das gleiche Wort „nihil" bezeichnet also im nihilistischen Daseinsprozess zwei verschiedenartige, ja antagonistische Realitäten: das Nihil („il Nulla") als transzendentalen Raum des Sinn zusichernden Gottes, als Ursprung und Quelle des Glaubens und der möglichen verschiedenen Glaubensgestalten – und das nihil („il niente") als Negation von Sinn, der Seinswürdigkeit, als Tod. Der Nihilismus als methodischer Nihilismus, als radikale Frage, als Möglichkeit jedes weiteren Fragens und jeder neuen Antwort jenseits jeder gegebenen Antwort, hängt offensichtlich mit dem Nihil als „Nulla", mit dem religiösen Nihil, zusammen. Das Wort „Nihilismus" verweist allerdings in seiner üblichen Bedeutung eher auf eine Antwort als auf eine Frage, und zwar auf eine geschichtlich bestimmte Antwort (den gegenwärtigen Nihilismus), wobei eine solche Antwort mit dem Nichts der totalen Wertlosigkeit zusammenzuhängen scheint. Wenn man aber genauer hinsieht, bemerkt man, daß auch im Wesen des als geschichtliche Antwort verstandenen Nihilismus „il Nulla", das religiöse Nihil also, und nicht „il niente", das objektive

und objektivierende *nihil*, entscheidend ist. Zwei grundlegende Texte des gegenwärtigen Nihilismus – Leopardis „Cantico del gallo silvestre" („Gesang des wilden Hahnes") und Heideggers „Was ist Metaphysik" – sind in dieser Hinsicht erhellend.
Der Tod als Nichts scheint die nihilistische Dichtung Leopardis zu prägen.

„Es hat den Anschein, als wäre das Sterben das einzige Ziel jeder Kreatur. Weil, was nie war, nicht sterben kann, entstehen die Dinge dieser Welt aus dem Nichts. Wahr ist nur, daß alle Lebewesen [...] in Wirklichkeit ein ganzes Leben lang für nichts anderes sich mühen und plagen, als um das Ziel der Natur zu erfüllen, das der Tod ist [...] Jedes Teilchen der Welt eilt unermüdlich und mit wunderbarer Emsigkeit und Raschheit dem Tod entgegen. Nur das Universum selbst erscheint unberührt von Niedergang und Auflösung [...] Doch [...] eine Zeit wird kommen, da dieses Universum und die ganze Natur ausgelöscht sein werden. Und dergestalt bleiben von den großen menschlichen Reichen und ihren wunderbaren Entwicklungen, die in anderen Epochen überaus berühmt waren, kein Zeichen und keine Erinnerung, so wie auch von der ganzen Welt und den unendlichen Wechselfällen und Drangsalen der Schöpfung keine Spur übrigbleiben wird; nur ein nacktes Schweigen und eine sehr große Stille werden in dem unendlichen Raum sein. So wird das wunderbare und schreckliche Geheimnis der universellen Existenz, bevor es verstanden und begriffen ist, sich auflösen und verschwinden."[4]

Der Tod als stummes Nichts scheint also hier der Protagonist zu sein. Dennoch, wie im Lied „A Silvia" „das kahle Grab" des „duftenden Mai" eingedenk ist und sein Nichts so wenig ein stummes Nichts ist, daß das „wunderbare und schreckliche Geheimnis der universellen Existenz" zur Anrufung und Frage wird, so ist es hier mit diesem kosmischen Nichts bestellt. Der kosmische Friedhof des „Canti-

[4] G. Leopardi, Gesänge, Dialoge und andere Stücke, dt. von H. Helbling und A. Vollenweider, München 1978.

co del gallo silvestre" wie der typische *Friedhof* des gegenwärtigen Nihilismus – sowohl jener der „Sepolcri" Foscolos oder des „Schicksalslieds" Hölderlins als auch jener der ewigen Wiederkehr des Gleichen in der „Fröhlichen Wissenschaft" Nietzsches oder der Schlußpartie in „Aus einem Gespräch von der Sprache" von Heidegger – sind ein Friedhof, wo „il Nulla", das religiöse Nihil, herrscht, und nicht „il niente", das objektive nihil: Es ist der Ort, wo das „wunderbare und schreckliche Geheimnis der universellen Existenz" im Horizont und in der Stille des Nihil zwar zum stummem Nichts zu werden scheint, gleichzeitig aber das Wort wahrnehmen läßt, das letzlich in den unendlich vielen Worten ausgesprochen wird, die sein Wesen und seine Geschichte ausmachen. Was übrigens Heidegger betrifft, so kann man wohl sagen, daß die ganze Entwicklung seines Denkens mit der gewonnenen Einsicht in die Beziehung zwischen diesen beiden Weisen von Nichts, in die Nicht-Identifizierbarkeit also des Nichts der *Angst* mit dem Nichts des als absoluter Nichtung des Daseins verstandenen *Todes*, zusammenhängt. Das Denken Heideggers nach „Sein und Zeit" ist im Grunde eine Besinnung auf *das religiöse Nichts* als Ort, woher das Wort entspringt, das das Seiende aus dem es gefährdenden stummen Nichts des Todes erlöst, indem es ihm Sinn verleiht.

Das Nihil als *religiöses Nichts* – und nicht das nihil als das objektiv-objektivierende Nichts, dessen Symbol, ja dessen Ausgang und Vollendung der Tod ist – ist das bestimmende Nihil im Wort „Nihilismus". Auch die bereits vorgebrachte historische Andeutung zielte gerade darauf, die Dialektik der Termini hervorzuheben, die dem methodischen Nihilismus, dem Nihilismus als Frage, als Grundstruktur des Menschseins, eigen sind. Was kennzeichnet aber den gegenwärtigen Nihilismus bzw. den Nihilismus als Zeichen der Epoche, in die wir geworfen sind?

1) Zuerst die ausdrückliche und zentrale Thematisierung der nihilistischen Dialektik und die daraus folgende klare Einsicht in sie als radikale und allesbegründende Dialektik des einzelnen, kosmischen Menschen. Gewiß, es wurde schon immer und überall, im Orient wie im Okzident, gebetet, gedichtet und gedacht: Die nihilistische Grundhaltung ist schon immer und überall nicht nur aktiv gewesen, sondern auch (oft ausgezeichnet) thematisiert worden. Um die Ereignisse und Texte aufzufinden, mit denen das unsere Epoche prägende nihilistische Bewußtsein zusammenhängt, kann man, ja muß man die entferntesten Länder und Epochen erforschen. Augustins oder Wilhelm von Occams Reflexionen über die biblische creatio ex nihilo, Buddhas Nirvana, Plotins Besinnung über das Ewige und die Zeit hängen mit der nihilistischen Problematik so eng zusammen wie die Kopernikanische Revolution, durch die der Mensch – sicher nicht zum ersten Mal, aber vor dem bedrückenden Hintergrund des durch die Wissenschaft erschlossenen unendlichen Universums – gleichsam gezwungen wurde, seine Nichtigkeit zu erfahren.

2) Der die gegenwärtige Epoche prägende Nihilismus ist gleichsam durch sein Verharren bei der radikalen Frage gekennzeichnet. Durch ein solches Verharren erscheint der Horizont des Religiösen gerade als ein Nichts, das vor allem das die ontologische Struktur der Welt prägende Böse zum Erscheinen bringt. Der transzendentale Raum für Gott wirkt – zumindest dem Anschein nach – eher als destruktive Kraft und nicht als positive Evokation von Gottesgestalten. Es scheint sogar, als habe der gegenwärtige Nihilismus, selbst wenn er in eine nichtnegative Antwort übergeht, selbst wenn er das Nichts als Sein, das Schweigen als Wort erfährt, gleichsam eine Grenze überschritten, jenseits derer das Sein, das Wort, der Sinn, die

Erlösung unvermeidbar ein ganz anderes Aussehen bekommen. Jenseits einer solchen Grenze scheint es immer schwieriger, wenn nicht unmöglich, einen persönlichen Gott, ein absolutes Du zu finden: einen Gott, zu dem man in einer Notlage beten kann. Es wird immer schwieriger, einen Gott zu finden, von dem man etwas Genaues sagen kann. Auf dem Weg über jene Grenze wirkt nur noch der Gott der negativen Theologie oder das Nichts der orientalischen Religionen. Das bedeutet aber nicht, daß man nicht mehr zum Gottesraum hin – der von Gott verlassen, aber nicht leer von Göttlichem ist – rufen könnte. Ja gerade durch die der nihilistischen Erfahrung innewohnende Radikalität und Universalität gewinnt die existenzielle Anrufung immer mehr an Intensität und an kosmischer Weite, selbst wenn eine solche Anrufung kein Gespräch mit einem Du, mit einem Gegenüber mehr sein kann.

3) Der Verlust des persönlichen Gottes, des ansprechbaren Du, der Verlust also jenes Gegenüber, dessen ewige, die Bestimmung des Menschen und das Schicksal der Menschheit betreffenden Pläne (selbst wenn im Detail unüberschaubar) doch letzthin erkennbar sind, und die Einsicht in das durch den guten Willen der Menschen nicht zu erlösende malum mundi, das jeden ethischen (persönlichen oder sozialen) Sieg des Menschen immer wieder in Frage stellen wird, haben zu zweierlei geführt: einerseits zum Verblassen der Idee eines jenseitigen Lebens, das Gerechtigkeit stiften und das diesseitige Leben vollenden wird, andererseits zu einem komplexeren Verhalten dem ethischen und dem zur Ethik gehörenden politischen Engagement gegenüber. Das Verblassen der Idee der Unsterblichkeit hängt nicht mit dem Entschwinden der Ideen des Absoluten, des Geistes, der Ewigkeit infolge einer destruktiven Kritik zusammen, welche den metaempirischen, phantastischen Charakter jener Ideen bewiesen

hätte (keine Kritik hat bis jetzt die in jenen Worten angedeutete Realität oder Wahrheit auch nur berührt). Das Verblassen der Idee der Unsterblichkeit hängt vielmehr mit der Einsicht zusammen, daß die Erfahrungen des Absoluten, des Geistes, der Ewigkeit zeitlich-punktuelle, irdische Erfahrungen des Menschen sind, die losgelöst von der Endlichkeit, der Leiblichkeit und der Zeitlichkeit schwer zu denken sind. Der durch die nihilistische Erfahrung gereifte gegenwärtige Mensch vermag schwerlich an das „fortschreitende und herrliche Geschick" zu glauben. Diesen entzauberten Menschen, der die zweideutigen Philosophien und Theologien der Hoffnung mit instinktivem Argwohn betrachtet, verleitet die Einsicht in die Unzerstörbarkeit der ontologischen Wurzel des Bösen jedoch nicht zu einer passiven Haltung gegenüber den geschichtlich herrschenden Übeln, sondern veranlaßt ihn zu einem ernsthafteren, kraftvolleren und wacheren Engagement.

II.

In einer Zeit, die durch die Krise der Religionen, aber gewiß nicht des Religiösen gekennzeichnet ist, strebt das hermeneutische Denken danach, Sinn zu schöpfen oder zu entdecken, der das Dasein zu rechtfertigen und somit Leben und Handeln zu gründen und zu beleben vermag. Das hermeneutische Denken[5] ist um die „Methodologie" einer solchen möglichen Sinnschöpfung bemüht.

---

[5] Ich will hier weder jene Denker genau wiedergeben, die normalerweise genannt werden, wenn von einer Philosophie der Interpretation oder von hermeneutischer Philosophie die Rede ist (Heidegger, Gadamer, Ricoeur, Pareyson usw.) noch die komplexe Problematik zur Sprache bringen, auf die die Begriffe der Theologie und des Rechts verweisen. Es genügt vielleicht, in dieser Hinsicht daran zu erinnern, daß einige der

Heidegger ist in dieser Hinsicht paradigmatisch. Die Einleitung zu „Sein und Zeit“ trägt den Titel: „Die Exposition der Frage nach dem Sinn von Sein“. Der erste Abschnitt der Einleitung unterstreicht schon in der Überschrift die Notwendigkeit und die Priorität einer solchen Frage. Die Frage nach dem Sinn von Sein stellt sich dann als Frage nach dem sinngebenden Sein heraus; und dieses Sein – das nicht mit dem persönlichen Gott des Christentums oder einer anderen theistischen Religion zu verwechseln ist – enthüllt sich als mit jenem religiösen Nihil identisch, das in der Grunderfahrung der Angst im Horizont des Menschen aufgeht. In seiner alle konkreten Lebenssituationen durchherrschenden *Grundsituation* sieht der Mensch sich selbst und die mit ihm solidarische Welt in den grenzenlosen Raum jenes Nichts hineinprojiziert. Aber gerade dadurch, daß er sich selbst und die Welt so vorfindet, erkennt er diese Welt nicht als die einzige der denkbaren Welten, sondern als eine *kontingente,* weil in ihren ontologischen Strukturen von einer unaufhebbaren, negativen Grenze bestimmte und deshalb als eine in sich selbst und in ihren Existenzmöglichkeiten nicht endgültig gerechtfertigte Welt. Durch jenen Raum lernt der Mensch *das Sterben* in der Mannigfaltigkeit seiner Bedeutungen kennen, lernt die Endlichkeit, die ontologische Schuld kennen. Durch jenes Nihil wird die Welt gerade in ihrer ontologischen Struktur in Frage gestellt (Warum ist überhaupt Seiendes und nicht vielmehr Nichts?). Aus dem Raum jenes Nihil kommt

---

entscheidendsten Fragen unserer Zeit unter solchen Begriffen diskutiert wurden und werden. Emilio Betti, der das Problem der Interpretation in all seinen Aspekten systematisch zu behandeln versuchte, hat auf deutsch ein 771 Seiten umfassendes Buch veröffentlicht (Allgemeine Auslegungslehre als Methodik der Geisteswissenschaften, Tübingen 1967), das aber um ein Drittel kürzer als die ihm zugrundeliegende italienische Ausgabe ist (Teoria generale dell'interpretazione, Milano 1955).

aber auch das Wort, das gerade dem Seienden Sinn verleiht, dessen Sinnhaftigkeit es in Frage gestellt hatte. Aus jenem Raum entsteht das malum mundi. Aber aus jenem Raum kommt auch das Wort, das die Undurchsichtigkeit dieser Negativität durchsichtig zu machen vermag, so daß das Verzweiflung schaffende Rätsel in ein Geheimnis umschlagen kann, das uns Hoffnung schöpfen läßt. Die Wörter „Interpretation“ oder „Hermeneutik“ werden wieder grundlegend. Interpretieren heißt, auf jenen Raum, der uns ergreift, den Blick heften zu können, dem von ihm her kommenden Wort unabläßlich Gehör zu schenken. Durch dieses Wort das immer aus Licht und Dunkelheit zugleich besteht, das Sinngebung ist, ohne Erklärung zu sein, dringt in die Zeit ein Schatten der *Ewigkeit* hinein: als die dem Sterben entzogene, weil in sich gerechtfertigte und deshalb versöhnte Zeit. Dabei lernt der Mensch die *Zukunft* als *Todeserwartung*, aber zugleich auch als *Handlungsspielraum* und Aufruf zum praktischen Einsatz kennen. Interpretieren heißt, diese *Dialektik Ewigkeit-Zukunft* zu verstehen und zu verwirklichen. Die Ewigkeit ist in dieser Hinsicht kein éschaton, sondern arché. Um ein Wort, das Sinn hat, aussprechen, um sich durch eine sinnhabende und sinngebende Tat im Privatleben wie in der Öffentlichkeit engagieren zu können, muß der Mensch jene Spur Ewigkeit in die Zeit aufgenommen haben. Der Mensch kann nur insofern aktiv für die Zukunft arbeiten, ein neues Leben anfangen, sich für die Verwirklichung einer gerechteren Gesellschaft einsetzen, als er in dem verschwindenden Augenblick, der Todeserfahrung, Aporie und deshalb Wille zum anderen ist, die Ewigkeit wahrnimmt. Der klassische Text in dieser Hinsicht ist Heideggers „Unterwegs zur Sprache“ (1959). Auch Jaspers' „Philosophie“ (1932), insbesondere deren dritter Teil „Metaphysik“, sowie sein „Der Philosophische Glaube angesichts der Offenbarung" (1963) behandeln dieselbe Thematik.

Der dialektische Zusammenhang *Ewigkeit-Zukunft* ist genaugenommen nichts anderes als der zeitliche Aspekt des Zusammenhangs von *Glauben* und *Werken*, des Zusammenhangs also zwischen den zwei Grundkämpfen des Menschen: dem Kampf gegen die metaphysische Verzweiflung vor dem malum mundi und dem Kampf gegen die mala in mundo, die Krankheit, Hunger, Elend, Ignoranz, Gewalt, Unfreiheit, Ungerechtigkeit heißen. Diese zwei Daseinsdimensionen, das Religiöse und das Ethische, der Kampf gegen das malum mundi und der Kampf gegen die mala in mundo, die Dimensionen des Glaubens und der Werke, werden durch jene beiden zeitlichen Begriffe (Ewigkeit, Zukunft) angedeutet. Dabei wird der agonistische, kritische und authentisch praktische Charakter der Interpretationsthematik sichtbar.[6] Das Wort „Hermeneutik", das zunächst an einen schriftlichen Text, an einen Text der Vergangenheit, an die antiquarische Geschichtsschreibung denken läßt, wird so zu einem lebens- und handlungsträchtigen Wort.

Dem hermeneutischen Denken liegt der Gedanke zugrunde, daß der Mensch als Dasein nur ein *mitexistierendes*, d. h. *mitsprechendes* und *mithandelndes* Wesen ist. Die Gemeinschaft, in der er mitexistiert, ist die Gemeinschaft der Weltgeschichte im weitesten Sinn des Wortes: die Gemeinschaft also nicht nur all derjenigen, die gelebt haben, sondern auch all derjenigen, die hätten leben können und nicht geboren wurden. Paradigmatisch wird aber im hermeneu-

[6] Als sehr problematisch erscheint deshalb der Gegensatz, der im Titel eines in Deutschland (aber nicht nur da) vieldiskutierten Buches angedeutet ist: Hermeneutik und Ideologiekritik, Frankfurt a. M. 1971 (mit Beiträgen von K.-O. Apel, C. v. Bormann, R. Bubner, H.-G. Gadamer, H. J. Giegel, J. Habermas).

tischen Denken im Unterschied zum Historismus der zweiten Hälfte des 19. Jahrhunderts nicht so sehr das historiographische Gespräch, sondern das Gespräch zwischen einem Ich und einem Du: das Gespräch unter lebenden Menschen. Die sinnhafte Sprache und Leiblichkeit, die zum Muster jeder möglichen Leiblichkeit oder jedes sinnhaften Zeichens wird, ist die Sprache oder Leiblichkeit des lebenden anderen. Auch diese Tatsache ist außerordentlich relevant. Wenn der Mensch aber ein kosmisches und metakosmisches Wesen ist, ist das Gespräch unter den Menschen immer zugleich ein kosmisches und metakosmisches: „Kolloquium" und „Kooperation" bedeuten in Beziehung zu Wort oder Tat treten, in denen Worte und Kräfte walten, die der menschlichen Verfügung entzogen sind.
Die Vergangenheit als tote Vergangenheit liegt also außerhalb der authentischen Hermeneutik. „Laßt die Toten ihre Toten begraben." Wenn das hermeneutische Denken immer noch auch Aufforderung zum Gespräch mit den einzelnen großen Denkern der Vergangenheit ist, wenn das Buch Hiob, Sophokles' „Oedipus Tyrannus" und „Oedipus Coloneus", Buddhas „Reden", die Evangelien, Paulus' Briefe konstante Bezugspunkte für das hermeneutische Denken sind, so liegt der Grund darin, daß sie nicht der Vergangenheit, sondern der *Ewigkeit* und der *Zukunft* angehören – selbst wenn das nur für denjenigen wahr ist, der sie im *augenblicklichen* Hören auf das *Ewige* und im *augenblicklichen* Blick auf die *Zukunft* interpretieren kann.
Die grundlegende Dialektik Ewigkeit-Zukunft macht die Perspektive einsichtig, in der das hermeneutische Denken uns lehrt, die Weltgeschichte zu sehen.
1) Was im Verstehen von Geschichte wirklich wichtig ist, sind nicht die Linien, die man im tatsächlichen Geschichtsverlauf aufspüren kann, sondern es sind die Mög-

lichkeiten, auch die ideale Bestimmung, die der einzelne Mensch in seiner realen konkreten Situation aus jenem Verlauf herauszulesen vermag. Deshalb ist die Weltgeschichte nicht retrospektiv, sondern prospektiv und eschatologisch angelegt; sie ist nicht so sehr ein Sein als vielmehr ein Seinkönnen, ein Seinsollen. *Das Schicksal ist Bestimmung und Berufung.*

2) Der Mensch kann seine ethische Bestimmung nur weltgeschichtlich erfüllen, denn er ist konstitutiv weltgeschichtlich. Er ist ein daseiendes Wesen: Er ist letztlich gestellt in den Raum, der zwar die Krise, aber zugleich auch die Heiligung der Welt begründet. Doch er ist auch an einen bestimmten Punkt der Weltgeschichte gestellt. Es handelt sich dabei nicht um zwei Situationen, sondern um *eine einzige* Situation: Der Standpunkt, aus dem heraus der Mensch sich der Ewigkeit öffnet, und der Standpunkt, in dem er sich der Zukunft als Raum des agere und des pati öffnet, sind *ein und derselbe.* Die Weltgeschichtlichkeit des Menschen ist immer zugleich religiös und ethisch, und die Weltgeschichte ist immer zugleich heilige und profane Geschichte, Ewigkeit und Zeitlichkeit, Glaube und Werke. Aber jener Standpunkt ist geschichtlich: Der Mensch kann die *Ewigkeit* nur *geschichtlich* fassen und ebenso *das immerwährende Menschliche*, und er kann es nur *geschichtlich* verwirklichen.

3) Die Situation des einzelnen Menschen in der so verstandenen Weltgeschichte ist zugleich eine Gegebenheit und ein zu suchendes und zu erreichendes Ziel. Nur indem wir die Zeichen der *Ewigkeit* in der Weise interpretieren, in der wir vorbestimmt sind, sie wahrzunehmen; nur indem wir also voll bewußt den *Glauben* zu erreichen versuchen, der uns vorbestimmt wurde; nur indem wir die *ethische Berufung* als ein zu einer *Ethik* aufzuarbeitendes Ethos und zugleich als einen konkret praktischen Einsatz interpretie-

ren; nur indem wir die *Zeichen der Zeit* interpretieren (ich brauche nicht zu wiederholen, daß die beiden Interpretationen nur zwei Aspekte einer einzigen Interpretation sind); nur indem wir also die der Weltgeschichte eingeschriebenen möglichen und idealen Wege aufspüren, können wir unseren weltgeschichtlichen Platz wiederfinden.

Die Standorte von *Situation* und *Weltgeschichte*, die wir mit Mühe und Risiko suchen und erreichen müssen, sind aber jene, in denen wir schon sind. Das, was wir sein können, das, was wir zu sein berufen sind, ist das, was von Anfang an unser Sein ausmacht, selbst wenn wir es nicht bewußt wahrnehmen, oder selbst dann, wenn wir es verfehlen.

Daraus entsteht das Motiv zur *Interpretation der Zeichen der Zeit.* Religion, Philosophie, Kunst, Politik sind nicht dazu berufen, unsere Zeit widerzuspiegeln, sondern jede auf ihre eigene Weise die Zeichen der Zeit zu interpretieren.

Die *religiöse Semiologie des Ewigen* und die *ethische Semiologie der Zukunft* sind die beiden Momente der Hermeneutik.

Vielleicht wird jetzt deutlich, weshalb der *Existenzialismus* sich als *Nihilismus* artikulieren muß, indem er die *Existenz,* und zwar deren religiöse Struktur, denkt. Denn die Pole einer solchen Struktur sind das religiöse Nihil und das ontologisch-axiologische nihil. Es wird vielleicht aber auch deutlich, weshalb der *Existenzialismus* als Nihilismus *Hermeneutik* sein muß. Denn er ist seiner inneren Bewegung nach Suche nach dem Wort, das jedem weiteren Wort, und zwar jedem möglichen Sagen und Tun des Menschen, Sinn geben kann.[7]

---

[7] Zu dieser Problematik vgl. auch vom Verf., Nihilismus, religiöse Dialektik, Krisis des Glaubens und der Ethik, in: W. Pannenberg (Hrsg.), Die Erfahrung der Abwesenheit Gottes in der modernen Kultur, Göttingen 1984.

Sozialität der Philosophie*

Von Luigi Pareyson

Die Sozialität der Philosophie kommt klar zum Vorschein, sobald man den notwendigerweise dialogischen Charakter des Denkens in Betracht zieht; dieses steigert seine Mitteilungsbereitschaft und sein Bedürfnis nach gegenseitigem Austausch immer mehr, indem es sich nach und nach vom Feld der bloßen pragmatischen Technik und des einfachen Ausdrucks einer Weltanschauung bis zur eigentlicheren, phänomenologischen Reflexion und zur tiefer dringenden philosophischen Analyse erhebt. Die sogenannte Universalität des philosophischen Denkens besteht genau in dieser Verwirklichung einer Gemeinschaft von sich gegenseitig verstehenden Personen und nimmt daher die Form der Praktizierung eines Dialogs und einer interpersonalen Kommunikation an. Sie ist keine vorausgesetzte oder schon existierende Universalität, wie dies bei einer unpersönlichen Vernunft oder einer gegebenen historischen Gemeinschaft der Fall wäre, sondern eine erst zu verwirklichende und einzurichtende, besser noch, eine Universalität, die *fordert,* realisiert und eingerichtet zu werden.

Von hier aus ergibt sich einerseits die Notwendigkeit eines Dialogs zwischen Personen, d. h. zwischen voneinander konkret abgegrenzten und historisch situierten Subjekten, die unter sich verschieden, aber dennoch ein-

* Übersetzt von Norbert Bickert. Zuerst erschienen in: Scritti in onore di Cleto Carbonara, Napoli: Giannini 1976, 684-691.

ander ähnlich sind, und somit einer Kommunikation, die alle Wechselfälle des Gesprächs, der Überredung und der Weitschweifigkeit kennt; andererseits besteht die Notwendigkeit, eine Gemeinschaft von miteinander im Dialog stehender Personen zu schaffen, von Menschen, die zwischen sich eine tiefgehende und äußerst klare Affinität spüren, welche tiefer als die anfängliche Gleichartigkeit aller Menschen ist. Notwendig ist daher ein Denken, das erneuert, transformiert und verändert, ein Denken, das aktiv und produktiv ist, das die Fähigkeit besitzt, die Affinität und die Gemeinschaft dort zu schaffen, wo sie anfangs fehlen.

Zunächst sind die Subjekte in der Kommunikation des philosophischen Gedankens so wenig gleichgültig, daß das gegenseitige Verstehen nur aufgrund der Ähnlichkeit und der Kongenialität und Geistesverwandtschaft von Personen, die sich deutlich in ihrer unwiederholbaren Einzigartigkeit unterscheiden, zustandekommt. In der menschlichen Welt kann wirkliches Verstehen nur durch Geistes- und Wahlverwandtschaft erzielt werden, weil jede Sache Objekt von Interpretationen, d. h. von nicht eindeutigem, sondern vielfältigem, durch die Pluralität und Unterschiedlichkeit der Personen bedingtem Wissen ist. In der menschlichen Welt kann man nur das wahrhaft verstehen, womit man in einer vorgängigen Geistesverwandtschaft steht: Fehlt diese, so wird auch das Verständnis schwierig, wenn es nicht gar auf ein Scheitern hinausläuft. Die Kommunikation stützt sich somit nicht auf eine vorausgesetzte universale Rationalität, in der die Subjekte identisch und demnach gleichgültig sind, gleichgeschaltet in einem allgemeinen universalen Geist, an dem alle teilhaben können und müssen; sie vertraut vielmehr auf die Möglichkeit, daß natürlich und historisch verschiedene und unwiederholbare Personen eine tiefergehende Affinität erreichen als im Fall der Gleichartigkeit, die zu Anfang alle Menschen untereinander verbindet, d. h. eine Geistesverwandtschaft erlangen, die Verschiedenheit und Pluralität nicht beseitigt, sondern bestätigt und somit Identität und Indifferenz vermeidet.

Die philosophische Kommunikation ist also ein Dialog zwischen Personen, in dem die Übermittlung, weit davon entfernt, von den persönlichen Unterschieden abzusehen, ihrer vielmehr bedarf und sie sich zu Nutzen macht, indem sie auf die Vielfältigkeit der Interpretationen setzt, um so das Verständnis durch die Geistesverwandtschaft zu erwirken. Der philosophische Diskurs ist stets ad personam. Natürlich kann die philosophische Argumentation auch die Form des Beweises annehmen, aber das ist nicht notwendigerweise der Fall, weil sich in der Philosophie auch der Beweis auf eine tieferliegende Kommunikation als die verstandesmäßige oder bloß rationale berufen muß, und sie erreicht ihr Ziel nur auf der Grundlage einer Geistesverwandtschaft, die das Verständnis schon gesichert hat. In der Philosophie geht es weit häufiger um ein Zeigen als ein Beweisen, um ein Hinweisen als ein Nachweisen, um das Sichberufen auf das persönliche Verstehen und die individuellen Überzeugungen jedes einzelnen, als darum, einzelne zu zwingen, sich ihrer Persönlichkeit zu entledigen, um sich in einem einzigen Geist oder in einer universalen Vernunft aufzulösen.

Die Kommunikation ist eher ein Appell an die Freiheit als Zwang der Evidenz; sie ist Aufforderung, die eigene Persönlichkeit zu vertiefen, um aus ihr ein Enthüllungsorgan zu machen, keine Einladung zur vollständigen Entpersonalisierung der universalen Vernunft, Beginn der grenzenlosen Vielfalt an Interpretationen, kein Verschließen in der Eindeutigkeit eines Wahren, das für alle formuliert und zur Gänze dargelegt ist. Die Universalität der Philosophie ist dieselbe wie die der Wahrheit, die zu allen spricht, aber zu jedem einzelnen auf seine Art, und sie ist nur innerhalb der einzelnen Interpretation, die sie sich gibt, zugänglich. Aber mit ihrer Präsenz in jeder Interpretation, die dieses Namens würdig ist, fordert sie Anerkennung und drängt zum Gespräch, so daß sich einerseits ihre *Einheit* konkretisiert und in der *Besonderheit* der Interpretation ihre Formulierung findet und andererseits die *Pluralität* der Interpretationen ihre *Unendlichkeit* gestaltet und verwirklicht und der daraus entstehende fortgesetzte Dialog die Universalität der Wahrheit und des philosophischen Diskurses konkret darstellt.

Die Universalität der Philosophie verwirklicht sich also durch die interpersonale Kommunikation: Es handelt sich darum, lebende Personen zu überzeugen und zu überreden, die Bewußtseine in Bewegung zu setzen und deren Denkweise umzuwandeln, ihnen Ideen und Überzeugungen einzuprägen, sie zu beraten und anzuregen; es handelt sich darum, eine bestimmte Geisteshaltung, eine bestimmte Weltanschauung, eine bestimmte Art des Denkens, Lebens, Fühlens, ja des Seins zu propagieren und zu verbreiten. Natürlich ergeben sich aus dieser spezifischen Natur der Universalität des philosophischen Denkens zahlreiche Schwierigkeiten und auch offenkundige Nachteile, die die Kommunikation der Philosophie beschwerlich machen, auch wenn sie sie nicht unwirksam machen können. Die Notwendigkeit, zu überzeugen, ja zu überreden, zu werben und zu propagieren, kann die philosophische Kommunikation in eine Art von Rhetorik ausarten lassen, die die Philosophie dem Pathos von Diskussion und Predigt oder der Übertreibung von Prophezeiung oder Orakel, wenn nicht gar der Entartung der Massenansammlung oder der Propaganda ausliefert.

Nun muß man dennoch zugeben, daß in der philosophischen Kommunikation ein „rhetorischer“ Aspekt anzutreffen ist, der nicht beseitigt werden kann: Es handelt sich hierbei um die „gute Rhetorik“ des Dialogs ad personam und der Verbreitung des Wahren: Die Wahrheit wendet sich an alle, aber an jeden einzelnen auf eine ihm spezifische Weise, und sie hat schon für sich genommen eine verbreitende und ausstrahlende Wirkung, so daß, wer seine persönliche Formulierung der Wahrheit gegeben hat, sie nur in der Form mitteilen kann, die anderen dazu aufzufordern, persönlich an seiner Interpretation teilzuhaben, oder in der Form, zum Mittler der Verbreitungskraft der Wahrheit zu werden. Diese „gute Rhetorik“ hat aber nichts mit der „schlechten Rhetorik“ zu tun, deren Ursprung darin liegt, daß der Philosophie Funktionen zugeschrieben werden, die ihr nicht zugehören, wie die Predigt oder die Prophezeiung, oder daß Dialog und Kommunikation zum Selbstzweck werden wie in der Debatte oder der Propaganda. Die gegenwärtige Überbewertung der Diskussion und die gegenwärtige Neigung zur Propaganda verabsolutieren den Dialog und setzen die Weitschweifigkeit als Selbstzweck, d. h., sie schließen die Kommunikation in sich selbst ein und berauben sie ihres Stimulus und ihres Inhalts: der Wahrheit.

Heutzutage ist die Diskussion zumeist wichtiger als das Thema: Statt damit zu beginnen, eine Idee zur Diskussion zu stellen, um sie kritisch zu prüfen, zu vertiefen und in ihren verschiedenen Aspekten und ihren unterschiedlichen Konsequenzen zu untersuchen, organisiert man eine Debatte, im Vertrauen darauf, daß die Idee aus der Diskussion hervorgehe, in einer Art Parthenogenese der Debatte selbst entspringe. So besitzt in der Propaganda die Kommunikation den Vorrang vor der Wahrheit, die es eigentlich mitzuteilen gilt: Anstatt die Kommunikation als die dem interpersonalen Dialog anvertraute Verwirklichung der Verbreitungskraft des Wahren zu begreifen, mißt man ihr nur als solcher Bedeutung bei, ohne weiter auf den Inhalt zu achten: daher die Übermacht der *Massenmedien,* die – vom Status bloßer Instrumente, die sie in Wirklichkeit sind, zu Selbstzwecken aufgestiegen – auf der ganzen Welt eine trostlose Uniformität geschaffen haben, die weit davon entfernt ist, die Menschen in einer tätigen Solidarität zu vereinen, und die die Menschen dem Einfluß von Demagogen und der Anmaßung derer gefügig machen, die sie instrumentalisieren wollen. Dies geschieht, weil es sich um einen Dialog ohne Logos und eine Kommunikation ohne Gemeinschaft handelt: Es geht also um einen Dialog und um eine Kommunikation ohne Wahrheit. Genau hierin liegt das Wesen der „schlechten Rhetorik".

Auch die Tatsache, daß in der Philosophie das Verständnis durch die Kongenialität bedingt ist, kann nachteilig erscheinen. Tatsächlich kann die Persönlichkeit jedes einzelnen ein Organ der Durchdringung und Enthüllung, aber auch ein Hindernis für das Verständnis sein, je nachdem ob die Person zu dem, womit sie sich in Beziehung setzt, ein kongeniales Verhältnis besitzt oder nicht. Aber jeder besitzt den eigenen Tugenden entsprechende Fehler, und jeder Intellekt weist seiner Durchdringungsfähigkeit entsprechende Lücken auf; es gibt keinen Scharfsinn, der nicht von einer gewissen Taubheit begleitet wäre, und keine Unsensibilität, die nicht zumal in einigen Aspekten besondere Aufmerksamkeit besäße: Daß nicht alle alles gleich gut verstehen, ist eine logische Konsequenz des interpretativen Charakters der Philosophie und des persönlichen Charakters der philosophischen Kommunikation. Wahlverwandtschaften sind ferner selektiv: Je mehr die Kongenialität das Verstehen sichert, desto mehr verhindert sie es, wenn sie fehlt.

Unter diesen Bedingungen kann Einseitigkeit aufkommen, die Gefahr der Sekte, der Faktion, der Partei, die den Dialog im eigenen Inneren einrichten und bewahren, ihn nach draußen hin aber ablehnen und zu vermeiden suchen. In diesem Fall überläßt die „Lateralität" der Interpretation, die im Erfassen der Wahrheit von einem bestimmten Gesichtspunkt aus und in einer persönlichen Perspektive besteht (mit der impliziten Anerkennung der Möglichkeit anderer Gesichtspunkte und Perspektiven und somit mit einem grundlegenden und wesentlichen Bedürfnis nach Dialog und Kommunikation), der „Unilateralität" der Faktion den Platz; diese besitzt ihr Wesen in der Unfähigkeit zum Dialog (was selbst wieder eine Folge der Verabsolutierung des eigenen Gesichtspunktes ist) und bewirkt somit Parteigängertum, Sektierertum, Fanatismus, ohne das Bedürfnis nach irgendeiner wechselseitigen Kommunikation aufzuweisen, ganz zu schweigen nach gegenseitiger Integration, die so nicht nur unmöglich, sondern auch unangebracht erscheint.

An diese Gefahr der Isolierung einzelner Gesichtspunkte knüpft sich eine trügerische Idee, was die Beziehungen zwischen Gemeinschaft und Universalität anbelangt: Statt zu versuchen, Universalität durch die Errichtung einer Gemeinschaft von gleichartigen und kongenialen Personen zu verwirklichen, identifiziert man die Universalität unmittelbar mit der Gemeinschaft, oder besser, man reduziert die Universalität und löst sie in der Gemeinschaft auf in dem Sinne, daß das Bedürfnis nach Dialog (worin eben diese Universalität zum Ausdruck kommen soll) in eine bestimmte Gemeinschaftsform gebannt wird, wie dies im gegenwärtigen Hang zur „Gruppe" hin geschieht, eine Gemeinschaftsform, die nur scheinbar offen und auf Verbreitung aus ist, in Wirklichkeit aber sich ausschließend verhält. Auf diese Weise beschränkt man die Universalität

auf die engen Grenzen einer Gemeinschaft, statt eine Gemeinschaft zur Universalität hin zu erweitern: Man stützt den Partikularismus anstelle der Universalität der Kommunikation. Weit davon entfernt, das Bedürfnis nach Universalität, das die Grundlage der Kommunikation bildet, in der Gemeinschaft zu fördern, unterdrückt man die Universalisierungstendenz des Dialogs.
Dies bedeutet, daß man ein weiteres Mal den Wahrheitscharakter des Dialogs und der Kommunikation beiseite räumt, denn das, was alle trotz der Vielfalt der Perspektiven einigt, ist die Wahrheit; und es ist die Wahrheit, die einer bestimmten Interpretation, die man ihr gibt, ein Bedürfnis nach Universalität aufprägt, ein Bedürfnis, das sich genau in der Kommunikation und im Dialog konkretisiert. Die einzelnen Perspektiven sind Interpretationen der Wahrheit, und die Wahrheit ist nur innerhalb dieser Interpretationen zugänglich: Jede dieser Interpretationen ist nicht dank einer vorausgesetzten Universalität mitteilbar, die jene von außen zusammenschließt – wie dies bei einer vorausgehenden universalen Rationalität der Fall sein könnte –, sondern dank der inneren Wahrheit jeder einzelnen Interpretation, einer Wahrheit, welche die einen Interpretationen den anderen gegenüber öffnet, indem sie sich in jeder einzelnen Interpretation geltend macht, und zwar als Bedürfnis nach Gemeinschaftlichkeit und Universalität, nach Dialog und Verbreitung, kurz: als Errichtung einer Gemeinschaft und, *damit einhergehend*, als Verwirklichung von Universalität.
Wenn ferner die Universalität des philosophischen Denkens noch zu schaffen ist und sich deshalb erst durch die Kommunikation, durch die Errichtung einer konkreten Gemeinschaft von gleichartigen und untereinander kongenialen Personen, realisiert, kann man nicht sagen, daß das philosophische Denken mit einer vorherbestehenden

und vorausgesetzten Universalität rechnen kann, welche die einer historisch gegebenen Gemeinschaft sein könnte, von der das philosophische Denken Ausdruck und Reflex wäre. Das philosophische Denken kann nicht auf diese sekundäre und abgeleitete bloße Überbaufunktion von Widerspiegelung und Ausdruck reduziert werden: Weit davon entfernt, lediglich eine gegebene und abgeschlossene Wirklichkeit zu bestätigen, hat es ursprünglich teil an der inneren Bewegung, durch die die Wirklichkeit selbst fortlebt und sich erneuert. Das philosophische Denken erneuert, verändert, transformiert, produziert, und als solches ist es dazu fähig, eine Gemeinschaft von miteinander kommunizierenden Personen zu gründen, d. h. Menschen zu bilden, die zwischen sich ein Band der Affinität und Kongenialität aufspüren. Es besitzt also die Fähigkeit, diesen Raum gegenseitigen Verstehens und dieses Bedürfnis nach wechselseitiger Kommunikation, worin die Verwirklichung der Universalität ihren Sitz hat, zu realisieren.

Die verschiedenen Formen des Historismus behaupten im Grunde, daß die Philosophie keine andere Funktion habe, als eine geschichtliche Wirklichkeit abzuschließen: Sie komme „nach" der Wirklichkeit, die sich ohne sie entfaltet habe, füge sich vollendeten Tatsachen hinzu, ohne noch die Möglichkeit oder gar die Aufgabe zu haben, in sie einzugreifen: Dies wird behauptet, weil man nicht versteht, wie ein Denken, das nichts weiter tut, als die historischen Zustände auszudrücken, eben diese Zustände, deren bloßer verspäteter Reflex es sei, verändern oder zu ihrer Transformation beitragen könne. Ganz sicher ist wahr, daß – nach dem bekannten Bild Hegels – die Philosophie zuletzt kommt, als „Eule der Minerva, die ihren Flug in der Dämmerung beginnt", aber sie kommt zur historischen Wirklichkeit hinzu, nicht um sich damit zu beschränken, sie zum Ausdruck zu bringen, wie dies im wesentlichen der Marxismus behauptet, und auch nicht, um diese in sich aufzunehmen, wie dies Hegels Konzeption beansprucht, sondern um sie an ihrer Wurzel und in ihrer Gesamtheit zu problematisieren, um ihr die eigene ursprüngliche und grundlegende Virtualität zurückzugeben, um ihre Bewegung in ihrem Werden zu erfassen und um ihre Entwurfsdynamik zu begreifen. Die Philosophie kommt gerade deshalb am Ende, um das, was zuerst da ist, leichter begreifen zu können, sie kommt zu den Zuständen hinzu, um in sie eindringen und um die Bewegung führen zu können, sie geht aus der Wirklichkeit nur in dem Sinne hervor, als sie deren Entwurf darstellt und artikuliert: Weit davon entfernt, Abschluß zu sein, geht es ihr vielmehr um die Wiedergewinnung des Ursprungs, aber nicht eines gleichsam statischen und toten Anfangs, sondern einer unausschöpflichen, da in unaufhörlichem Ausströmen befindlichen Quelle. Wenn man sich nämlich fragt, auf welche Weise Philosophie Wahrheit erlangen und besitzen kann, so wird man sehen, daß sie dies nicht in Form von „Kenntnisgewinnung" unternehmen kann, weil die Wahrheit kein in einer Gesamtschau zu erschließendes Objekt ist, sondern in Form des „Bewußtseins", genauer: des Bewußtseins nicht des Letzten, sondern des Ersten. Es ist nicht das Bewußtsein einer abgeschlossenen Geschichte, sondern das eines unerschöpflichen Ursprungs, nicht dasjenige einer gegebenen Situation oder einer historischen Epoche, sondern das der Wurzel jeder Epoche und jeder Situation und somit der Bewegung, die jene nährt und durch die jene fortbestehen und sich verändern; es ist nicht das Bewußtsein einer angenommenen Totalität menschlichen Geistes, sondern das ihrer grenzenlosen Ursprungsdynamik.

Um zu zeigen, daß die Universalität des philosophischen Denkens nicht vorgegeben ist – nicht nur keine vorgegebene unpersönliche Rationalität, sondern auch keine vorherbestehende, historisch gegebene Gemeinschaft –, daß es vielmehr um eine erst zu schaffende Universalität geht, liegt nichts näher als der analoge Verweis auf die Kunst: Künstler und Kunstwerk setzen nicht eigentlich ein Publikum voraus, sondern schaffen und formen es sich selbst. Der Publikumsgeschmack ist eine echte soziale Voraussetzung der Kunst, insofern er mit seinen Erwartungen und seinen Urteilen, seinen Ansprüchen und seinen Sanktionen eine Art von sozial organisiertem ästhetischen Gewissen darstellt. Der große Künstler jedoch überschreitet den Geschmack seiner Zeit: entweder indem er eben diesen Geschmack, zu dem er beiträgt, in eine Wirkungsmöglichkeit oder in eine schöpferische Anregung verwandelt oder in dem Sinne, daß er die tiefliegenden Bedürfnisse seiner Zeit bloßlegt und interpretiert und damit dem Publikum dessen eigenen Geschmack klarmacht, oder aber in dem noch innovativeren Sinn, daß er eine neue Epoche ankündigt und einleitet und sich dabei selbst ein *eigenes* Publikum, *sein* Publikum, schafft und ihm seinen ursprünglichen Geschmack überträgt. Das Publikum ist für den Künstler essentiell, und das Kunstwerk bildet sich durch sein bloßes Vorhandensein ein Publikum, es schafft es sich selbst allein durch seine Gegenwart.

Daß das Verhältnis zwischen Künstler und Publikum wesentlich für die Kunst ist, belegt die Tatsache, daß der Künstler einzig darauf abzielt, Zuschauer seines Werkes zu sein; das Werk ist erst dann wirklich vollkommen, wenn der Autor aufhört einzugreifen und wenn er schließlich dazu fähig ist, es zu betrachten. Damit ist nicht gesagt, daß der Künstler, um Kunst zu machen, den Gesichtspunkt des Publikums berücksichtigen muß, indem er seine eigenen Entscheidungen von der Voraussicht etwa der Leserreaktionen bestimmen läßt. Er darf an nichts weiter denken als an seine Kunst, und genau dadurch wird er sich sein eigenes Publikum schaffen; er darf nicht auf die Wirkung des Werkes abzielen, sondern nur auf seine Existenz, weil im Kunstwerk die Wirkung mit der Existenz selbst ineinsfällt, und die Existenz der Wirkung unterzuordnen hieße, beide zu zerstören. In gleicher Weise darf man nicht die Kommunikation als solche, man muß vielmehr die Wahrheit anstreben: Die Wahrheit an und für sich bedarf der Kommunikation, sie jedoch der Kommunikation unterzuordnen oder sie in dieser aufzulösen bedeutet, beides zu verlieren. Die Wahrheit, in der Form konkreter Interpretation und in der historischen Formulierung, in die sie sich kleidet, neigt von sich aus dazu, eine Gemeinschaft von Personen zu schaffen, die sich anerkennen, indem sie die eigene gegenseitige Affinität realisieren. Sie selbst etabliert einen Dialog, in dem sich ihr Bedürfnis nach Universalität verwirklicht. Dies tut sie aufgrund ihrer Beschaffenheit, insofern sie, an und für sich einzigartig, aber vielfältig in ihren Interpretationen und Formulierungen, fordert, daß sich zwischen diesen eine Kommunikation – als konkreter Ausdruck ihrer Einzigartigkeit – verwirklicht, die alle zu einem Dialog miteinander zwingt: Hierin liegt die wahrhafte Universalität des philosophischen Denkens.

Wenn also die Kunst nicht von einem schon vorgegebenen Publikum abhängt, sondern sich erst ihr eigenes Publikum schaft, so heißt das, daß Kunst nicht so sehr im Ausdrücken, sondern im Offenlegen, nicht so sehr im Abschließen, sondern vielmehr im Beginnen besteht. Die Kunst ist nicht Ergebnis oder Abschluß oder Geschichtsreflex, sie ist vielmehr Quelle, Ursprung und Instaurierung von Geschichte. Ihre Aufgabe besteht eher im Gründen als im Widerspiegeln, im Beginnen als im Reflektieren, im Errichten als im Ausdrücken. Die Kunst kommt nicht zu einer schon vorher existierenden Wirklichkeit hinzu, sie begründet vielmehr selbst eine neue Wirklichkeit. Sie reflektiert keinen schon gebildeten Geist, sondern enthüllt selbst eine neue Art des Seins, sie bringt keine abgeschlossene Welt zum Ausdruck, sondern entdeckt selbst eine neue Welt; und dies, weil das Kunstwerk an sich eine Wirklichkeit, ein Geist, eine Welt ist: ihre Wirklichkeit, ihr Geist, ihre Welt.

Weit davon entfernt, sich auf das Widerspiegeln eines Zustandes und den Ausdruck einer Zeit zu beschränken, eröffnet das Kunstwerk eine Welt und leitet eine Epoche ein. Die Stärke der Kunst besteht nicht im Ausdrücken und Abschließen einer Epoche: Wenn dies so wäre, würde sie mit der eigenen Zeitepoche sterben, mitgerissen von derselben Zeit, die sie im Ausdruck anhalten und festhalten wollte. Ihre Stärke besteht vielmehr im Öffnen einer Zeit und im Beginnen einer Epoche, und zwar in dem Sinne, daß das Kunstwerk selbst eine neue Zeit und eine neue Epoche ist. Dies ist so, weil die Kunst ihren Platz im Herzen der in Bewegung befindlichen Wirklichkeit findet und die wesentliche Beziehung, die den Menschen ans Sein bindet, in die Realität umsetzt. Sie ist sicherlich nicht die einzige Aktivität, die dies tut, aber sie unternimmt es auf eine besonders klare Art, so daß sie die am meisten geeignete Form ist, um den innovativen Charakter aufzuzeigen, den die menschlichen Handlungen erlangen, wenn sie in sich selbst ihre ursprüngliche ontologische Bedeutung wiederfinden und weiterentwickeln. Die Kunst hat, kurz gesagt, die Macht zu „beginnen", weil sie in ihrer ontologischen Öffnung selbst ein „Beginn" ist: Sie ist „Initial", mehr noch: „Initiatorin", aber nicht nur, weil sie „original", sondern vor allem, weil sie „ursprünglich" ist.

Das gleiche läßt sich von der Philosophie sagen. Wenn die

Philosophie kommunikativ ist und darauf abzielt, sich zu verbreiten, wenn sie nur durch die Kongenialität und die Affinität der Personen, die an einer gemeinsamen Weltanschauung teilhaben, kommunizierbar ist, wenn sie nicht dank einer äußeren, vorausgesetzten Universalität, auf die man sich verlassen kann, sondern dank eines inneren Bedürfnisses nach Kommunikation und Verbreitung kommunizierbar und verstehbar ist, wenn sie also nicht von einer historischen Wirklichkeit und einer schon bestehenden Gemeinschaft ausgeht, sondern selbst erst eine Gemeinschaft errichtet, durch die sie ihr tiefes Bedürfnis nach Universalität in die Wirklichkeit umsetzen kann, so heißt das, daß die Philosophie nicht eine Zeit zum Ausdruck bringt, sondern eine Epoche einleitet. Hierzu ist sie fähig, weil sie an und für sich Initiatorin, Einweiherin, Errichterin ist, und dies ist sie wiederum, weil sie wesentlich ursprünglich und ontologisch ist, offen gegenüber dem Sein und der Wahrheit. Weit davon entfernt, Ergebnis, Abschluß oder Geschichtsbewußtsein zu sein, ist die Philosophie Quelle, Schöpfung und Instaurierung von Geschichte; weit davon entfernt, sich darauf zu beschränken, die Zeit auszudrücken und also eine Epoche zu reflektieren und widerzuspiegeln oder zu einer schon vollendeten Wirklichkeit hinzuzukommen, besitzt sie einen Enthüllungs- und Wahrheitscharakter, dank dessen sie die Zeit öffnet und überschreitet und somit eine neue Epoche gründet und einleitet und eine neue Wirklichkeit enthüllt und errichtet.

Die Philosophie besitzt folglich – weit entfernt, sich darauf zu beschränken, die Zeit zum Ausdruck zu bringen, eine Wirklichkeit widerzuspiegeln, zu einer Epoche hinzuzukommen, die Geschichte abzuschließen – direkt Anteil an der Bewegung, mit der die Zeit sich öffnet, die Wirklichkeit sich erneuert, die Epoche sich ändert, die

Geschichte sich wandelt. Mehr noch, sie ist an und für sich Erneuerin und Umgestalterin, und sie ist es um so weniger, als sie sich in bloße Praxis auflöst, und um so mehr, als sie sich als reine Spekulation bewahrt, wobei mit Spekulation weder intellektualistische Abstraktion noch absolute Rationalität gemeint ist, da Spekulation nur dann ist, wenn sie einerseits in engem und unauflöslichem Kontakt mit der Erfahrung bleibt und andererseits die Wirklichkeit nicht in sich aufnimmt noch auflöst, sondern deren ontologische Bedeutung erfaßt. Als Spekulation bringt die Philosophie das ursprüngliche ontologische Verhältnis in Erinnerung und enthüllt dem Menschen die Quelle der Neuheit und Originalität: Sie ist Errichterin und Initiatorin, weil sie dem Menschen seine ursprüngliche Dynamik, also seine grundlegende Öffnung zum Sein und zur Wahrheit, bewußt macht.

Jede Philosophie, die dieses Namens würdig ist – wahrhaft enthüllend und nicht nur bloße kulturelle Erscheinung, d. h. einfacher Ausdruck ihrer Zeit –, stellt eine neue Welt dar, die sich öffnet, eine neue Epoche, die sich ankündigt, eine neue Geschichte, die beginnt, eine neue Wirklichkeit, die sich errichtet, d. h., sie ist eine neue Interpretation des Seins, eine neue Formulierung der Wahrheit: ein neuer Begriff, worin die Wahrheit selbst, die einzigartig und dennoch dieser und jeder anderen Interpretation inhärent ist, sich darstellt und mitteilt und Anerkennung verlangt. Dies kann sie nur dann tun, wenn sie soviele Personen wie möglich dazu auffordert, sich an dieser historisch konkreten Formulierung und Interpretation zu beteiligen, und d. h., indem sie durch die Affinität und Kongenialität, die die derart sich beteiligenden Personen zu einer Gemeinschaft zusammenschließen – deren Dialog somit Vermittlung und Realisierung von Universalität wird –, für sich wirbt. Auf diese Weise wirkt die Philosophie, die reine Spekulation bleibt, derart stark auf das menschliche Leben ein, daß sie eine Macht zur Gründung und zur Innovation erwirbt, die sie mehr Beginn als Abschluß der Geschichte, mehr Veränderung als Widerspiegelung von Zuständen, mehr Beherrscherin als Ausdruck ihrer Zeit werden läßt.

Hermeneutik und Geisteswissenschaften*

Von Italo Mancini

I. Mein hermeneutischer Weg

Die Frage, die dieser Untersuchung zugrunde liegt, ist sehr einfach: Genügt eine schlichte Erläuterung (esegesi), um einen Text zu verstehen, vor allem einen vermeintlich offenkundigen Text? Oder bedarf es jenes anderen, das in unserer Zeit gewöhnlich Hermeneutik genannt wird? Und welches sind dann die Gründe für diesen Übergang, wie groß ist also die Distanz zwischen Erläuterung und Hermeneutik? Es zeichnet sich ein Weg ab, den es darzulegen und zu begründen gilt. Er beginnt bei der Erläuterung und mit der Feststellung, daß sie nicht genügt, um die Werke des Geistes mit ihrem erkenntnistheoretischen Anspruch zu verstehen, all dem, was sich, weil es geschichtlich ist, als individuell, einzeln, unwiederholbar zeigt, eine universale Geltung zu verleihen.[1] Und er führt zur Hermeneutik, die auch dort, wo sie, wie im Mittelalter, noch nicht diesen Namen trägt, ein vollständiger erkenntnistheoretischer Akt ist.[2] Diese Vollständigkeit soll hier anhand des klassischen hermeneutischen Modells bestimmt und ermessen werden, anhand jenes Modells also,

* Übersetzt von Antonella und Christian Lavagno.

[1] „Wie das Nachverständnis des Singulären zur Objektivität erhoben werden könne.“ (W. Dilthey, Die Entstehung der Hermeneutik [1890], in: Gesammelte Schriften Bd. V, Stuttgart 1957, 317) Mit anderen Worten: wie das Verständnis des Singulären zur Allgemeingültigkeit führen kann.

[2] H. de Lubac, Exegèse médiévale. Les quatre sens de l'Ecriture, Paris: Aubier 1959, Introduction.

das, um es deutlicher zu sagen, auf Schleiermacher zurückgeht; und nicht anhand des Modells, das Heidegger in „Sein und Zeit" entworfen hat und das die radikale Geschichtlichkeit jedes menschlichen Verstehens behauptet. Deshalb wird in der historischen Rekonstruktion, die in unsere Untersuchung über den vollständigen Akt des Verstehens von geschichtlichen Schöpfungen einbezogen ist, das Glied in der Kette, das durch Heideggers hermeneutische Theorie repräsentiert ist, nicht berücksichtigt. In Heideggers Lehre von der Endlichkeit geht es nicht in erster Linie um das geschichtliche Verstehen eines Textes, eines Kontextes, überhaupt aller menschlichen Produktivität, wie es immer in den Gestalten der „Zweiten Philosophie" vorkommt, die seit Hegel gewöhnlich Geisteswissenschaften oder, auf französisch, sciences morales genannt werden; bei Heidegger ist die wesentliche Frage die nach der Offenheit des Daseins oder nach der Bestimmung des Verstehens als desjenigen eines Wesens, welches in die Welt geworfen ist und in der Zeit vergeht.[3] Möge sie auch weniger radikal erscheinen – auch die Hermeneutik als geschichtliches Verstehen fühlt sich zu jener Vollständigkeit berufen, die weder die bloße Erläuterung noch das absolute Verstehen beanspruchen können. Wir müssen also eine komplexe Struktur erwarten und nicht eine apprehensio simplex; ein offenes Wissen, das nicht, wie Leibniz es bestimmte, von der Widersprüchlichkeit des Gegenteils dominiert wird.
In diesem philosophischen Komplex nun, der den Namen Hermeneutik trägt – ich wiederhole: im Sinne eines geschichtlichen Verstehens, nicht im Sinne einer radika-

[3] Sein und Zeit, § 31, der das Dasein als Verstehen, und § 32, der den im eigentlichen Sinne hermeneutischen Diskurs, in Gestalt der Auslegung, zum Thema macht.

len Geschichtlichkeit des Wissens –, ist es mir möglich gewesen, die Frage nach der Methode, der Struktur und den Grundlagen der Religionsphilosophie[4] und der Rechtsphilosophie[5] zu beantworten, mit einem Verfahren, von dem vorherzusehen ist, daß es auf die gesamte Welt der Geisteswissenschaften ausgedehnt werden kann. Die folgende Untersuchung beabsichtigt deshalb eher, die Wirksamkeit und Effizienz der Hermeneutik in bezug auf die beiden genannten Disziplinen aufzuzeigen als intrahermeneutische Fragen zu oder solche nach der internen Struktur (die aber dennoch berücksichtigt wird) zu diskutieren und zu beantworten. Mein hermeneutischer Weg hat von Anfang an das Ziel gehabt, die Fruchtbarkeit und die Unersetzlichkeit dieser Methode auf dem Gebiet der sciences morales zu erweisen, und er hat, wie ich glaube, das Verdienst gehabt, auf der Hermeneutik eine Philosophie der Religion und eine Philosophie des Rechts aufgebaut zu haben, die gerade darum der tödlichen Krankheit der Reduktion entgehen und sich ihre immanente Allseitigkeit erhalten konnten. Auch ist es mir gelungen, das von Dilthey aufgewiesene hermeneutische Paradox sinnvoll aufzulösen und zu zeigen, wie man Allgemeingültigkeit auf dem Gebiet des Individuellen und Singulären erreichen kann, wie sie sich im Wesen von geschichtlichen Subjekten findet, die nicht dem Gesetz des Determinismus und der Verallgemeinerung unterliegen.

---

[4] I. Mancini, Filosofia della religione, 3. Aufl. Genua: Marietti 1986.
[5] I. Mancini, La filosofia del diritto come ermeneutica, in: Hermeneutica, Urbino 1982, 9-46.

II. Über das Gegebene

Alles wäre zum besten bestellt, d. h., man könnte sich mit der einfachen Erläuterung begnügen und das hermeneutische Paradox vermeiden, wenn man sich mit dem Gegebenen zufriedengeben könnte, das aber, nach einer glaubwürdigen und anerkannten, von Schleiermacher vorgeschlagenen Bestimmung,[6] immer den Charakter der Sprachlichkeit hat oder, wie Dilthey bemerkt,[7] nach dem geschriebenen Wort als dem bevorzugten Ort seiner hermeneutischen Ausführung strebt, weil nur dieses einen dauerhaften Niederschlag garantiert. Reduzieren wir jedoch das Gegebene auf die Sprache, so stellen wir fest, daß die Sprache nicht ohne Probleme ist; auch die Sprache ist niemals ein vollständig gegebenes Datum. Sie ist es nicht als semantischer Logos (man denke an die Analogie), nicht als apophantischer Logos (man denke an den „Leitfaden" von § 9 der „Kritik der reinen Vernunft" von Kant), nicht als rationales oder deduktives System (man denke an den von Galilei erhobenen Vorwurf der Unfruchtbarkeit). Sie ist es nicht in jenen logischen Formen, aus denen Aristoteles ein System entwickelte,[8] und nicht einmal in den Aussagemodi, die die Sprache gewöhnlich annimmt, den deskriptiven, expressiven und normativen.[9]

Es würde genügen, die Aporien im Auge zu behalten, die

---

[6] Schleiermacher, Hermeneutik. Nach Handschriften neu herausgegeben und eingeleitet von Heinz Kimmerle, in: Abhandlungen der Heidelberger Akademie der Wissenschaften. Philosophisch-historische Klasse, 2. Abhandlung, Heidelberg 1959, 40 f. Zum Thema: G. Vattimo, Schleiermacher filosofo dell'interpretazione, Mailand: Mursia 1968, 116 ff.

[7] Die Entstehung der Hermeneutik, a. a. O. 319, wo von einer „dauernd fixierten Lebensäußerung" die Rede ist, um den Gegenstand jeder Auslegung oder Interpretation anzugeben.

[8] Vgl. KrV B VIII-IX.

[9] Diese Frage habe ich behandelt in: Filosofia della prassi, Brescia: Morcelliana 1986, Kap. II.

die neopositivistische und dann die analytische Philosophie über die normative Sprache zusammengetragen haben, welche am häufigsten aufs Korn genommen wird, weil sie das Leben verändern will und deshalb in allen Bereichen, zu denen sie sich äußert, von Bedeutung ist, im Bereich der Religion, der Moral und des Rechts. Dadurch, daß die Sprache in den Vordergrund getreten ist, ist das philosophisch Gegebene unermeßlich reicher geworden,[10] aber proportional haben sich auch die Aporien mit ihren metaphysischen, psychologischen und axiologischen Auswirkungen vermehrt, die den Sinn aller theoretischen Figuren wieder in Frage stellen, seien es auch die ältesten und ehrwürdigsten. Das sprachlich Gegebene wird hier zu Dynamit, und man kann in keiner Weise von einer unschuldigen Gegebenheit sprechen.

Auch wenn man das Land der Sprache verläßt, verschwindet die rätselhafte Sprachlichkeit des Gegebenen nicht. Das ist Kant bewußt, der das Gegebene als „Boden“, wenn nicht als „Grund“[11] seines kritischen Realismus annehmen mußte (um dieser Schwierigkeit auszuweichen, hat Fichte es wie ein caput mortuum abgeschafft). Trotzdem beruht das „Datum“, an sich unerkennbar und unsagbar, auf keinem der beiden Sinne, auch wenn Kant auf dem lateinischen Gebrauch des Wortes beharrt (es kommt achtzehnmal in der ersten „Kritik“ vor). Aber ein Wort zu wiederholen bedeutet nicht, im Begriff einen Fortschritt zu erzielen. Gewiß ist die Gegebenheit bei Kant nicht

---

[10] Paul Ricoeur, Le conflit des interprétations. Essais d'herméneutique, Paris: Seuil 1969 (dt. Ausgabe: Hermeneutik und Strukturalismus. Der Konflikt der Interpretationen I, München 1973; Hermeneutik und Psychoanalyse. Der Konflikt der Interpretationen II, München 1974); ders., La métaphore vive, Paris: Seuil 1975 (dt. Ausgabe: Die lebendige Metapher, München 1986).

[11] Heidegger, Vom Wesen des Grundes (1929), jetzt in: Wegmarken (Gesamtausgabe Bd. 9), Frankfurt a. M. 1976.

hoffnungslos: Es gibt mindestens zwei Gründe, sie auf die Seite des Denkens zu stellen. Zuallererst die Tatsache, daß das „Datum“ es erlaubt, die Vorstellungskraft des Denkens im Zaum zu halten, das nicht gänzlich frei ist – frei bis zur Hervorhebung der impliziten Vorstellungskraft in Fichtes Ich –, so daß die transzendentale Welt sich als Form einer stets gegebenen Materie darstellt und nicht als reine, „magische“ Konstruktion; und zweitens, wenn es sich nicht auf das Prinzip der Wirklichkeit zurückführen läßt und nicht einmal auf das der Möglichkeit, so kann es als ein typischer Fall von „problematischem“ Realen bezeichnet und somit durch die Ausdehnung oder Vermittlung einer Erkenntnis erklärt werden, die ansonsten gewiß und sicherer Besitz ist.[12] Aber auch diese beiden typisch Kantischen Argumente bestätigen, daß ein reines Datum entweder nicht existiert (ontologisches Motiv oder Motiv des ordo essendi) oder nicht simpliciter erkennbar ist (gnoseologisches Motiv oder Motiv des ordo cognoscendi). Im ersten und im zweiten Fall ist es immer konstruiert, oder es muß, um zu den Begriffen zurückzukehren, mit denen wir diese Abhandlung eröffnet haben, verifiziert werden durch einen Willen zur Bedeutung – ein Ausdruck, der, wenn er auch nicht ganz ausreicht, dennoch einen wichtigen Aspekt des hermeneutischen Lebens widerspiegelt.

Im Lichte dieser Betrachtungen könnten weitere Überlegungen angestellt werden. Es genügte etwa zu bedenken, welche folgenschweren, vereinfachenden und reduzierenden Implikationen in den ersten Sätzen des „Tractatus“ von Wittgenstein enthalten sind, vor allem in 1.1: „Die Welt ist die Gesamtheit der Tatsachen, nicht der Dinge“ –

[12] Über das Problematische, im starken Sinne des Wortes, und seine Unterscheidung vom Möglichen vgl. KrV B 310/A 254.

eine Unterscheidung, die Sandro Di Caro wie folgt vorzüglich erklärt:

„Ich kann nicht auf eine Tatsache in der selben und identischen Weise hinweisen, wie ich auf einen Gegenstand, eine Sache hinweise; man kann auf eine Tatsache nicht hinweisen, sondern nur sie beschreiben. Das Hinweisen auf die Tatsache ist dann lediglich ein sprachlicher Ausdruck. Die Tatsache hat also ihre primäre und konstituierende Existenz *allein in der Sprache.*"[13]

Die natürliche Aufweisbarkeit der Dinge ist ein verlorenes Paradies. Nur die Sprache behauptet etwas und vermittelt Bedeutungen, aber auch Eintrübungen, dadurch, daß sie sich ausschließlich auf die Tatsachen bezieht und nicht auf die Dinge. Es kann also die These der Nicht-Transparenz und der Nicht-Unschuldigkeit des Gegebenen vertreten werden, d. h., es gibt keinen echten Anfang, sondern eine von Grund auf zirkuläre Bewegung. Gerade in dem Anfangsmoment, wo jedes Gegebene in Wirklichkeit ein Ergebnis ist, ist es immer ein Danach, jedoch in einem angeblichen Vorher. Wie könnte ich sagen, daß es ein Datum aus dem Bereich der Religion ist, von dem ich ausgehe, um den Aufbau der zugehörigen Bedeutungen zu bestimmen, wenn jenes, auf das ich mich beziehe, nicht in ein Vorverständnis eingebettet ist, das es mir erst erlaubt, die Umstände zu nennen, unter denen ein Gegebenes – ein Wort, ein Ereignis, eine Gemeinschaft, ein Gebot – als religiös bezeichnet werden kann? Oder als juristisch oder als ästhetisch oder überhaupt als ein Datum, das geeignet ist, eine von den vielen Geisteswissenschaften zu konstituieren, die Dilthey im Blick hatte und die sicherlich Religion, Recht und Ästhetik einschließen? Um die These weiter zu entfalten, könnte man auch sa-

[13] Alessandro di Caro, Lettura del Tractatus di Wittgenstein, im Druck.

gen, daß das Gegebene nicht wirklich oder genügend klar ist, um einen „Ruhestand"[14] des Geistes in beiden Fällen zu erlauben, wo es uns zugänglich wird: sei es als Gegebenes im Hinblick auf die vorhandenen Schwierigkeiten, die sowohl für den ontologischen als auch für den erkenntnistheoretischen Bereich genannt wurden und die sich im Grunde auf die Schwierigkeit reduzieren, den Sinn und den Begriff von Anwesenheit[15] zu bestimmen, und auf das Ausmaß der Verheimlichung des Wesens von Zeit und Raum; sei es – und dabei handelt es sich um ein Übel vor allem dieses von der „Logik des Zerfalls"[16] dominierten Zeitalters – im Hinblick auf den „Überfluß an Information",[17] durch den sich in jedem Wissenszweig die Daten ins Maßlose vermehren, mit dem Resultat, daß die im Abendland stets in Ehren gehaltene Logik der Einheit sowie die Entscheidung für die Bedeutung – fundamental in der Welt der Verantwortung – zunehmend mit Schwierigkeiten behaftet sind. Man nimmt hier sogar ein umgekehrt proportionales Verhältnis zwischen Gegebenem und Bedeutung an. Und man stellt gleichzeitig ein Gesetz ihrer Unzertrennlichkeit auf, weil, um eine berühmte Kantische Formulierung nachklingen zu lassen, das Gegebene ohne Bedeutung „blind" und die Bedeutung ohne Gegebenes „leer" ist.[18]

Mit anderen, dem hermeneutischen Vorgehen stärker verwandten Ausdrücken könnte man sagen, daß es zwischen Gegebenem und Bedeutung kein analytisches Verfahren gibt. Das Gegebene gebiert nicht notwendigerweise seine

---

[14] KrV B 612 / A 584.

[15] G. Marcel, Etre et avoir, Paris: Aubier 1935.

[16] Adorno, Negative Dialektik, Frankfurt a. M. 1966, 148 f.

[17] L'avenir de la société humaine, Moskau: Editions du progrès 1973, 434.

[18] KrV B 75 / A 51: „Gedanken ohne Inhalt sind leer, Anschauungen ohne Begriffe sind blind."

Bedeutung. Ein Subjekt als Gegebenes führt nicht notgedrungen ein Prädikat mit sich, das es in seinem Sinngehalt festlegt. Die Zeitungskultur ist ein bitterer Beweis dafür, daß Bedeutungen nicht von analytischem Charakter sind, denn identische Daten sind dort auf eine Art und Weise wiedergegeben, daß sie zuweilen das Gegenteil bedeuten. Sicher stehen die Daten fest, und deshalb nannte Hegel die Zeitungslektüre eine Meditation bei Tagesanbruch, aber sie sind den verschiedensten Manipulationen unterworfen, so daß Nietzsche vom vomitus matutinus, vom morgendlichen Erbrechen sprach. Ein solcher nicht-analytischer Ansatz bezieht deshalb auch moralische Fragen mit ein im Hinblick auf die Gewalt, die sich gegenüber den Tatsachen durchsetzt. Ich habe von „hermeneutischer Gewalt" gesprochen,[19] aber nicht in dem Sinne, daß man die Wörter und Begriffe mißbraucht; das wäre inkorrekt, aber in dem Sinne, wie es immer die Genies der Gewaltlosigkeit gemacht haben,[20] nämlich Bedeutungsträger zu suchen, die allein aufgrund ihrer Bedeutung eine „göttliche" Gewalt erzeugen, die die Welt entlastet und sich als Logik des Protestes und der Rebellion anbietet, jedoch ohne Gebrauch von Macht und Gewalt. Die Massenmedien hingegen vergewaltigen die Tatsachen, auch ohne es zu wollen, um aus ihnen interessante Bedeutungen herauszuholen oder sie ihnen aufzuzwingen. Und sie vergewaltigen sie mit einer doppelten Technik, auf die von jenen – vor allem nordamerikanischen – Moralisten – hingewiesen wurde, die das Phänomen der Manipulation untersucht haben: einmal die Technik der *ausschließenden Erwähnung*, mit der eine Nachricht gemeldet und so ein Aspekt auf Kosten

[19] I. Mancini, Il pensiero negativo e la nuova destra, Mailand: Mondadori 1983, 325-356.
[20] Simone Weil, Cahiers, Paris: Librairie Plons 1970.

anderer hervorgehoben wird, der dadurch über Gebühr betont wird und entartet; und dann die Technik der *Vereinfachung*, durch die komplexe und vielschichtige Ereignisse auf elementare Betrachtungsweisen reduziert werden, indem man improvisierte oder willkürlich idealisierte Meinungen irgendwelcher Leute wiedergibt, und so bleibt dann ungesagt, was der Sachverhalt oder das Ereignis an Ernsthaftem, Problematischem, Unlösbarem enthalten. Unerträgliche Improvisation: Man läßt zu öffentlicher Meinung das werden, was einige wenige, zufällig angetroffene Personen aus dem Stegreif gesagt haben.
Wir können noch zwei erkenntnistheoretische Merkmale erwähnen, die zur Erläuterung des gegebenen Sinns oder zu dem Weg vom gegebenen Sinn zur konstruierten Bedeutung hinzugehören. Zunächst können wir folgendes sagen: Es gibt im Gegebenen einen reichhaltigen Kern, den keine Aussage erschöpfend erfaßt, weil keine Aussage, die sich auf Gegebenes bezieht, den von Leibniz aufgestellten Kriterien für die Wissenschaftlichkeit einer Behauptung entspricht, also ihr Gegenteil sich als widersprüchlich erweist. Die Aussagen über das Gegebene sind offen, unerschöpflich, und sie stellen das Eigene der Hermeneutik dar: das Gegebene mit unerschöpflichen Angriffen umkreisen, die mehr für den Konsens als für die Erkennbarkeit leisten. Und so tragen sie eher das Kleid der Rhetorik als das der Wissenschaftlichkeit. Nichts ist derart endgültig, daß es denjenigen, der mir widerspricht, zum Schweigen brächte und daß der, der sich in Widersprüche verwickelt, verstummte, „einer Pflanze ähnlich", nach einem alten Wort des Aristoteles (Met. 1006 a 14). Gegen meine Überzeugung von dem überragenden Wert eines Kunstwerks kann es immer jemanden geben, der es für mittelmäßig hält. Und das geschieht unendlich oft, bis der Wille zur Bedeutung, den wir Rhetorik nennen kön-

nen, das abschließt, was, wissenschaftlich gesprochen, als eine offene und unermüdlich produktive Struktur erscheint.

In Einklang damit kann man eine zweite Behauptung aufstellen. In der Arbeit am historisch oder literarisch Gegebenen, wo sich die Frage nach dem Verhältnis zwischen Erläuterung und Hermeneutik stellt, richten sich die daraus resultierenden Wissenschaften nach dem semantischen Logos und nicht nach dem apophantischen, es sind Informationen, Worte und nicht Urteile, Konstellationen von Werten. Deshalb sind sie für einen starken Zuwachs offen und werden Beute von Widerrufen und Korrekturen, wie verfeinerte Methoden und Fortschritt sie immer erzeugen können. Es handelt sich, mit anderen Worten, um das, was im Mythos geschieht, wenn man ihn gemäß der Geschichte der Religionen als das versteht, „ce quoi donne à penser", was zu denken gibt:[21] Der „Mythos" von Adam zum Beispiel ist höchst bedeutsam für die Themen der Schuld, der Verantwortung, der Strafe und der Belohnung, aber er geht nicht dazu über, Bedeutungen anzuzeigen, weil er sich als semantischer Logos weder mit dem historischen noch mit dem sozialen Sein in seiner Wirklichkeit befaßt. Man weiß nicht, ob sich jemand versündigt und seine Strafe erhalten hat; der Mythos überschreitet nicht die Schwelle zum apophantischen Logos.

Dies ist eine furchtbare Grenze für die Welt des Gegebenen und der Erläuterung. Man hätte niemals einen vollständigen Akt, wenn man nicht zu einer umfassenden Hermeneutik gelangte, die neben dem Gegebenen auch die theoretischen und praktischen Bezüge einbezieht und schließlich auch die asketischen Techniken, die die Entscheidung zur Bedeutung mit sich bringen.

---

[21] P. Ricoeur, Le conflit des interprétations, a. a. O. 32.

III. Aporie des Sinns und seiner Bestimmung

Die Betrachtungen über das Gegebene haben den deutlichen Zusammenhang zwischen Zweiter Philosophie und Hermeneutik hervorgehoben, d. h. sie haben gezeigt, daß eine Welt der Erläuterungen und der einfachen Gedanken nicht ausreicht und daß es einer Technik der Auslegung bedarf, wie sie sich um Schleiermachers Chiffre der Hermeneutik ausgebildet hat. Nun ist es angezeigt, im einzelnen zu untersuchen, welches die Triebfeder ist, die das hermeneutische Bedürfnis in Bewegung versetzt, wenn es darum geht, eine Zweite Philosophie zu beginnen[22] oder – um bei der Thematik zu bleiben, die ich selbst bearbeitet habe – darum, die Philosophie der Religion und des Rechts in philosophischer Weise zu behandeln und d. h. auch zu begründen.[23]

Die Aporie liegt in der Schwierigkeit, den Genitiv (Philosophie *des* Rechts, *der* Religion) in der richtigen Stellung zu halten. Denn wo man den Sinn hervorhebt, wie es angebracht ist, weil es um für die Erlösung lebenswichtige Welten geht, da darf die philosophische Suche nicht zu jenseitig und unwirksam werden, so daß das *des* oder *der* den Gegenstand hinter sich lassen, der im Falle der Religion von Hegel ein „ungeheures Objekt"[24] genannt wurde – und ich fühle mich eher als Jurist oder als religiöser Mensch denn als Philosoph und Denker. Der Bruch überwiegt, sofern nicht sogar eine Abneigung gegen die philosophische Arbeit entsteht, gemäß dem Paradox der Absurdität bei Tertullian: „Prorsus credibile est, quia ineptum est; certum est quia impossibile est." (Es ist ganz und

---

[22] Aristoteles, Met. 1004 f.

[23] Siehe Kap. IX (Quale fondamento) in meinem Buch „Filosofia della religione", a. a. O.

[24] „Von dem ungeheuren Objekte" spricht Hegel in der „Religionsphilosophie" (Bd. I, hrsg. von Lasson, Hamburg 1966, 287).

gar glaubwürdig, weil es ungereimt ist: es ist sicher, weil es unmöglich ist. – „De Carne Christi", Kap. V)

Oder – von philosophischen Ansprüchen gedrängt, da man dem Denken nichts vormachen kann, und eingedenk auch der Bemerkung von Kant im ersten Vorwort zu „Die Religion innerhalb der Grenzen der bloßen Vernunft": „Eine Religion, die der Vernunft unbedenklich den Krieg ankündigt, wird es auf die Dauer gegen sie nicht aushalten"[25] – man entscheidet sich dafür, die kritische und philosophische Dimension zu betonen, welche wir „Bestimmung des Sinns" nennen. In diesem Fall wird die Autonomie des Objekts, sein ursprüngliches Gefüge, aufs Spiel gesetzt, durch welches diese Philosophie als Zweite, nachgeordnete Philosophie bestimmt ist, die deshalb vom Vorrang des Objekts und von seiner Bestimmtheit ausgeht. Die Juristen fühlen sich von einem philosophischen Entschluß verraten, dem zufolge – wenn die Bemerkung von Kant stimmt, daß ohne Beziehung auf die Gerechtigkeit das Recht ein „schöner Kopf" wäre, aber kein Hirn hätte, cerebrum non habet[26] – auch das Gegenteil wahr ist: Auch ein ausgeblutetes Naturrecht ohne Beziehung auf das positum (Rechtspositivismus) hielte nur die „Hälfte" der Sache in der Hand, wie Vico ganz richtig behauptet hat, der dagegen von einem „ewigen Recht, das in der Zeit verläuft",[27] spricht. In diesem zweiten Fall des Dilemmas – das ein echtes Dilemma ist, weil beide Alternativen hoffnungslos sind – ist es noch das Geringste, da die Religion zur Gnosis wird. In einer Art von Strukturalismus des Gewissens oder der Idee spricht Schleiermacher von einer „Provinz" des Geistes, und für Hegel ist sogar der Kar-

---

[25] Akademie-Ausgabe Bd. VI, 10.
[26] Die Metaphysik der Sitten, in: Akademie-Ausgabe Bd. VI, 229.
[27] Vico, Scienza nuova prima, Bari: Laterza 1931, 40.

freitag weniger ein „Ereignis“ als vielmehr ein „Moment“ des „spekulativen“ Geistes, das Moment der ungeheuren Macht des Negativen, dialektisch verstanden.[28] Von diesem Standpunkt aus betrachtet kann der Strukturalismus, der im Grunde genommen ein besonderer Aspekt der Gnosis ist, als die tödliche Krankheit der Philosophie der Religion angesehen werden. Diese lehnt die hermeneutische Methode ab, die den Anspruch erheben sollte, den Genitiv in korrekter Weise zu lesen und dergestalt eine aufrichtige Treue dem ungeheuren Objekt und der „Anstrengung des Begriffs“[29] gegenüber zu wahren. Die tödliche Krankheit der Philosophie des Rechts hingegen ist die Krankheit des Reduktionismus (ein Sachverhalt analog zur theologischen Auflösung des Anthropozentrismus), falls sie den Weg einschlägt, den wir den der „Bestimmung“ des Sinns nannten, der philosophischen Absorption, um es in kritischen Termini zu formulieren. Ich meine: Alle Theoretiker des Rechts denken, daß die Merkmale einer Norm darin bestehen, gerecht, gültig und wirksam zu sein. Was hinreichend klar und einfach auf der Ebene einer allgemeinen Theorie des Rechts erscheint, erweist sich als schwierig auf der Ebene philosophischer Identifikation, weil die drei Kriterien disjunktiv verstanden werden; und folglich „reduziert“ der Metaphysiker den Sinn des Rechts auf die Idee der Gerechtigkeit und ihre Hauptäußerung im Naturrecht. Der Formalist auf der Linie von Kelsen reduziert den Sinn und den Wert des Gegebenen auf die Geltung, so daß die Bemerkung Vicos nicht gilt, daß es zuweilen keine Gesetze gibt, sondern

[28] Schleiermacher, Über die Religion, Hamburg 1958, 40; Hegel, Glauben und Wissen, in: Jenaer kritische Schriften, hrsg. von H. Buchner u. O. Pöggeler, Hamburg 1968, 414.
[29] Phänomenologie des Geistes, in: Werke (Suhrkamp-Ausgabe) Bd. 3, 56.

Gesetzesungeheuer, monstra legum,[30] und daß formal betrachtet auch die Gesetze der Konzentrationslager gültig waren. Der Rechtssoziologe schließlich setzt sich für eine Analyse ein, die nicht unbedingt wahrheitsgetreu sein muß, wenn sie nur eine Praxis begründet, wenn sie nur das Innere trifft, die Geschichte bewegt. Wenn die letztgenannte Reduktion bis zum Äußersten getrieben wird, vor allem auf theologischem Gebiet – wie etwa von den sogenannten Theologen des Todes Gottes, für die die Tatsache, daß sich die Auferstehung Christi weder historisch noch theoretisch feststellen läßt, wenig ausschlaggebend ist; es genüge, daß sie, wie tatsächlich geschehen, eine Praxis der Befreiung erzeugt hat[31] –, so bringt der Rechtssoziologe das hervor, was zu anderen Zeiten bezüglich desselben Problems theologische Praxis genannt wurde. Es bestehen mit Sicherheit *drei* Werte, Gerechtigkeit, Gültigkeit und Wirksamkeit. Keiner von ihnen darf eliminiert werden, und die Reduktion muß als eine tödliche Krankheit bezeichnet werden.

Wer wird uns aus dieser Aporie befreien, die auf identische und zugleich verschiedene Weise auf die beiden genannten Disziplinen zurückwirkt? Diese Aporie hat dieselbe logische Struktur wie die von Wilhelm Dilthey hervorgehobene Allgemeingültigkeit der Untersuchung über das geschichtliche und freie einzelne, und wie in diesem Fall halte ich die Hermeneutik für fähig, eine weder gnostische noch bloß praktische noch im allgemeinen reduktionistische Lösung zu finden.

---

[30] Vico, De universi iuris uno principio et fine uno, Buch I, Kap. LXXXIII.

[31] Paul van Buren, The Secular Meaning of the Gospel, 3. Aufl. New York: MacMillan 1966.

IV. Über die theologische Bedeutung

Unsere Untersuchung ist nun reif für die entscheidenden Fragen: Wie kommen wir zur Bedeutung? Welches ist das konkrete hermeneutische Vorgehen, um vom Gegebenen zur Bedeutung zu gelangen, welche den Sinn und seine philosophische Bestimmung rettet? Wie ist die Hermeneutik aufgebaut, und wie rettet sie die Philosophie des Rechts und die Philosophie der Religion? Es wäre interessant, zur Beantwortung dieser Fragen, in denen es darum geht, die Gestalt der Hermeneutik zu umreißen und ihre Funktion in bezug auf die uns interessierenden Geisteswissenschaften zu bestimmen – und das sind die beiden Direktiven, zwischen denen sich meine hermeneutische Arbeit bewegt –, die Etappen der Geschichte der Hermeneutik noch einmal zu durchlaufen: von den antiken Fragen über die wichtigsten Regeln zur Textinterpretation, Homer und die Bibel vor allem, über die Entwicklung der mittelalterlichen Exegese und die Lehre vom vierfachen Sinn der Schrift und jedes Lesens (man denke bezüglich dieses zweiten Aspekts an das „Convivio“ von Dante) zum Problem der Autonomie (oder nicht) des Textes, das im Gefolge der Reformation die Strömungen der christlichen Bekenntnisse bewegt hat, bis schließlich zu jenem Umsturz der Perspektive, den Spinozas „Tractatus theologico-politicus“ bedeutet, wo es nicht mehr um Angleichungen an das Innere des Textes geht, sondern um eine (voraufklärerische) Radikalität, die den Text in Frage stellt und die dadurch in einem Zug sowohl die Philosophie der Religion als auch das hermeneutische Leben als Verstehen des geschichtlichen Wissens, d. h. mit einem autonomen Leben in den Formen des Wissens und der Methode, entstehen läßt.[32]

[32] Zu dieser Interpretation von Spinoza s. I. Mancini, Filosofia della religione, a. a. O. 17 ff.

Im zweiten Zyklus dieser Entwicklung – der bei Schleiermacher beginnt und über Dilthey und Bultmann zu Heidegger fortschreitet und sich in den Ergänzungen, die Gadamer vornimmt, vervollständigt – wird jedoch der theoretische und strukturelle Beitrag unterstrichen, so daß man sagen kann, daß in jedem dieser Momente das theoretische, komplexe Leben des hermeneutischen Vollzugs sich verkörpert. Und so begründet Schleiermacher die Struktur des Zirkels, Dilthey das theoretische Vorverständnis und Bultmann das praktische – bis zu Heideggers Hinweisen über den Zusammenhang zwischen Hermeneutik und Ent-wurf, zwischen Wahrheit und Freiheit,[33] was in den letzten Jahren die Frage nach der inneren Nähe seiner Philosophie zum Nationalsozialismus hat explodieren lassen. Mit Gadamer ist die Frage der Distanz (zwischen Text und Interpret: geschichtliche, zeitliche, biographische, gefühlsmäßige) neu hervorgetreten, und es gibt auch Anzeichen für ihre mögliche hermeneutische Überwindung durch Autorität, Tradition, Wirkungsgeschichte.

Es ist nicht möglich, im Zuge dieser Untersuchung die These zu beweisen, daß in den Entwicklungsmomenten der Geschichte der Hermeneutik theoretisch wesentliche Aspekte ihrer Gestalt verborgen und wiederzufinden sind. Aber wenigstens auf eines kann man hinweisen: In der Hermeneutik gibt es einen echten Zuwachs an geistigem Leben und nicht bloß eine passive Logik der Bestätigung. Schon Schleiermacher, von einem idealistischen und konstruktiven Vorverständnis bewegt, schrieb, es gehe darum, „die Rede zuerst eben so gut und dann besser zu verstehen als ihr Urheber"[34]. – Allerdings hatte schon

---

[33] Heidegger, Vom Wesen der Wahrheit (1930), jetzt in: Wegmarken, a. a. O.

[34] Schleiermacher, Hermeneutik, a. a. O, Bd. III, 87.

Kant, als geistreicher Leser der Platonischen Ideenlehre und der politischen Utopie eines Staates ohne Gesetze und ohne Strafen – in der Tat eine politische Perfektion, nach der auch Kant strebte –, eine ähnliche Bemerkung über den Beruf des Denkers gemacht, jedoch in fast biographischer Nüchternheit und Präzision: „Daß es gar nichts Ungewöhnliches sei, sowohl im gemeinen Gespräche, als in Schriften, durch die Vergleichung der Gedanken, welche ein Verfasser über seinen Gegenstand äußert, ihn sogar besser zu verstehen, als er sich selbst verstand." (KrV B 370)

Wir haben bisher die Frage nach dem Gegebenen betont, auf seine Sprachlichkeit und Undurchsichtigkeit, seinen Anspruch auf Umfassendheit und auf einen Weg zur Bedeutung hingewiesen. Ebenso haben wir auf der Relevanz der Wahl beharrt, des Entwurfs, der Freiheit, der offenen Struktur in der Erzeugung der Bedeutung (oder der Bedeutung gegenüber), in bezug auf die Zustimmung. Dies sind die beiden Bestimmungsmomente, am Anfang (das Gegebene) und am Ende (die Bedeutung) des Weges, die, dank der Zirkelstruktur, wechselseitig ans Ende (das Gegebene) oder an den Anfang (die Bedeutung) gesetzt werden können. Kein hermeneutischer Vollzug kann auf dieses methodologische Minimum verzichten: Ohne das Gegebene entsteht keine Untersuchung, ohne die Bedeutung bleibt sie steril, bloßes Spiel. Mit den Untersuchungen von Heidegger wäre die Frage nach der Relevanz des Entwurfs in der Bedeutung in den Vordergrund getreten, aber es ist die Lehre von Schleiermacher gewesen, die zur These über das Gegebene geführt hat und zu ihrer geheimnisvollen Tiefe und Virtualität, großzügig und rätselhaft zugleich.

Das ist aber noch nicht alles. Die wechselhafte Geschichte der Hermeneutik hebt andere Aspekte hervor, die zu berücksichtigen sind, damit wir die von der Aporie angezeigte Aufgabe lösen können. Es handelt sich um das, was Schleiermacher die Relevanz des Ganzen für das Verständnis der Teile nannte, und um das, was Bultmann als Lebensbezug bezeichnete, der notwendig sei, um einer Bedeutung einen Sinn zu verleihen: zwei Arten von Vorverständnis, beide notwendig, um der Hermeneutik Leben einzuhauchen. Im ersten Fall wird der theoretische Aspekt betont, jenes ursprüngliche Feld, in dem jedes hermeneutisch Gegebene wachsen und reifen muß, bis es den vollen Umfang seiner Bedeutung erreicht hat. Im zweiten Fall wird der praktische Bezug berücksichtigt. Zum einen im Hinblick auf die Intensität der „Erlebnisse" (Dilthey); denn gemäß einer Bemerkung von Bultmann, die mir richtig erscheint, kann derjenige einen Text über die Freundschaft nicht verstehen, der sie nie erlebt hat, ebensowenig wie ein Blinder, der nie eine Erfahrung von Rot oder Grün oder einer anderen Farbe gemacht hat, Goethes Buch über die Farben verstehen könnte. Zum anderen im Hinblick auf die Wiedererweckung der Verantwortung (responsabilità), die wörtlich etwas mit Antworten (lat. respondere) zu tun hat, weil der Text befragt wird und selber fragt, so daß, wie Gadamer richtig beobachtet hat, die Hermeneutik dialogisch vorgeht[35] und unter ihren subtilitates (wie die Interpreten des achtzehnten Jahrhunderts sich ausdrückten) auch die subtilitas applicandi zu finden ist; diese kommt sowohl in der theologischen als auch in der juristischen Hermeneutik vor. Die Predigt ist nämlich nichts anderes als die Applikation der Hermeneutik auf einen biblischen oder dogmatischen Text, einerseits als Anwendung und somit Erweiterung, andererseits als eine gründliche Untersuchung, die ihn zur

[35] H.-G. Gadamer, Wahrheit und Methode, 2. Aufl. Tübingen 1965.

Fülle seiner Bedeutungen führt. Und ist das Urteil eines Richters nicht zugleich eine Anwendung und Interpretation der Gesetze? Die subtilitas applicandi ist nicht als ein nachfolgendes und substituierendes Moment zu verstehen, so als ob die Praxis der Abschluß einer Kette von Behauptungen wäre. Sie muß vielmehr als ein konstitutives Moment derselben hermeneutischen Wahrheit aufgefaßt werden, die gerade durch ihren Bezug zur Praxis die Vollständigkeit ihrer Entwicklung erreicht.

Wenn wir den Sachverhalt anhand eines Beispiels vereinfacht darstellen wollen, können wir die Fülle des hermeneutischen Lebens wie folgt verdeutlichen. Nehmen wir einen gläubigen Christen, der sich mit dem Kern seiner Orthodoxie auseinandersetzt, mit dem Satz, auf dem sein Glaube beruht: Christus ist Gott. Das ist ein Datum, das wir alle als notwendigen Bestandteil des christlichen Glaubens kennen, wir haben es predigen und bekennen hören, wir haben es gelesen, es wurde uns beigebracht. Als Datum existiert es, es ist altehrwürdig und glaubhaft, es wird sogar als rettend dargestellt, aus ihm entspringt die ewige Erlösung. Wenn ich mich wie ein Erwachsener verhalten will, kann ich mich nicht damit begnügen, dieses Datum auf der Grundlage eines einfachen „Es wurde gesagt" zur Kenntnis zu nehmen;[36] auch Pascal setzte neben die inspiration und die abitude die raison, wenngleich mit der eingeschränkten Aufgabe, mehr zu widerlegen als zu überzeugen.[37] Aufgrund dieser Notwendigkeit entstehen historische, literarische und soziologische Untersuchun-

[36] Jedoch behauptet Bultmann ausgerechnet dies in seinem Buch „Jesus" (Tübingen 1964): „Dann liegt also die Beglaubigung für die Wahrheit des Wortes in nichts außerhalb dessen, was sich zwischen Wort und Hörer abspielt [...] Im Worte und nicht anders bringt Jesus die Vergebung." (182)

[37] Pascal, Pensées, Fr. 245 und 564.

gen, eine umfangreiche Reihe von positiven Wissenschaften, über deren erkenntnistheoretische Struktur bereits einiges gesagt wurde.

Auch wenn sich am Ende ergeben sollte, daß es sich um ein ernsthaftes, gut belegtes, von der Tradition und der Entwicklung der Zivilisation gestütztes Datum handelt, glaube ich doch nicht aus diesem Grund. Um wirklich unvoreingenommen zu sein, muß ich die Vernunft nach dem „Schema der Möglichkeit" der Behauptung der Göttlichkeit Christi befragen und wie Kant näher untersuchen, ob die Möglichkeit von der Fraglichkeit unterstützt werden kann. Mit anderen Worten, ich muß mindestens untersuchen, ob und wie Gott möglich ist, ob und wie es sein kann, daß Gott Mensch wird. Wenn man mir zustimmt, daß all das möglich ist, also ohne Widerspruch und in Einklang mit der Erfahrung (wie Kant die Natur des Möglichen gedacht hat), so habe ich doch nicht mehr als eine Ebene der Möglichkeit erreicht. Noch gibt es keinerlei Positivität, und nicht aus diesem Grunde glaube ich. Es ist klar, daß, würde mir bewiesen, daß es sich um zwei sinnleere Behauptungen handelt, ich meine Überlegungen abbrechen müßte; auf einem solchen Niveau hilft eine Hermeneutik nicht, non liquet. Die theologische Welt ist dem „tollen Menschen" begegnet, jenem des Aphorismus 125 der „Fröhlichen Wissenschaft", der das „Gott ist tot" verkündet.

Auch wenn man diese beiden Untersuchungen berücksichtigt, ist das nicht der Grund, warum ich glaube. Ich muß mich noch fragen, wie Kant es getan hat, was ich mir von dieser Glaubensüberzeugung erhoffen kann, bezüglich des finis in consequentiam veniens;[38] und die Hoffnung ist mit zwei Motiven verknüpft, die sich beide auf

[38] Die Religion innerhalb der Grenzen der bloßen Vernunft, a. a. O. 4.

das „Tun Gottes" beziehen, nämlich erstens, welches Resultat ich von meinem guten Verhalten gemäß den letzten Zielen erhoffen darf (Kant hat 1794 über „Das Ende aller Dinge" geschrieben, genau im Sinne der novissimi der katechetischen Tradition), und zweitens, mit welchen Hilfen ich rechnen kann, wenn es tatsächlich ein Tun Gottes gibt[39] oder alles auf die Parabel der Begabungen und des guten Willens hinausläuft.[40] Und dann könnte es mir scheinen, daß der Glaube mit seinem Gesetz und seiner Gnade mich in die Lage versetzt, den plaisirs empestés (Pascal, „Pensées", 233) auszuweichen, und mir gebietet, mich für die Befreiung der Erde einzusetzen, an den Fronten des Kampfes für die Linderung des Leidens Partei zu ergreifen, mich auf die Seite der Armen zu schlagen und auch den Feind zu lieben, so daß Christus, wie Bloch schrieb, als das „Zeichen unserer guten Sache"[41] erscheint.

All das läßt ernsthaft die Möglichkeit entstehen, daß ich aus dieser Religion meinen Glauben mache. Aber nicht aus diesem Grunde glaube ich. Es ist glaubhaft, ehrbar und ernst, zu glauben, aber nicht aus diesem Grunde glaube ich. In der Art von Schelling könnten wir sagen, daß wir uns noch immer innerhalb der „negativen Philosophie" bewegen und noch nicht die Schwelle zur „positiven Philosophie" überschritten haben.[42]

Es bedarf einer *Entscheidung*, in der sich für Bultmann das Werk des Menschen angesichts des Kerygma von Christus zusammenfaßt. Zu diesem Begriff von Entscheidung kam Bultmann in dem Moment, als Heidegger in Marburg, wo

---

[39] Ebd. 133.

[40] Ebd. 52.

[41] E. Bloch, Atheismus im Christentum, Frankfurt a. M. 1968. Es heißt: „Ein Zeichen unserer guten Sache hieß und heißt Jesus." (169)

[42] Schelling, Philosophie der Offenbarung, hrsg. von Schröter.

er sich wöchentlich mit dem Theologen traf, die Konzeption der Hermeneutik als Ent-wurf entwickelte, als freie Entscheidung für die Bedeutung. Und trotz dieses nicht-axiologischen Gangs der Entscheidung ist sie in Wirklichkeit in der großen Philosophie nie von der Disziplin und von der Askese unterschieden worden. Der Prozeß der Individuation, der Entscheidung kann nicht losgelöst werden von dem der Läuterung. Einzig an diesem Punkt schließt sich der hermeneutische Ring, und eine Religion wird zu meinem Glauben. Ich *glaube*, an Christus zu glauben.

V. Über die juristische Bedeutung

So steht es also um die Philosophie der Religion: Die Hermeneutik hält einen komplexen und vielstimmigen Diskurs wach, der – auch wenn er von Gründen bestimmt ist, nicht von *dem* Grund, der sich unvermeidlich durchsetzt – dennoch nicht den Aspekt des Geschenks, des Risikos, der Wette, der Verantwortung und des Verdienstes ausschließt und dadurch die religiöse Welt vor der Gnosis und vor übertriebener Praxis bzw. auf der anderen Seite vor einem Absurden, das den Geist opfert, bewahrt. Dem ist nun nicht entgegengesetzt, daß die Hermeneutik es der Norm erlaubt, die Komplexität der Aspekte zu erhalten, oder ihr wenigstens den dreifachen Wert der Richtigkeit, Gültigkeit und Wirksamkeit sichert. Dadurch bewahrt sie sie vor jenen Formen rechtsnaturalistischer, rechtspositivistischer oder soziologischer Reduktion, die gleichwohl als Gebiete anzusehen sind, wo das Recht hingehört, aber in alle drei Gebiete zugleich, nicht nur in eines von ihnen. Es sind Werte, die nur in der Koexistenz Bestand haben, während sie in der ausschließlichen Verwendung aus dem Ruder laufen. Deshalb soll eine Methode gefunden werden, die sie zusammenhält und sie in einer konstruktiven „Dialektik" miteinander verknüpft, die durch keinen „Ruhestand" der Vernunft blockiert ist (die Kantischen Formen der ignava ratio)[43] sondern eine stete Suche fördert, welche nie aufgrund des phänomenalen Aspekts der Frage aufhört, auch wenn sich eine noumenale Unterbrechung auf der Ebene der Freiheit und der Verantwortung ergibt. Kant hat das glänzend anhand des Themas der „boshaften Lüge" (KrV B 582 / A 554) erläutert, das die Logik der doppelten Gedanken in der Behandlung der dritten Antinomie verdeutlicht – Seiten, die Schopenhauer zu den schönsten in der gesamten philosophischen Literatur rechnete.[44]

Wenn wir den Sachverhalt schematisch ausdrücken wollen, können wir sagen, daß der Wahrheitskern des Rechtspositivismus bedeutend ist,[45] daß aber das wirkliche Problem darin besteht zu erkennen, wieviel und welche Art von Moralität das positive Recht, jenes, das „in der Zeit verläuft", verträgt und mit sich bringt; wir können sagen, um es zu wiederholen, daß der Wahrheitskern des Rechtspositivismus und die Größe der juristischen Bemühungen – in der dreifach konkreten Welt der Gestaltung der Gesetze, ihrer akademischen Interpretation und ihrer Anwendung vor Gericht – von jenem Moment respektiert und bewacht werden, welches das hermeneutische Ereig-

---

[43] Zum Beispiel in KrV B 717, B 801.

[44] A. Schopenhauer, Die Welt als Wille und Vorstellung, Anhang.

[45] Dies versuchte ich in meiner Schrift „Das Ethos des Okzidents" zu zeigen, in der ich die These vertreten habe, daß „eine Wiederaufnahme oder Bestätigung des Naturrechts oder ein Bekenntnis zu ihm, als separate Gesetzesform oder als System an sich, unnütz ist vom Standpunkt der Methode aus und unergiebig vom Standpunkt der Sache aus, die in diesem Fall das Recht ist" (I. Mancini, L'ethos dell'Occidente, Genua: Marietti 1990, 48).

nis auslöst, d. h. vom Vorrang des Gegebenen, des positum. Schon Hegel hatte darauf aufmerksam gemacht, daß es nicht darum geht, ex novo zu schöpfen, gleichsam durch eine Jungfernzeugung des Geistes, sondern darum, dem enormen Umfang des juristischen Lebens in der Geschichte eine „rationale Form“ zu geben.

„Ohnehin über *Recht, Sittlichkeit, Staat* ist die *Wahrheit ebensosehr alt*, als in *den öffentlichen Gesetzen, der öffentlichen Moral und Religion offen dargelegt und bekannt*. Was bedarf diese Wahrheit weiter, insofern der denkende Geist sie in dieser nächsten Weise zu besitzen nicht zufrieden ist, als sie auch zu *begreifen* und dem schon an sich selbst vernünftigen Inhalt auch die vernünftige Form zu gewinnen [...]?“ („Rechtsphilosophie“, Vorrede)

Aber damit man nicht unter die von Thomas von Aquin formulierte Zensur fällt, der in diesem Punkt Erbe der klassischen metaphysischen Tradition ist, wenn er sich zum Beispiel in Begriffen ausdrückt, die die von Vico vorwegnehmen und die von Augustinus nachklingen lassen – „als Gesetz kann nicht angesehen werden, was nicht gerecht war“, „lex esse non videtur quae iusta non fuerit“ –, muß man den Wert des Gesetzes als Norm und Maß, als regula und mensura, als Ordnung der Lebewesen berücksichtigen. Thomas sagt: „Jedwedes vom Menschen erlassene Gesetz [...], wenn es irgendwo vom natürlichen Gesetz abweicht, ist es nicht mehr Gesetz, sondern eine Zerstörung des Gesetzes.“ („Lex humanitus posita [...] si in aliquo a lege naturali discordet, iam non erit lex, sed legis corruptio.“)[46] Das Naturrecht ist hier die partecipatio legis aeternae, d. h. die Teilhabe an der Ontologie und der göttlichen Wertlehre. Es ist, mit anderen Worten, jene

[46] Summa Theol. I/II q. 95 a. 2; man könnte auch zwei andere Texte desselben Werkes nennen: II/II g. 104 a. 6 ad 3; II/II q. 57 a. 2 ad 2.

Gerechtigkeit, die Schritt gehalten hat mit der via antiqua des Ethos und die Schritt halten soll mit der via perennis. Also eine Idee von Gerechtigkeit als Synthese des ordo amoris der Tugenden und als besondere, der Welt des Rechts vorstehende Tugend, von der man sagen kann, daß sie in der Theorie erwachsen geworden ist mit den Ethiken des Aristoteles, welche eine sehr technische und schwierige Ausarbeitung mit dem Erstaunen und der Bewunderung verbinden, mit der die zweite „Kritik" von Kant schließt. Es war Aristoteles, der sich über die Gerechtigkeit in Worten wie den folgenden geäußert hat: „Daher erscheint die Gerechtigkeit oft als die einflußreichste Tugend und als ein Wunder, wie es das in West und Ost nicht wieder gibt." (Eth. Nic. 1129 b 27-30)
Die Gerechtigkeit ist der wahre Ruhm des Rechts, auch wenn, jenseits des Engagements der Romane wie der von Dostojewskij und der Protestliteratur wie der von Victor Hugo, ihr Begriff aporetisch bleibt und keine konkrete Anwendung findet,[47] d. h. zu keinem einheitlichen Kriterium kommt, um eine Ordnung zu begründen (Vermögen, Verdienst, Bedürfnis etc.) für die Bestimmung jenes „suum",[48] das die Gerechtigkeit schützen soll. Deshalb wenden sich Perelman und auch Bergson[49] an die Einsicht des gerechten Menschen und an seine prophetische Kraft, das Recht zu einem Element der Zivilisation zu machen. Die Bedeutung des Rechts bei der Bestimmung des Gerechten muß berücksichtigt werden. Auch im Sprechen der Menschen ist der Bezug ständig gegenwärtig. Eine Interpretation des Rechts mittels der hermeneutischen Methode hü-

[47] Vgl. Perelman, Justice et raison, Brüssel: Edition de l'Université, 1972.
[48] Vico, De universi iuris uno principio et fine uno, Buch I, Kap. LVII (Suum).
[49] H. Bergson, Les deux sources de la morale et de la réligion, in: Oeuvres, Paris: PUF 1970, 1033 ff.

tet diesen Aspekt zusammen mit dem, den ich das theoretische Vorverständnis genannt habe, d. h., daß man Teil und Ganzes gegenüberstellt und den Teil als Parzelle der Metaphysik leben läßt, deren Organismus ihn trägt, belebt und in die universale Gültigkeit einbezieht. Es gibt dann keine adiàphora,[50] keine monstra legum, keinen Formalismus, der fähig wäre, jeden bedeutsamen Inhalt zu überdecken, handle es sich auch um das Ergebnis vom Triumph des Tiers (vgl. Off. Joh. 13);[51] alles wird von der Rechtschaffenheit einer totalisierenden, wenn auch vom dialektischen Rausch unter Dach und Fach gebrachten Entelechie gehalten.[52]

Es gilt aber noch einen dritten Wert zu bewahren, jenen der Wirksamkeit, damit die Gesetze nicht in der Leere Manzonischer „Verordnungen" enden. Die Rechtssoziologen haben Großes geleistet, indem sie, wie man sagt, „Feldforschung" betrieben, um in statistischen Termini den Grad der Wirksamkeit oder Unfruchtbarkeit der Gesetze zu bestimmen. Aber das ist eine empirische Arbeit. Es muß berücksichtigt werden, daß sie den Gesetzgeber informiert und belehrt: Sie muß jedoch auch bezogen sein auf die allgemeine Frage der Wirksamkeit und der Rettung sowie auch auf die politische Frage der Abneigung gegen die Demokratie, der Entfernung von den Institutionen, die ich einmal als eine Form von juristischem Negativismus bezeichnet habe.[53] Nun gut, in diesen drei Varianten, der soziologischen, der soteriologischen und der politi-

---

[50] Über die Frage der religiösen und juristischen adiàphora vgl. das Vorwort des italienischen Herausgebers zu: J. Locke, Scritti editi e inediti sulla toleranza, hrsg. von C. A. Viano, Turin: Taylor 1961, 20 ff.

[51] E. Fromm, Anatomie der menschlichen Destruktivität, Stuttgart 1974.

[52] I. Mancini, De profundis per la dialettica, in: Metafisica e dialettica, Genua: Tilgher 1988, 153-214.

[53] I: Mancini, Negativismo giuridico, Urbino: Quattroventi 1981.

schen, kann man das Problem der juristisch-politischen Wirkung erfassen und aufgrund jenes zweiten Vorverständnisses, das praktischer Natur ist, geltend machen, so daß nicht etwas hervorgebracht wird, dessen Niederlage und Mißerfolg absehbar ist, sondern etwas Reines und Nützliches, wie es in Vicos Formeln angedeutet ist, wenn er von der utilitatis aequalitas[54] spricht, oder wie es in Kants Definition des Rechts vorkommt, der von der interessierten Willkür spricht und nicht vom reinen Willen.

Wenn ich je ein Interesse für die Geschichte und die Inhalte der Hermeneutik gehabt habe, so ist es dasselbe, das mich dazu bewegt hat, an der Philosophie der Religion und an der Philosophie des Rechts zu arbeiten, eine Art doppelter Treue, Gott und der Erde gegenüber, eine Treue, die das Kerygma mit dem radikalen Laientum verbindet und auf der Erde nach einem „Raum“ für die Anrufung sucht.

[54] Vico, De universi iuris uno principio et fine uno, Kap. LXII.

Unbegrenzte Semiose und Abdrift*

Von Umberto Eco

Historisch gesehen kann man zwei Auffassungen von Interpretation unterscheiden.

Bei der einen nimmt man an, daß das Interpretieren eines Textes bedeutet, die vom Autor gemeinte Bedeutung herauszuarbeiten oder jedenfalls seine objektive Beschaffenheit, sein Wesen, das als solches von unserer Interpretation unabhängig ist.

Bei der anderen wird angenommen, daß die Texte bis ins Unendliche interpretiert werden können.

Diese Einstellung den Texten gegenüber spiegelt eine entsprechende Einstellung gegenüber der Außenwelt wider. Interpretieren heißt auf den Text der Welt oder die Welt eines Textes durch Herstellen anderer Texte reagieren. Sowohl die Erklärung des Funktionierens des Sonnensystems aufgrund der von Newton aufgestellten Gesetze wie auch das Formulieren einer Reihe von Sätzen über die Bedeutung eines bestimmten Textes – beides sind Formen der Interpretation. Das Problem besteht also nicht im Diskutieren der alten Vorstellung, daß die Welt ein Text ist, den man interpretieren kann (und umgekehrt), sondern in der Entscheidung, ob sie eine feste Bedeutung, eine Mehrheit von möglichen Bedeutungen oder im Gegenteil keine Bedeutung habe.

---

* Übersetzt von Günter Memmert. Zuerst erschienen in: Umberto Eco, I limiti dell'interpretazione, Mailand: Gruppo Editoriale Fabbri, Bompiani, Sonzogno, Etas S.p.A. 1990; dt. von G. Memmert, Die Grenzen der Interpretation, München, Wien 1992, 425-441. – Der Abdruck erfolgt mit freundlicher Genehmigung des Carl Hanser Verlags München.

Die beiden oben erwähnten Optionen sind Beispiele für epistemologischen Fanatismus. Beispiele für die erste sind verschiedene Typen von Fundamentalismus und verschiedene Formen von metaphysischem Realismus (etwa bei Thomas von Aquin oder bei Lenin in „Materialismus und Empiriokritizismus"). Hier wird die Erkenntnis als adaequatio rei et intellectus aufgefaßt. Die andere Option findet man ganz sicher in dem, was ich in meinem Buch „Die Grenzen der Interpretation" als *hermetische Semiose* bezeichnet habe.

Die hermetische Abdrift

Als Hauptmerkmal der hermetischen Abdrift erscheint mir die unkontrollierte Fähigkeit, von Bedeutung zu Bedeutung, von Ähnlichkeit zu Ähnlichkeit, von einem Zusammenhang zu einem anderen weiterzugleiten.

Im Gegensatz zu den modernen Theorien der Abdrift behauptet die hermetische Semiose nicht das Fehlen einer univoken und transzendentalen universellen Bedeutung. Sie nimmt an, daß jedes Ding – wenn man nur die richtige rhetorische Verknüpfung findet – auf jedes andere Ding verweisen kann, und zwar gerade weil es ein starkes transzendentales Subjekt, das neuplatonische Eine, gibt. Dieses, das Prinzip des universellen Widerspruches, der Ort der coincidentia oppositorum, jeder möglichen Festlegung enthoben und deshalb zugleich alles, nichts und unsagbarer Ursprung von allem, bewirkt, daß jedes Ding mit jedem anderen durch ein labyrinthisches Netzwerk wechselseitiger Verweisungen verbunden ist. Es hat so den Anschein, daß die hermetische Semiose in jedem Text, so wie im großen Text der Welt, die Fülle der Bedeutung und nicht deren Fehlen feststellt. Und dennoch kam es in dieser von den Signaturen durchdrungenen und vom Prinzip der universellen Bedeutsamkeit beherrschten Welt zum Phänomen des beständigen Entgleitens jeder möglichen Bedeutung. Da nämlich das Signifikat eines bestimmten Wortes oder eines bestimmten Dinges nichts anderes war als ein weiteres Wort oder Ding, war alles, was man sagte, nichts als eine mehrdeutige Anspielung auf etwas anderes. Das Signifikat eines Textes wurde dergestalt immer weiter nach hinten verschoben, und das endgültige Signifikat konnte nur ein unerreichbares Geheimnis sein.

Hermetische Abdrift und unbegrenzte Semiose

Die hermetische Semiose erinnert an Peirce' unbegrenzte Semiose. Auf den ersten Blick scheinen manche Peirce-Zitate das Prinzip einer unendlichen Interpretations-Abdrift zu bestätigen:

> „The meaning of a representation can be nothing but a representation. In fact it is nothing else, but the representation itself conceived as stripped of irrelevant clothing. But this clothing can never be completely stripped off: it is only changed for something more diaphanous. So there is an infinite regression here." (CP 1.339)

Darf man die hermetische Fähigkeit, von Wort zu Wort oder von Ding zu Ding zu gleiten, wirklich als unbegrenzte Semiose bezeichnen? Und darf man von unbegrenzter Semiose sprechen bei jenen modernen Lesern, die die gleiche Technik anwenden, wenn sie durch die Texte schweifen, um verborgene Wortspiele, unbekannte Etymologien, unbewußte Assoziationen, mehrdeutige Bilder zu finden, die ein scharfsinniger Leser in den Transparenzen der verbalen Textur intuitiv zu erfassen glaubt, auch wenn kein intersubjektiver Konsens besteht, der solche Fehlinterpretationen legitimieren könnte?

Peirce' Semiotik beruht auf einem fundamentalen Prinzip: „Ein Zeichen ist etwas, durch dessen Kenntnis wir mehr erfahren." (CP 8.332) Die Norm der hermetischen Semiose hingegen scheint zu sein: „Ein Zeichen ist etwas, durch dessen Kenntnis wir etwas *anderes* erfahren." Mehr erfahren (im Peirceschen Sinn) bedeutet, daß das Zeichen im Übergang von einem Interpretanten zum anderen sowohl hinsichtlich seiner Extension wie seiner Intension immer genauer bestimmt wird. Im Verlauf der unbegrenzten Semiose nähert die Interpretation sich, wenngleich asymptotisch, dem endgültigen logischen Interpretanten; und in einem bestimmten Stadium des Interpretationsprozesses hat man eine bessere Kenntnis des Inhalts des Repräsentamens, von dem die Interpretationskette ausgegangen war.

Man weiß tatsächlich mehr von einem Zeichen, wenn man es „in some respect or capacity" (CP 2.228) interpretiert. Ein Zeichen enthält oder suggeriert die Gesamtheit auch der entferntesten Schlußfolgerungen, die man daraus ableiten kann. Freilich ist das Erkennen dieser ganzen Schlußfolgerungen eine bloße semiosische *Möglichkeit*, die nur im Rahmen eines bestimmten Kontextes oder unter einem bestimmten Gesichtspunkt aktualisierbar ist. Die Semiose ist zwar virtuell unbegrenzt, doch unsere Erkenntniszwecke organisieren, begrenzen und reduzieren diese unbestimmte und unendliche Reihe von Möglichkeiten. Im Verlauf eines Semiose-Prozesses interessiert uns nur, was im Hinblick auf ein bestimmtes *Diskurs-Universum* relevant ist: „There is no greater nor more frequent mistake in practical logic than to suppose that things which resemble one another strongly in some respects are any the more likely for that to be alike in others." (CP 2.634)

Die hermetische Abdrift hingegen könnte man definieren als einen Fall konnotativen Neoplasmas. Ich möchte hier nicht diskutieren, ob man die Konnotation als eine Kontext-Wirkung betrachten kann oder ob sie eher systematischer Natur ist.[1] In beiden Fällen jedoch läßt sich das Phänomen der Konnotation durch das von Hjelmslev vorgeschlagene und von Barthes verbreitete Diagramm darstellen:

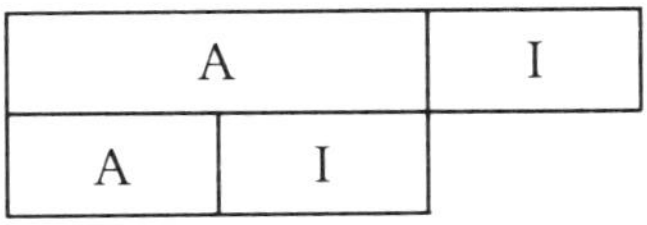

Das folgende Diagramm möchte eine Vorstellung von einem krebsartig wuchernden Konnotations-Wachstum geben,

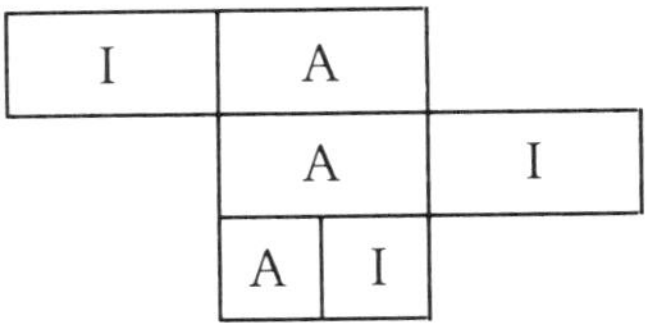

bei dem an einem bestimmten Punkt eine bloße phonetische Assoziation (Ausdruck zu Ausdruck) eine neue pseudokonnotative Kette in Gang setzt, in der der Inhalt des neuen Zeichens nicht mehr vom Inhalt des ersten abhängt.

Es kommt so zu einem Abdrift-Phänomen, das dem bei

[1] Vgl. M. A. Bonfantini, Sulla connotazione, in: La semiosi e l'abduzione, Mailand: Bompiani 1987.

einer Kette von Familienähnlichkeiten[2] analog ist. Es sei gegeben eine Reihe von Dingen A, B, C, D, E, die analysierbar sind in Hinblick auf die Eigenschaften a, b, c, d, e, f, g, h, dergestalt, daß jedes Ding einige Eigenschaften mit den anderen gemeinsam hat. Es ist klar, daß man, berücksichtigt man jeweils nur eine begrenzte Reihe von Eigenschaften, eine Verwandtschaft zwischen zwei Dingen feststellen kann, die zwar nichts gemeinsam haben, aber einer durchgehenden Kette von Ähnlichkeitsbeziehungen angehören:

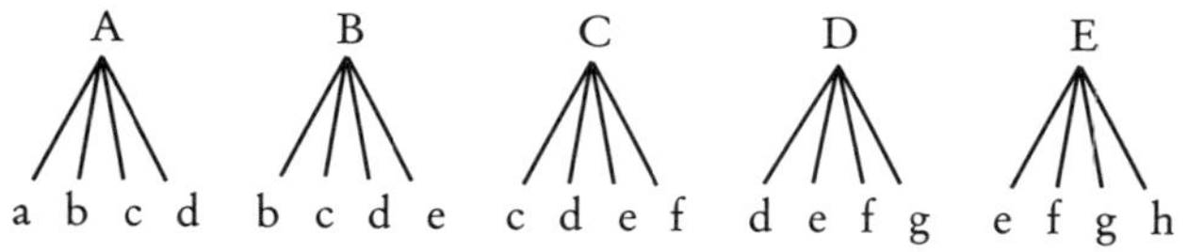

A und E haben nichts gemeinsam, außer daß sie demselben Netz von Familienähnlichkeiten angehören. In einer Kette dieses Typs ist in dem Augenblick, wo man bei der Kenntnis von E ankommt, jedes Wissen von A verschwunden. Die Konnotationen vermehren sich krebsartig in der Weise, daß bei jeder weiteren Stufe die vorherige vergessen, ausgelöscht wird, weil die Lust der Abdrift völlig im Gleiten von einem Zeichen zum nächsten liegt und es kein Ziel gibt außerhalb der Lust an der labyrinthischen Reise durch die Zeichen oder die Dinge.

Wollte man hingegen den idealen Verlauf der unbegrenzten Semiose darstellen, so müßte man es wohl etwa in folgender Weise tun:

---

[2] Vgl. R. Bambrough, Universals and Familiy Resemblances, in: Proceedings of the Aristotelian Society 50 (1961).

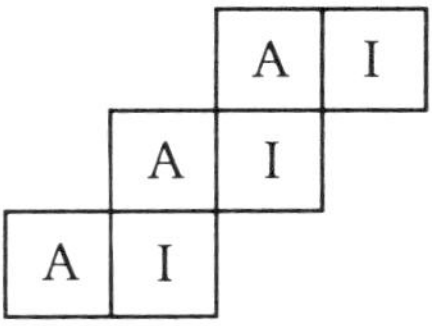

wobei jedes Unmittelbare Objekt eines Repräsentamens durch ein anderes Zeichen (ein Repräsentamen mit dem dazugehörenden Unmittelbaren Objekt) interpretiert wird und so weiter, potentiell ad infinitum. Auf diese Weise kommt es zu einer Art von Wachstum des umfassenden Signifikats des ersten Repräsentamens, einer Gesamtheit von Determinierungen, da jeder neue Interpretant von einer anderen Grundlage aus das Objekt des vorigen erklärt und man zuletzt mehr sowohl über den Ausgangspunkt der Kette wie auch über die Kette selbst weiß.

Ein Zeichen ist in der Tat etwas, durch dessen Kenntnis man mehr erfährt, aber „that I could do something more does not mean that I have not finished it".[3]

Unbegrenzte Semiose und Dekonstruktion

Die unbegrenzte Semiose hat also zwar nichts zu tun mit der hermetischen Abdrift, wird aber häufig zitiert im Zusammenhang mit einer anderen Form von Abdrift, nämlich der von der Dekonstruktion propagierten.

Derrida zufolge ist ein geschriebener Text eine Maschine, die eine unbestimmte différence erzeugt. Da er seiner Natur nach eine „testamentarische Beschaffenheit" hat, ge-

[3] J. Boler, Habits of Thought, in: E. C. Moore und R. S. Robin (Hrsg.), Studies in the Philosophy of C. S. Pierce, Amherst: University of Massachusetts 1964.

winnt oder leidet ein Text durch die Abwesenheit des Subjekts des Schreibens und des Bezeichneten oder des Referenten.[4]

Zu sagen, daß ein Zeichen durch die Abwesenheit seines Erzeugers und seines Referenten leide, ist nicht unbedingt gleichbedeutend mit der Aussage, daß dieses Zeichen keinen wörtlichen Sinn habe. Derridas Ziel ist es, eine (mehr philosophische als literaturkritische) Praxis zu instaurieren, um jene Texte herauszufordern die von der Vorstellung einer definiten, definitiven und autorisierten Bedeutung beherrscht scheinen. Er möchte weniger den Sinn eines Textes herausfordern als jene Metaphysik der Präsenz, die eng mit einem Interpretationsbegriff verbunden ist, der auf der Vorstellung einer definitiven Bedeutung beruht. Was Derrida zeigen möchte, ist die Macht der Sprache und ihre Fähigkeit, mehr zu sagen, als sie wörtlich sagen will. Sobald man dem Text die angeblich hinter ihm stehende subjektive Intention nimmt, haben seine Leser nicht mehr die Pflicht oder die Möglichkeit, dieser abwesenden Intention treu zu bleiben. Und dann kann man zu dem Schluß kommen, daß die Sprache in einem Spiel vielfacher Signifikanten gefangen sei, daß ein Text nicht die Verkörperung eines eindeutigen und absoluten Signifikats ist, daß es kein transzendentales Signifikat gibt, daß der Signifikant nie in einer Relation der Ko-Präsenz zu einem Signifikat stehen kann, das ständig verschoben und erweitert wird, und daß jeder Signifikant einem anderen so korreliert ist, daß nichts außerhalb der Signifikantenkette steht, die ad infinitum weitergeht.

Ich habe bewußt den Ausdruck ad infinitum verwendet, weil er daran erinnert, daß Peirce (CP 2.303) den gleichen

[4] J. Derrida, De la grammatologie, Paris: Minuit 1967; dt. Grammatologie, Frankfurt a. M. 1974.

Ausdruck benutzt, um den Prozeß der unbegrenzten Semiose zu definieren. Ist es legitim zu sagen, die unendliche Abdrift sei eine Form der unbegrenzten Semiose im Peirceschen Sinn? Unterstützt könnte eine solche Vermutung dadurch werden, daß Rorty[5] die Dekonstruktion und andere Formen des sogenannten „Textualismus“ als Fälle von „Pragmatismus“ eingeordnet hat.

Rorty zufolge glaubt der intuitive Realist an die Existenz der philosophischen Wahrheit, weil er davon überzeugt ist, daß unterhalb aller Texte etwas liegt, das nicht einfach ein weiterer Text ist, sondern das, zu dem die verschiedenen Texte in ein Verhältnis der „Angleichung“ kommen möchten. Der Pragmatiker hingegen glaubt nicht an die Existenz von alldem. Er glaubt nicht einmal, daß es etwas gibt, was man als die Zwecke identifizieren könnte, in Hinsicht auf die wir Wörterbücher und Kulturen schaffen und an denen wir ebendiese Wörterbücher und Kulturen verifizieren. Dennoch ist er der Meinung, daß wir bei der gegenseitigen Konfrontation von Wörterbüchern und Kulturen neue und bessere Modi der Sprache und des Handelns hervorbringen – die besser sind nicht im Hinblick auf einen vorgegebenen Standard, sondern in dem Sinn, daß sie deutlicher besser zu sein *scheinen* als ihre Vorgänger.[6]

Der Pragmatismus, von dem Rorty spricht, ist nicht der Pragmatismus Peirce'. Rorty weiß sehr wohl, daß Peirce, obwohl er das Wort Pragmatismus erfunden hat, „der kantianischste aller Denker“ blieb. Aber obwohl Rorty so vorsichtig ist, Peirce dem Randbereich jener Art von Pragmatismus zuzuordnen: die Dekonstruktion und Derrida

[5] R. Rorty, Idealism and Textualism, in: Consequences of Pragmatism, Minneapolis: University of Minnesota Press 1982.
[6] Vgl. ebd.

rechnet er diesem voll zu. Und gerade Derrida beruft sich in seinen Schriften auf Peirce.

Derrida über Peirce

Im zweiten Kapitel von „Grammatologie“ sucht Derrida nach Autoritäten, die seinen Versuch, eine Semiose des unendlichen Spiels, der différence, der unendlichen Interpretations-Spirale darzustellen, legitimieren könnten. Zu den Autoren, die er nach Saussure und Jakobson zitiert, gehört auch Peirce. Er erwähnt zuerst Formulierungen wie „symbols grow“ und „omne symbolum de symbolo“ (CP 2.302) und schreibt dann:

„Peirce kommt der von uns intendierten Dekonstruktion des transzendentalen Signifikats sehr nahe, welches letzten Endes dem Verweis von Zeichen zu Zeichen immer eine feste Grenze setzt. Wir haben den Logozentrismus und die Metaphysik der Präsenz als den gebieterischen, mächtigen, systematischen und nicht unterdrückbaren Wunsch nach einem solchen Signifikat identifiziert. Peirce indes sieht im Indefiniten des Verweises das entscheidende Kriterium, mit dessen Hilfe man feststellen kann, daß es sich tatsächlich um ein Zeichensystem handelt. *Der Anbruch der Bezeichnungsbewegung macht zugleich deren Unterbrechung unmöglich. Das Ding selbst ist ein Zeichen.* Für Husserl ist diese Voraussetzung jedoch schlechthin unannehmbar; mit ihrem ‚Prinzip der Prinzipien‘ bleibt seine Phänomenologie die radikalste und kritischste Restauration der Metaphysik der Präsenz. Zwischen der Phänomenologie von Husserl und der von Peirce besteht eine fundamentale Differenz; fundamental, weil sie die Begriffe des Zeichens und der Manifestation der Präsenz, die Verhältnisse zwischen der Vergegenwärtigung und der urspünglichen Gegenwärtigung des Dings selbst (der Wahrheit) betrifft. Peirce kommt in diesem Punkt ohne Zweifel dem Erfinder des Wortes *Phänomenologie* näher: Lambert stellt sich in der Tat die Aufgabe, die ‚*Theorie der Dinge* auf die *Theorie der*

Zeichen zurückzuführen'. Nach der ,phaneroscopy' oder ,phenomenology' von Peirce enthüllt die *Manifestation* selbst keine Präsenz, sondern produziert Zeichen. In den *Principles of phenomenology* ist zu lesen, daß ,die Idee der Manifestation die Idee eines Zeichens' ist. Es gibt also keine Phänomenalität, welche das Zeichen oder den Repräsentanten reduziert, um schließlich das bezeichnete Ding im Glanz seiner Präsenz erstrahlen zu lassen. Das sogenannte ,Ding selbst' ist immer schon ein *representamen,* das der Einfältigkeit der intuitiven Evidenz entzogen ist. Das *representamen* kann nur funktionieren, indem es einen *Interpretanten* hervorbringt, welcher seinerseits zum Zeichen wird und so ad infinitum. Die Identität des Signifikats mit sich selbst verbirgt und verschiebt sich unaufhörlich. Das Eigentliche des *representamen* besteht darin, es selbst und ein anderes zu sein, als eine Verweisstruktur zu entstehen und sich von sich selbst zu trennen. Das Eigentliche des *representamen* ist es, nicht *eigentlich,* das heißt vollkommen *bei sich* zu sein *(proche* de soi; *prope, proprius).* Das *Repräsentierte* ist immer schon ein *representamen* [...] Es gibt also nur Zeichen, wofern es Sinn gibt. *We think only in signs.*"[7]

Das erweckt den Anschein, daß Peirce' ganze Theorie von der unbegrenzten Semiose Derridas extremste Formulierungen im Sinne von „il n'y a pas de hors-texte" ermutige.

Man kann sich hier fragen, durchaus in dem Bewußtsein, wie sehr eine solche Frage provozierend klingen mag, ob diese Interpretation von Peirce philologisch und philosophisch richtig ist. Nimmt Derrida an, daß seine Interpretation die richtige sei, so muß er auch einräumen, daß Peirce' Text eine *privilegierte Bedeutung* enthält, die man identifizieren, als solche erkennen und ohne jede Ambiguität entziffern kann. Derrida indes wäre der erste, der erklärt, daß seine Interpretation den Text weiterführt, über die erklärten Intentionen des Autors hinaus. Hat man aber, von Derridas Standpunkt aus, kein Recht, Der-

[7] J. Derrida, Grammatologie, a. a. O. 85-87.

rida aufzufordern, er möge Peirce richtig lesen, so ist man hingegen vom Standpunkt Peirce' aus nur zu berechtigt, sich zu überlegen, ob Derridas Interpretation ihn zufriedengestellt hätte.

Sicher verficht Peirce die Vorstellung von der unbegrenzten Semiose: Ein Zeichen ist „anything which determines something else (its interpretant) to refer to an object to which itself refers (its object) in the same way, the interpretant becoming in turn a sign, and so on ad infinitum [...] If the series of successive interpretants comes to an end, the sign is thereby rendered imperfect at least." (CP 2.303) Peirce konnte gar nicht anders, da er annahm (wie in „Questions concerning certain faculties claimed for man", CP 5.213-263), daß wir keine Fähigkeit zur Introspektion besitzen und daß alles Wissen, das wir von der Innenwelt haben, rein hypothetisch ist; daß wir keine Fähigkeit zur Intuition besitzen und daß alle unsere Erkenntnisse von vorhergehenden Erkenntnissen determiniert werden; daß es uns unmöglich ist, ohne Zeichen zu denken; daß wir keine Vorstellung vom absolut Unerkennbaren haben. Doch das alles ändert nichts daran, daß der dekonstruktivistischen Abdrift andere Vorstellungen zugrunde liegen als der unbegrenzten Semiose.

Ich stimme Searle keineswegs zu, wenn er sagt „Derrida hat eine beklagenswerte Neigung, Dinge zu sagen, die offensichtlich falsch sind".[8] Vielmehr hat Derrida eine faszinierende Neigung, Dinge zu sagen, die nicht offensichtlich wahr bzw. die wahr in einer nicht offensichtlichen Weise sind. Wenn er sagt, daß der Begriff „Kommunikation" sich nicht auf die Vorstellung von der Übermittlung eines einheitlichen Signifikats reduzieren läßt, daß der Be-

[8] J. Searle, Reiterating the Difference. A Reply to Derrida, in: Gliph 1 (1977).

griff „wörtliche Bedeutung“ problematisch ist, daß der gängige Begriff „Kontext“ Gefahr läuft, inadäquat zu sein; wenn er bei einem Text auf die Abwesenheit von Sender, Empfänger und Referent hinweist und alle Möglichkeiten, ihn mehrdeutig zu interpretieren, erforscht; wenn er daran erinnert, daß jedes Zeichen *zitiert* werden kann und daß es sich dadurch von jedem gegebenen Kontext losreißen und unendlich viele neue und völlig unbegrenzte Kontexte erzeugen kann – hier und an vielen anderen Stellen sagt Derrida Dinge, die zu ignorieren kein Semiologe sich erlauben kann. Aber es kommt eben auch häufig vor, daß Derrida – um Wahrheiten zu betonen, die nicht offensichtlich sind, schließlich zu viele offensichtliche Wahrheiten als selbstverständlich voraussetzt.
Und derselbe Derrida ist der erste, der einräumt, daß es Kriterien gibt, mittels deren man feststellen kann, ob eine Textinterpretation sinnvoll ist. So weist er in „Grammatologie“ seine Leser darauf hin, daß ohne das ganze Instrumentarium der traditionellen Kritik die Textkritik Gefahr laufen würde, jeden beliebigen Weg einzuschlagen, weil sie das Gefühl hätte, alles sei erlaubt. Aber er fügt auch hinzu, daß das alles zwar einen unverzichtbaren guard-rail darstelle, doch nur eine Schutzfunktion ausübe und daß es niemals neue Interpretationen eröffne.
Gestehen wir uns zuerst einmal zu, die Peirce-Interpretation zu schützen, anstatt sie zu sehr zu öffnen.

Peirce für sich

Peirce zufolge ist die unendliche Interpretation deshalb möglich, weil die Realität uns in Form eines Kontinuums erscheint, in dem es keine absoluten Individuen gibt; Peirce spricht in diesem Zusammenhang von Synechismus: „A true continuum is something whose possibilities of determination no multitude of individuals can exhaust." (CP 6.170) Die Realität ist ein Kontinuum, das in der Unbestimmtheit schwimmt, und eben deshalb ist das Prinzip der Kontinuität der „objektivierte Fallibilismus" (CP 1.171). Wenn die Möglichkeit des Irrtums immer präsent ist, dann ist die Semiose potentiell unbegrenzt. Diese Unbestimmtheit unserer Erkenntnis impliziert eine gewisse Verschwommenheit: „A subject is determinate in respect to any character which inheres in it or is (universally and affirmatively) predicated of it [...] In all other respects it is indeterminated." (CP 5.447) In diesem Sinn vertritt Peirce ein Kontextualitätsprinzip: Etwas kann wahrheitsgemäß ausgesagt werden innerhalb der Grenzen eines bestimmten Diskurs-Universums und in einer bestimmten Hinsicht, aber diese Aussage erschöpft nicht die ganzen anderen, potentiell unendlichen Determinierungen dieses Objekts. Jedes Urteil ist konjekturell, und in diesem „von Zeichen überfluteten" Universum ist es verständlich (wenngleich seltsam), daß „ein Zeichen es seinem Interpreten überlassen muß, ihm einen Teil seiner Bedeutung zu verleihen" (CP 5.449).[9]

Doch findet man bei Peirce auch andere Gedanken, die die von Derrida vorgeschlagene Interpretation zu untermi-

[9] „Since no object in the universe can ever be fully determinate with respect to its having or not having every known property, it follows that any proposition about the universe is vague in the sense that it cannot hope to fully specify a determinate set of properties." (R. Almeder, Pierce on Meaning, in: E. Freeman [Hrsg.], The Relevance of Charles Pierce, La Salle: Monist Library of Philosophy 1983, 331) „Vagueness hence represents a sort of relationship between absolute, final determination, which in fact is not attained (the condition of an ideal, therefore) and actual determination of meaning (again a sense, meaning, signification) in concrete semiosis." (M. Nadin, The Logic of Vagueness and the Category of Synechism, in: E. Freeman [Hrsg.], The Relevance of Charles Pierce, a. a. O. 163)

nieren scheinen. Obwohl von Rortys Standpunkt aus die Theorie der unbegrenzten Semiose als ein Beispiel für Textualismus, das heißt für Idealismus erscheinen mag, kann ich die realistischen Züge in Peirce' Idealismus nicht vernachlässigen.[10]

Ungeachtet des Fallibilismus, des Synechismus und der Verschwommenheit impliziert Peirce' Bedeutungsbegriff irgendeinen Bezug auf einen Zweck (CP 5.166). Die für einen Pragmatizisten völlig natürliche Vorstellung eines Zweckes ist für einen „Pragmatiker" (in Rortys Sinn) eher verwirrend. Möglicherweise hat diese Vorstellung nichts zu tun mit einem transzendentalen Subjekt, sondern mit der Vorstellung, daß man im Hinblick auf ein außer-semiosisches Ziel interpretiert. Als Peirce seine berühmte Definition des Lithiums als Paket von Anweisungen gibt, die nicht nur die Identifizierung, sondern auch die Herstellung einer Lithium-Probe ermöglichen, schreibt er: „The peculiarity of this definition is that it tells you what the word *lithium* denotes by prescribing what you are to *do* in order to gain a perceptive aquaintance with the object of the word." (CP 2.330)

Jeder semiosische Akt ist determiniert von einem – als solchem noch außerhalb des Bereiches der Semiose stehenden – Dynamischen Objekt, der „Reality which by some means contrives to determine the Sign to its Representamen" (CP 4.536).

---

[10] „The current attempts at a theory of reality are to a great extent characterized by the insight that the problem of reality is now freed from controversy between idealism and realism which had long been unfruitful, and must be treated on another level. The first and decisive step in the new direction was taken by Pierce [...] This misleading phenomenon explains why, in his writings, he sometimes calls his own position ‚idealistic' and sometimes ‚realistic', without essentially changing it." (K. Oehler, Pierce's Foundation of a Semiotic Theory of Cognition, in: M. H. Fisch u. a., Studies in Pierce Semiotics [Pierce Studies], Lubbock: Institute for Studies in Pragmaticism 1979, 70)

Man kann im Zusammenhang der von mir behandelten Thematik von Dynamischen Objekten auch bei Texten sprechen, denn das Dynamische Objekt kann nicht nur ein Element der Ausstattung der physischen Welt sein, sondern auch ein Gedanke, ein Gefühl, eine Geste, eine Empfindung, eine Ansicht. Auf den ersten Blick erscheint es als sinnvoll zu sagen, daß beim Interpretieren gewöhnlicher Sätze wie etwa des Kommandos „Pied'arme“ das Objekt, das zu suchen ist, „die Welt der vom Hauptmann in diesem Augenblick gewollten Dinge“ (CP 5.178), das heißt die Intention des Sprechers sein kann. Doch stimme ich Derrida zu, dem zufolge jedes Zeichen interpretierbar ist, „auch wenn der Augenblick seiner Erzeugung unwiederbringlich verloren ist und auch wenn ich nicht weiß, was sein angeblicher Autor in dem Augenblick, als er es schrieb, bewußt hat sagen wollen – das Zeichen ist so seiner essentiellen Abdrift überlassen“ (1922). Sobald ein komplexes Representamen, wie ein Text es sein kann, geschrieben wurde, erlangt es eine Art semiosischer Unabhängigkeit, und die Intention seines Autors kann irrelevant werden angesichts eines Text-Objekts, von dem man annimmt, daß es gemäß kulturell festgelegten semiotischen Gesetzen interpretiert werden wird.
Peirce folgend ist man indes zu einer stärkeren Formulierung berechtigt: Da das Text-Objekt sich vor den Augen seines Interpreten befindet, wird der Text selbst zum Dynamischen Objekt, in Hinsicht auf das jede weitere Interpretation das korrespondierende Unmittelbare Objekt liefert. Wenn man einen Text interpretiert, so spricht man von etwas, das vor dieser Interpretation da ist, und die Empfänger dieses Interpretationsaktes müßten bis zu einem bestimmten Grad über den Zusammenhang zwischen dieser Interpretation und dem Objekt, das sie determiniert hat, übereinstimmen.

Es ist richtig, daß man über einen Text als Dynamisches Objekt deshalb nichts „Objektives“ sagen kann, weil man ein Dynamisches Objekt nur vermittels eines Unmittelbaren Objekts zu erkennen vermag: Wenn die Interpretation fertig ist, ist das Dynamische Objekt nicht mehr *da* (und vor der Interpretation gab es nur eine Liste von Repräsentamina). Aber die Präsenz des Repräsentamens zeigt ebenso wie die Präsenz (im Geist oder anderswo) des Unmittelbaren Objekts, daß in irgendeiner Weise das Dynamische Objekt, das nicht hier ist, irgendwo *war.* Da es nicht präsent oder nicht vorhanden ist, ist das Objekt eines Interpretationsaktes *gewesen.*

Das Dynamische Objekt *war*, und es ist beim phantasmatischen Unmittelbaren Objekt abwesend; um aber in die unendliche Kette seiner Interpretanten übersetzt werden zu können, *wird* oder *sollte es sein.* Ich wiederhole nur mit Peirce, daß „an endless series of representations, each representing the one behind it [und bis hierher könnte Derrida mit dieser Formulierung einverstanden sein], may be conceived to have an absolute object as its limit“ (CP 1.339). Hier wird etwas sichtbar, das nicht in einen dekonstruktivistischen Rahmen paßt: Außerhalb des unmittelbaren, emotiven, energetischen und logischen Interpretanten – die alle innerhalb des Semioseprozesses stehen – gibt es den endgültigen logischen Interpretanten, die Gewohnheit.

Das Sichherausbilden der Gewohnheit, als einer Disposition zum Handeln, stoppt (wenigstens vorübergehend) den unendlichen Prozeß der Interpretation: Die Gewohnheit „though it may be a sign in some other ways, is not a sign in that way in which that sign of which it is the logical interpretant is the sign“ (CP 5.491). Besteht, in Übereinstimmung mit der pragmatischen Maxime, das Signifikat eines beliebigen Satzes in nichts anderem als den möglichen praktischen Auswirkungen, die die Aussage des Satzes impliziert, wenn der Satz wahr ist, dann muß der Interpretationsprozeß – zumindest zeitweise – außerhalb der ablaufenden semiosischen Kette zu einem Ende kommen. Es ist zwar richtig, daß auch die praktische Auswirkung durch Zeichen entziffert werden muß und daß auch die Übereinstimmung zwischen den Mitgliedern der Gemeinschaft nur in Form einer neuen Zeichenkette zustande kommen kann: Diese Übereinstimmung jedoch betrifft etwas, das zwar an der Semiose beteiligt ist, aber am Beginn des semiosischen Prozesses steht.

Auf einen Text bezogen: Feststellen, wovon ein Text redet, heißt eine kohärente Entscheidung hinsichtlich der späteren Interpretationen treffen. Eine Entscheidung dieser Art ist eine „konditionale Gewohnheit" (CP 5.517).

Die Anerkennung einer Gewohnheit als Gesetz erfordert etwas, das sehr einer transzendentalen Instanz ähnelt, nämlich eine Gemeinschaft als intersubjektiven Garanten eines nicht intuitiven, nicht naiv realistischen, sondern konjekturalen Wahrheitsbegriffes. Denn sonst wäre unverständlich, inwiefern, wenn eine unendliche Reihe von Vorstellungen gegeben ist, der Interpretant „another representation" sein kann „to which the torch of truth ist handled along" (CP 1.339).

Es gibt eine authentische Vollkommenheit der Erkenntnis, der gemäß „die Realität konstituiert wird", und diese Vollkommenheit oder Vervollkommbarkeit muß einer Gemeinschaft angehören (CP 5.356). Die Idee einer Gemeinschaft wirkt wie ein transzendentales Prinzip jenseits der individuellen Intentionen des einzelnen Interpreten. Dieses Prinzip ist nicht transzendental im Kantschen Sinn, denn es kommt nicht vor, sondern *nach* dem semiosischen Prozeß; die Interpretation wird nicht durch die Struktur des menschlichen Geistes hervorgebracht, sondern durch

die von der Semiose geschaffene Welt. Sobald jedenfalls die Gemeinschaft dazu veranlaßt wird, hinsichtlich einer bestimmten Interpretation übereinzukommen, wird ein Signifikat hevorgebracht, das, wenn nicht objektiv so doch zumindest *intersubjektiv* und jedenfalls privilegiert im Verhältnis zu jeder anderen ohne den Konsens der Gemeinschaft zustande gekommenen Interpretation ist. Das Ergebnis des allgemeinen Forschens geht in die Richtung eines Kernbestandes gemeinsamer Gedanken und Vorstellungen (CP 5.407): „Die Tatsache, daß verschiedene Denker zum gleichen Ergebnis kommen, darf nicht nur als rohes Faktum betrachtet werden.“[11]
Das Denken oder die Meinung, die die Realität definieren, müssen also einer Gemeinschaft von Experten angehören, und diese Gemeinschaft muß unter Berücksichtigung überindividueller Prinzipien strukturiert und diszipliniert sein.

„The real, then, is what, sooner or later, information and reasoning would finally result in, and which is therefore independent of the vagaries of me and you [...] Thus, the very origin of the conception of reality shows that this conception essentially involves the notion of a community.“ (CP 5.311) „In storming the stronghold of truth one mounts upon the shoulders of another who has to ordinary apprehension failed, but has in truth succeeded by virtue of the lesson of his failure.“ (CP 7.51)

Die Existenz der Gemeinschaft wird dadurch motiviert, daß es eine Anschauung im Descartesschen Sinn des Wortes für Peirce nicht gibt. Das transzendentale Signifikat ist nicht vorgegeben, und es kann nicht mittels einer eidetischen Anschauung erfaßt werden: Derrida hat recht, wenn er sagt, daß Peirce' Phänomenologie – im Gegensatz zu

[11] J. E. Smith, Community and reality, in: E. Freeman (Hrsg.), The Relevance of Charles Pierce, a. a. O. 39.

der Husserlschen – keine Präsenz manifestiert. Obwohl aber das Zeichen zwar nicht die Sache selbst manifestiert, bringt der Semioseprozeß auf lange Sicht eine von allen geteilte Auffassung über das, was die Gemeinschaft als wahr betrachtet, hervor. Das transzendentale Signifikat steht nicht am Beginn dieses Prozesses, sondern muß als ein mögliches und transitorisches Ziel jedes Prozesses postuliert werden.

Resümee

Das alles bedeutet nicht, daß es Peirce zufolge eine einzige privilegierte Interpretation für einen Text gibt. Peirce' Fallibilitätsprinzip ist – auch im Hinblick auf Texte – ein Prinzip der Pluri-Interpretabilität. Außerdem erfordert „das mentale Gesetz", das den „nicht konservativen" Kräften der Physik ähnelt, „wie der Viskosität und ähnlichem", „keinerlei exakte Konformität" (CP 6.23).

Trotzdem muß jede Gemeinschaft von Interpreten eines bestimmten Textes (damit sie die *Gemeinschaft* der Interpreten *dieses* Textes sei) in irgendeiner Weise zu einer (wenngleich nicht definitiven und durchaus auch fehlbaren) Übereinstimmung hinsichtlich der Art des (semiosischen) Objekts gelangen, mit dem sie sich befaßt. Diese Gemeinschaft kann also zwar einen Text als Spielwiese für die unbegrenzte Semiose verwenden, muß aber in bestimmten Situationen Übereinstimmung darüber erzielen, daß das „play of musement" eine Weile zu unterbrechen ist, und sie ist dazu nur aufgrund eines (freilich nur transitorischen) Konsens-Urteils fähig. Die Symbole wachsen, aber sie bleiben nie leer.

Ich habe den Unterschied zwischen den Vorstellungen Peirce' und den verschiedenen Formen der Abdrift des-

halb so herausgearbeitet, weil mir bei vielen neueren Arbeiten eine Tendenz zur Gleichsetzung der unbegrenzten Semiose mit einer freien Interpretation aufgefallen ist, bei der die Willkür der Interpreten, nach Rortys Formulierung, die Texte so lange zurechtklopft, bis sie die Form annehmen, die sie für ihre Zwecke brauchen.
Mir ging es beim (respektvollen) Zurechtklopfen von Peirce nur darum, daß die Dinge nicht so einfach sind. Es ist schwer, eine Entscheidung darüber zu treffen, ob eine Interpretation gut ist. Die schlechten Interpretationen sind leichter zu erkennen. So ging es mir auch weniger darum, zu sagen, was die unbegrenzte Semiose ist, als darum, wenigstens zu sagen, was sie *nicht ist* und *nicht sein kann*.

Verwendete Sigle

CP Charles S. Pierce: Collected Papers, Cambridge: Harvard University Press 1931-1935 (Bd. 1-6), 1938 (Bd. 7 und 8).

Texthermeneutik und Handlungsverstehen*

Von Franco Bianco

Das Thema der Beziehung von Textinterpretation und Handlungsverstehen ist von grundlegender Bedeutung für die heutige hermeneutische Reflexion, wie aus Studien der letzten zwanzig Jahre entnommen werden kann.[1] Wenn wir uns dieses Thema stellen, so liegt die Frage nahe: Welche Gemeinsamkeiten gibt es zwischen der Gesamtheit der Akte, durch die wir in die Bedeutung der Produkte sprachlicher Tätigkeit, die wir als Texte zu bezeichnen pflegen, eindringen, und den Prozessen, die es uns ermöglichen, den Sinn des Verhaltens derer zu verstehen, die vorübergehend oder bleibend in unser Leben eintreten und unser Handeln in unterschiedlichem Maß beeinflussen? Wir wollen hier aus Platzgründen darauf verzichten, auf den nur zum Teil homogenen Bereich einzugehen, den wir als Reich der Textualität bezeichnen könnten, und unsere Aufmerksamkeit auf die Bedeutung des Handlungsverstehens konzentrieren. Dabei wollen wir vor al-

* Übersetzt von Ute Lipka.

[1] Es sei besonders auf die folgenden Beiträge hingewiesen: P. Ricoeur, The Model of the Text: Meaningful Action considered as a Text, in: Social Research 38 (1971) 529-562; C. Taylor, Interpretation and Science of Man, in: The Review of Metaphysics 25 (1971) 3-51; R. Bubner, Handlung, Sprache und Vernunft. Grundbegriffe praktischer Philosophie, Frankfurt a. M. 1976; G. Bück, Hermeneutics of Text and Hermeneutics of Action, in: New Literary History 12 (1980) 87-96; Th. Luckmann, Zum hermeneutischen Problem der Handlungswissenschaften, in: M. Fuhrmann, H. R. Jauß und W. Pannenberg (Hrsg.), Text und Applikation (Poetik und Hermeneutik Bd. IX), München 1981, 513-523.

lem versuchen, uns die Ergebnisse der soziologischen Forschung des 20. Jahrhunderts und der praktischen Philosophie zunutze zu machen, die erst in den letzten Jahrzehnten wieder über ihr zentrales Thema, den Handlungsbegriff, zu reflektieren begonnen hat.[2]

Wie schon 1965 ein Hauptvertreter der zeitgenössischen Hermeneutik die Auseinandersetzung mit seinen ersten Kritikern mit den Worten einleitete: „nicht, was wir tun, nicht, was wir tun sollten, sondern was über unser Wollen und Tun hinaus mit uns geschieht, steht in Frage“,[3] könnten wir auch heute sagen, daß die vor uns liegende Aufgabe sich nicht in der Bezugnahme auf das Bestehende und auch nicht in der Kenntnisnahme der Bemühungen erschöpft, die in den vergangenen Jahren unternommen wurden, um die Textinterpretation zu einem Modell der Sozialwissenschaften zu machen. Wir wollen vielmehr feststellen, ob die Vereinigung der unterschiedlichen Formen der Interpretationstätigkeit und die in dieser Hinsicht gemachten Vorschläge dem inneren Wesen des Aktes gerecht werden, mit dem wir den Sinn der Handlung erfassen; ob, mit anderen Worten, die Tendenz, ein vielgestaltiges Phänomen wie das Verstehen auf die Ebene der Textualität zu begrenzen, einer inneren Notwendigkeit entspricht oder ob sie nicht die Unfähigkeit zu erkennen verrät, wie reichhaltig und komplex die Struktur des Verstehens ist, wie die Untersuchung der zu unserem Handlungsverstehen führenden Prozesse deutlich machen kann.

Entsprechend unserer Absicht wird sich unsere Untersu-

---

[2] Vgl. M. Riedel (Hrsg.), Rehabilitierung der praktischen Philosophie, 2 Bde., Freiburg i. Br. 1972; H. Lenk (Hrsg.), Handlungstheorien - interdisziplinär, Bd. 2, München 1979.

[3] Vgl. H.-G. Gadamer, Vorwort zur 2. Auflage, in: ders., Wahrheit und Methode. 2. Aufl. Tübingen 1965, XIV.

chung in zwei Teile gliedern. Im ersten Teil wollen wir außer nach der Bedeutung auch nach den Hauptpunkten des Prozesses fragen, in dem die Hermeneutik die Probleme, die mit der Interpretation des Handelns zusammenhängen, in sich aufgenommen hat; im zweiten Teil werden wir die Grenzen dieses Prozesses und der von ihm geschaffenen theoretischen Perspektive ausloten. Was wir beabsichtigen ist letzten Endes, einen Beitrag zu einer Kritik des heute im „hermeneutischen Feld" herrschenden Reduktionismus zu leisten, und zwar so, daß deutlich wird, welchen Nutzen die gegenwärtige Diskussion über Interpretationsprobleme aus der Wiederaufnahme von Unterscheidungen ziehen könnte, die schon zu Beginn des Jahrhunderts in den Analysen Wilhelm Diltheys[4] und Max Webers[5] geltend gemacht wurden.

I.

Stellen wir die Frage, was Textinterpretation und Interpretation von Handlungen gemeinsam ist, so stoßen wir sogleich auf Schwierigkeiten. Es sind Schwierigkeiten, die sich einerseits aus dem äußerst unterschiedlichen Charakter dessen ergeben, was wir als „Texte" zu bezeichnen pflegen – man denke nur daran, welche Welten zwischen einem wissenschaftlichen Bericht über die Umweltverschmutzung, einer Seite aus Schellings Naturphilosophie

[4] Vgl. W. Dilthey, Plan zur Fortsetzung zum Aufbau der geschichtlichen Welt in den Geisteswissenschaften (1905-1910), in: ders., Gesammelte Schriften, Band VII, 3. Aufl. Stuttgart, Göttingen 1961, 205-227.

[5] Vgl. M. Weber, Roscher und Knies und die logischen Probleme der historischen Nationalökonomie (1903-1906); Über einige Kategorien der verstehenden Soziologie (1913), in: ders., Gesammelte Aufsätze zur Wissenschaftslehre, 4. Aufl. Tübingen 1973, 1-145, 427-474.

und einem Gedicht wie „Riviere“ von Eugenio Montale liegen, auch wenn es im wesentlichen um dasselbe Thema geht. Andererseits ergeben sich Schwierigkeiten aus der Tatsache, daß wir uns, wenn wir von Interpretation sprechen, im allgemeinen auf den Prozeß beziehen, durch den uns eine sprachliche Äußerung vertraut wird, ob sie nun mündlich ausgedrückt ist oder durch die Schrift festgehalten wird. Die Hermeneutik, d. h. die Lehre von der Interpretation, hat bekanntlich ihren Ursprung in Griechenland; von da entwickelte sich, vor allem seit dem Hellenismus, die Reflexion über die Aufgabe der Textinterpretation. Zwar sind im Laufe der Zeit andere Interpretationsformen mehr oder weniger dauerhaft in sie eingegangen, von der sakralen des Haruspiziums bis zu der von der Psychoanalyse ausgearbeiteten modernen Traumdeutung, doch ist dies immer durch die Gleichstellung der entsprechenden Untersuchungsgegenstände mit lesbaren Texten geschehen, nicht anders als bei durch die Schrift fixierten Botschaften. Von einer Hermeneutik des Handelns zu sprechen ist also nur möglich, insofern auch die Handlung mit einem verbalen Ausdruck eng verbunden ist, d. h. durch Sprache dargestellt wird, die deren Absicht zu bestimmen, deren Umstände zu klären und die Art ihrer Realisierung zu begründen hat, beginnend mit der Auswahl der für ihre Verwirklichung verwendeten Mittel.
Es versteht sich von selbst, daß Überlegungen dieser Art in beträchtlichem Maß die Möglichkeiten einer Interpretation des Handelns einzuschränken drohen, indem sie eine Abhängigkeit von der Sprache und von der ihr zuerkannten Fähigkeit schaffen, sich zum Träger jeglichen Sinnes zu machen. Daher sah sich die Hermeneutik vor die Notwendigkeit gestellt, Kategorien auszuarbeiten, die zwar die Affinitäten zwischen Sprache und Handeln aufzeigen, es aber zugleich gestatten, daß von der Verständ-

lichkeit des Handelns gesprochen wird, ohne es von der kommunikativen Funktion der Sprache abhängig sein zu lassen. Bei dieser Bemühung konnte sich die gegenwärtige Hermeneutik an die Phänomenologie anlehnen, die selbst eine vertiefte Reflexion über den Charakter der Selbstdarstellung der intentionalen Akte anstrebt. Im Wesen des intentionalen Aktes, d. h. des auf die Dinge gerichteten Bewußtseins, gründet – wie Husserl zeigte[6] – die Fähigkeit, sich zur Selbstdarstellung zu bringen, sich und seinen Gehalt als „Phänomen" zu geben, als solches, das bei jeder Thematisierung nie ganz thematisch werden kann.

Auf dieser Grundlage hat die Hermeneutik in den letzten Jahrzehnten das Handeln als Selbstdarstellung des Sinnes, als das Manifestwerden eines latenten Sinnes, der nicht einmal vom handelnden Subjekt[7] vollständig besessen wird, phänomenologisch zu denken begonnen; und auf derselben Grundlage hat sie sich bemüht, die verschiedenen Interpretationsformen auf eine gleiche Struktur zurückzuführen, auf deren Basis jede als Ausdruck einer im wesentlichen einheitlichen Tätigkeit des Bewußtseins verstanden werden kann. Wenn nämlich der Grundzug jeder Interpretation des Diskurses, der Texte sowie der Verhaltensweisen in der Entfaltung eines nur implizit gegebenen Sinnes zu erfassen ist, dann ist klar, daß auch die Praxis ohne Rückgriff auf ihren sprachlichen Ausdruck verständlich sein kann. Ebenso wie die Sprache besitzt auch sie die Fähigkeit, sich zu objektivieren, einen Sinn auszudrücken, sich selbst darzustellen. Diese Fähigkeit bleibt auch bei einem Subjekt erhalten, das nicht ganz bewußt handelt und das deswegen seinem Handeln auf sprachli-

[6] Vgl. E. Husserl, Logische Untersuchungen, Bd. 2 (Husserliana XIX/1), V.

[7] Vgl. G. Bück, Hermeneutics of Text and Hermeneutics of Action, a. a. O. 89.

cher Ebene einen unpassenden, fiktiven oder für den Interpreten gar irreführenden Sinn gibt.

Insofern das Handeln einen Sinn besitzt, der es leitet, der aber dem Handelnden nicht notwendigerweise gegenwärtig sein muß, ist es zur Selbstdarstellung fähig und daher einem Text gleichzustellen, so daß es wie jeder Text Thema der Hermeneutik werden kann. Dadurch, daß sich die phänomenologische Hermeneutik von der Annahme, einzig die Sprache sei dazu befähigt, den Sinn des Handelns auszudrücken, frei macht, gelangt sie zu einer tiefgreifenderen Gleichstellung von Handeln und Sprache: Sie zeigt, daß beide unmittelbar Bedeutung besitzen. Diese Gleichstellung wird übrigens auch von ganz anderer Seite, von der Theorie der „Sprechakte", bestätigt, vor allem insofern die Sprechakttheorie das Hauptgewicht darauf legt, daß jede Rede zugleich ein Handeln ist.[8]

Darauf beruht der Gedanke, daß die Texthermeneutik, auch wenn sie in bezug auf jede andere Form des Interpretationsprozesses paradigmatisch bleibt, auf die allgemeinere Aktivität, die sich in der Interpretation des Handelns manifestiert, zurückzuführen ist.[9] Daraus folgt, daß ein Grundprinzip, welches ursprünglich nur für den Bereich literarischer Werke zwecks Kritik an einem der Kanons der traditionellen ars interpretandi beansprucht wurde, daß nämlich der Interpret die Absicht des Autors seiner Deutung zugrunde legen müsse, auf die Sphäre der Praxis ausgedehnt wurde.[10] So wie nämlich die Hermeneutik

---

[8] Vgl. J. L. Austin, How to do Things with Words, Oxford: University Press 1962.

[9] Vgl. G. Bück, Hermeneutics of Text and Hermeneutics of Action, a. a. O. 88.

[10] In letzter Zeit aber wurde auch in der deutschen Philosophie wieder die Ansicht vertreten, die Meinung des Autors als Kriterium für die Richtigkeit der Auslegung gelten zu lassen: vgl. H. Ineichen, Philosophische Hermeneutik, Freiburg/München 1991, 58.

beim Verständnis der unterschiedlichsten Schriften auf die Selbstdarstellungsstruktur der Bedeutung zurückgreifen kann, um die Selbständigkeit des Textes gegenüber dem Autor zu vertreten, so hat sie jetzt auch gegenüber dem Handeln die Möglichkeit, jegliche Bezugnahme auf das agierende Subjekt zu vermeiden, um ihr Augenmerk ausschließlich auf die Bedeutung zu richten, die sich in der Handlung selbst darstellt.

Dieser Zusammenhang zwischen heutigen Interpretationstheorien und denjenigen Perspektiven, die einerseits von der Phänomenologie Husserls und andererseits von der Speach-Acts-Theory eröffnet wurden, darf jedoch nicht dazu führen, daß ein historisch relevantes Faktum aus dem Blickfeld gerät: nämlich die Tatsache, daß die Hermeneutik in ihren Reflexionen der letzten Jahrzehnte, wenn auch mit einer zum Teil neuen Begrifflichkeit, Ideen wiederaufgenommen und entwickelt hat, die sich schon in der Romantik durchgesetzt hatten, als Schleiermacher aufgrund der Lehre Fichtes von den unbewußten Vorstellungen[11] behaupten konnte, daß der Interpret den Autor besser verstehe als dieser sich selbst.[12] Mit dieser Behauptung, die auf den ersten Blick zweifellos paradox erscheint, wollte der Begründer der modernen Hermeneutik dem Interpreten gewiß nicht eine bessere Kenntnis der Materie zuschreiben; was er für ihn beanspruchte, war ein höherer Bewußtheitsgrad, ermöglicht durch die Fähigkeit des Interpreten, jene verborgene Intentionalität deutlich zu machen, ohne die es keine Sinnpro-

---

[11] Vgl. W. Dilthey, Leben Schleiermachers, Bd. 2, Berlin 1966, 707; hier nimmt Dilthey auch auf die Leibnizsche Theorie der „kleinen Vorstellungen" Bezug.

[12] Vgl. F. D. E. Schleiermacher, Hermeneutik und Kritik, hrsg. und eingel. von M. Frank, 4. Aufl. Frankfurt a. M. 1990, 94

duktion gäbe. Vermittelt durch Dilthey,[13] dessen Affinität zum romantischen Denken und besonders zur Reflexion Schleiermachers bekannt ist, wurde diese Überzeugung von einem nicht unerheblichen Teil heutiger Hermeneutikentwürfe übernommen, die sie im Licht der Prinzipien, auf die wir hingewiesen haben, neu ausarbeiteten. In den Interpretationstheorien der Romantik und noch bis zu Dilthey hatte diese Anschauung vor allem die Textinterpretation bestimmt, die aufgefaßt wurde als Offenbarmachung der Selbstinterpretation des Lebens, wie sie in der unbewußten Schöpferkraft des Genius verwirklicht wird. Erst sehr viel später und mit erheblichen Widerständen gelangte in den Sozialwissenschaften die Theorie des Verstehens zu der Erkenntnis, welch große Rolle beim Verstehen von Handlungen die Klärung der unbewußten Gründe spielt.

Heute ist die Erkenntnis geläufig, daß zu jeder bestimmten Praxis als Praxis eine Selbstvergessenheit gehört, die das Handeln daran hindert, sich selbst in seiner Konkretheit zu erfassen; daß zudem bei jedem Handeln, wie bei jedem Diskurs, die bewußten Beweggründe oft nur eine begrenzte und für die Bestimmung der effektiven Bedeutung des Verhaltens nicht immer die relevanteste Rolle spielen. Doch man muß sich auch klar darüber sein, daß die engere Beziehung zwischen Textinterpretation und Handlungsverstehen, die auf diese Weise von den Vertretern der Hermeneutik gestiftet wurde, andererseits nicht leicht lösbare Probleme für jene aufwarf, die daran interessiert waren, vor allem die soziale Dimension der Praxis zu gewährleisten. In der Situation, die jetzt entstand, gab es denn auch mehr als einen Grund, sich zu fragen, welche

[13] Vgl. W. Dilthey, Die Entstehung der Hermeneutik, in: ders., Gesammelte Schriften, Bd. 5, 4. Aufl. Stuttgart, Göttingen 1964, 317-338.

Bewußtheitsschwelle erhalten bleiben müsse, wenn man weiterhin Handeln als „sinnhaftes Verhalten“[14] vom „reaktiven Sichverhalten“ oder vom „instinktiven Verhalten“ unterscheiden wollte. Und es stellte sich die Frage, welche Bedeutung noch einem Begriff wie der „Verantwortung“ – einem Schlüsselbegriff vom Gesichtspunkt der Regelung gesellschaftlicher Praxis – beizumessen war, wenn das Handeln auf vorwiegend unbewußte Beweggründe zurückgeführt wurde.

Bei seiner Absicht, den individual-intentionalen Charakter des Handelns neu zu festigen, richtete sich Max Weber bekanntlich nicht zufällig gegen alle theoretischen Tendenzen, vor allem gegen jene der Psychoanalyse, die die Rolle von unbewußten Beweggründen für das Verstehen der Praxis betonen. Für ihn war der unbewußte Beweggrund mehr ein Grenzfall als die Regel, an die er sich bei der Ausarbeitung seiner Theorie eines „verstehenden Erklärens“ des Handelns[15] zu halten gedachte. Erst später setzten sich die Geistes- und Sozialwissenschaften mit diesem Problem in seiner ganzen Reichweite auseinander und wurden sich vor allem zunächst durch Alfred Schütz und dann durch Jürgen Habermas der Unmöglichkeit bewußt, das menschliche Handeln vollständig auf rationale Beweggründe zurückzuführen. Schütz bahnte den Weg, indem er mit Hilfe der Phänomenologie den Horizont erweiterte, innerhalb dessen sich bis dahin die „verstehende Soziologie“[16] bewegt hatte. Wenn diese wirklich den Sinn einer Handlung erfassen wolle, dürfe sie nicht auf

[14] Vgl. M. Weber, Wirtschaft und Gesellschaft, hrsg. von J. Winckelmann, 5. Aufl. Tübingen 1976, 2.

[15] Vgl. M. Weber, Wirtschaft und Gesellschaft, a. a. O. 4.

[16] Vgl. W. L. Bühl, Einleitung: Die alte und die neue Verstehende Soziologie, in: ders. (Hrsg.), Verstehende Soziologie. Grundzüge und Entwicklungstendenzen, München 1972, 7-76.

den „subjektiv gemeinten Sinn“ abzielen – der nicht nur schwer erfaßbar, sondern für ein intersubjektives Handlungsverstehen nahezu irrelevant ist –, sondern auf eine im sozialen Kontext des Handelnden klar definierbare und objektivierbare Bedeutung.[17] In neuerer Zeit hat dann Habermas in engem Dialog mit der phänomenologischen Hermeneutik das Problem gestellt, welche Rolle das Unbewußte in der Theorie der Interpretation spielt. Es ist eine Rolle, die sich nicht unterdrücken läßt und die bestimmt ist durch das notwendige gegenseitige Sichbedingen von Offenbarkeit und Latenz, das in jedem Aspekt des hermeneutischen Prozesses, in der Interpretation der verschiedenen Formen des Diskurses wie des Handelns, wirksam ist.

Auf die theoretischen Grundlagen zurückgehend, auf die sein Vorschlag einer „Tiefenhermeneutik“ zielte, versuchte Habermas den Begriff des Unbewußten als Grundlage für eine neue Form der Interpretation zu etablieren, die nicht nur eine exegetische Aufgabe vollziehen, sondern auch eine bestimmte kritische Funktion haben sollte, nämlich die Entwicklung des historischen und sozialen Emanzipationsprozesses des Menschen zu fördern.[18] Dabei handelt es sich offensichtlich um eine Finalität, die den Unterschied zwischen Habermas’ Verwendung des Begriffes des Unbewußten und der von der phänomenologischen Hermeneutik vertretenen Theoretisierung der Beziehung zwischen implizitem Sinn und seiner Selbstdarstellung im Text oder in der Handlung deutlich werden ließ und keine Konvergenz ermöglichte. In Habermas’ Vorschlag war zugleich mit der Tendenz, sich die Haupt-

[17] Vgl. A. Schütz, Der sinnhafte Aufbau der sozialen Welt. Eine Einleitung in die verstehende Soziologie, 2. Aufl. Wien 1960, 181-202.
[18] Vgl. J. Habermas, Der Universalitätsanspruch der Hermeneutik, in: Hermeneutik und Ideologiekritik, Frankfurt a. M. 1971, 120-150.

ergebnisse dieser Reflexion für eine moderne Handlungstheorie anzueignen, ein keineswegs nebensächliches kritisches Motiv erkennbar: Es machte den Abstand seines hermeneutischen Projekts von den verschiedenen Formen phänomenologisch inspirierter Interpretationstheorien sichtbar, zuallererst von der philosophischen Hermeneutik Gadamerscher Prägung, der bekanntlich vorgeworfen wurde, daß sie das unveräußerliche Erbe der vom deutschen Idealismus entwickelten Philosophie der Reflexion zunichte mache, indem sie dem Interpreten jede Autonomie gegenüber der Autorität und der Tradition abspreche.[19]

Diese Entwicklung macht begreiflich, warum mancherorts noch heute die Unterschiede zwischen dem psychoanalytischen Unbewußten, dessen Enthüllung das Hauptziel im Dialog zwischen Analytiker und Patienten bleibt, und dem impliziten Sinn von Text und Handeln, den der Interpretationsprozeß ins Bewußtsein heben soll, betont werden und warum manche in einer als bloße Enthüllung latenter Bedeutung aufgefaßten Interpretation nur das Wirken einer sterilen Vernunft sehen, die unfähig ist, eine Erneuerung voranzutreiben, ausschließlich darauf gerichtet, das Bestehende zu konservieren. Die kritische Hermeneutik widersetzt sich weiterhin einer Argumentation, die gegen Habermas zeigen will, daß der psychoanalytische Prozeß weder einem Bildungsweg noch einem Lernprozeß gleichgesetzt werden könne, sondern als regelrechte Therapie aufgefaßt werden müsse;[20] denn sie sieht ihre Aufgabe darin, jede Form von Zwang zu überwinden, anstatt sich damit zu begnügen, die durch zeitlichen Ab-

---

[19] Ebd. 150-159. Vgl. auch J. Habermas, Zur Logik der Sozialwissenschaften. Materialien, Frankfurt a. M. 1970, 251-285.

[20] Vgl. G. Bück, Hermeneutics of Text and Hermeneutics of Action, a. a. O. 95.

stand entstandene Entfernung zu überbrücken bzw. die Art und Weise zu entdecken, in der diese schon seit jeher in der Tradition überbrückt wird.[21]

II.

An dieser Stelle wollen wir unsere Betrachtung auf einer anderen Ebene weiterführen. Entsprechend unserer anfänglichen Absicht ist nun kritisch zu prüfen, ob die theoretische Perspektive, die neben der Textinterpretation das Handlungsverstehen in den hermeneutischen Prozeß miteinbezieht, aufrechtzuerhalten ist. In diesem zweiten Teil wollen wir uns fragen, ob und in welchem Grad es möglich ist, das Handeln wenigstens zu Beginn ohne Berücksichtigung jeglicher Beziehungen zur Rede zu betrachten und die Aufmerksamkeit auf den gewissermaßen schon immer vorausgesetzten Übergang von der Sphäre der in ihrer empirischen Konkretheit gesehenen Ereignisse zur logisch-sprachlichen Sphäre zu richten, in die sie übertragen und einer Gemeinschaft sozusagen verständlich gemacht werden. Es handelt sich also nicht wie bisher darum, nur von der Fähigkeit der Rede abzusehen, uns lediglich über den Sinn der Handlung zu informieren. Im folgenden wollen wir vielmehr die Möglichkeiten eines Handlungsverstehens erkunden, das beim Vollzugsakt auf diese Möglichkeiten schaut, sie sozusagen im Entstehen, im Augenblick ihres Sichmanifestierens vor und unabhängig von jeder sprachlichen Erklärung, die der Handelnde demjenigen, der die Handlung von außen beobachtet, als Stütze anbieten kann, erfaßt. Von diesem

[21] Vgl. H. J. Giegel, Reflexion und Emanzipation, in: Hermeneutik und Ideologiekritik, a. a. O. 244-282.

Standpunkt aus wollen wir uns fragen, unter welchen Bedingungen der hermeneutische Gesichtspunkt – der heute fast völlig den naturalistischen und damit jede kausale Erklärung der Praxis ersetzt hat – imstande ist, den Handlungssinn aufzuzeigen und seine Komplexität in Begriffe zu fassen.

Wir alle wissen, daß es in der konkreten Erfahrung zu Handlungen kommt, deren Bedeutung nicht primär durch die Sprache zugänglich ist. Das trifft nicht nur in dem an sich belanglosen und wenig interessanten Grenzfall zu, wo der Handelnde Grund hat, sein Tun zu verbergen, und aus den verschiedensten Gründen Anlaß, seinem Handeln einen Sinn zuzuschreiben, der von dem tatsächlich verfolgten abweicht. Aufschlußreich ist für uns vielmehr der Fall eines Handelnden, der in gutem Glauben sich nicht im klaren über die Gründe seines Handelns ist, sie mißversteht und sprachlich unangemessen ausdrückt. In dem Augenblick, wo wir eine solche Situation wahrnehmen, stellt sich uns eine Frage von allgemeinerer Bedeutung: Wie ist das Handlungsverstehen in all den Fällen, wo es nicht sprachlich vermittelt werden kann, durch einen äußeren Beobachter möglich?

Wenn wir mit Weber annehmen, daß der Ausdruck „eine Handlung verstehen" bedeutet, „ihren Sinn zu kennen", können wir zwischen dem Sinn, mit dem eine konventionelle Handlung verbunden ist – z. B. daß ich auf der Straße einen Bekannten grüße –, und dem Sinn, der sich auf eine individuelle Handlung, z. B. auf das Verfassen dieses Aufsatzes, bezieht, unterscheiden. Der erste kann bezeichnet werden als intersubjektiver Sinn, d. h. als von Regeln bestimmter, die für unsere Gemeinschaft, nicht aber notwendigerweise überall gelten, da nichts uns zu denken zwingt, daß die Umgangsformen unserer historisch entstandenen Gemeinschaft auch für jede andere menschliche

Gemeinschaft Gültigkeit besitzen. Auf jeden Fall ist jener intersubjektive Sinn von einer Vielzahl von Subjekten konstituiert und besitzt nur in bezug auf diese Vielzahl Gültigkeit. Das individuelle Handeln dagegen ist, um nochmals mit Weber zu sprechen, mit einem „subjektiv gemeinten Sinn" verbunden, der zwar, wie im Fall des Verfassens dieser Seiten, letzten Endes auch mit einer Gemeinschaft korreliert, so mit den Wissenschaftlern, die sich für Probleme der Interpretation interessieren, der jedoch nicht unbedingt einem Sinn gleichzusetzen ist, der, wie im Beispiel des Grußes, nur in einer bestimmten Gemeinschaft Gültigkeit besitzt. Können wir also sagen, daß im Fall individuellen Handelns „eine Handlung verstehen" bedeutet, daß man die Absicht, mit der sie vollzogen wurde, kennt?

Das, was wir zu Schütz' Kritik am Weberschen Handlungsbegriff gesagt haben, ist unter einem Vorbehalt zu nehmen; vor allem ist zu präzisieren, in welcher Hinsicht Schütz' Hypothese in der gegenwärtigen Diskussion, die sich mit Problemen des Handlungsverstehens befaßt, noch nützlich sein kann. Demjenigen, der diese Analyse vertiefen will, bieten sich offenbar mindestens zwei Möglichkeiten, die kürzlich von Georg Henrik von Wright und Georg Meggle im Verlauf einer Diskussion,[22] die auch für uns von Interesse ist, erkundet wurden. Wenn wir von „subjektiv gemeintem Sinn" sprechen, können wir das Handlungsverstehen darin sehen, daß wir „wissen, daß und aus welchen Gründen es für den Handelnden rational war, das zu tun, was er getan hat".[23] Wir können aber auch dieses Verständnis in „freierer" Weise als Fähigkeit auffas-

[22] Vgl. G. H. von Wright und G. Meggle, Das Verstehen von Handlungen, in: Rechtstheorie. Zeitschrift für Logik, Methodenlehre, Kybernetik und Soziologie des Rechts 20 (1989) 3-34.
[23] Ebd. 11.

sen, das Handeln auf bestimmte Gründe zurückzuführen, und dabei unentschieden lassen, ob es sich um wahre oder nur vorgegebene Gründe handelt, ob sich also im Innern des Verstehens selbst nicht die Möglichkeit des Mißverstehens verbirgt. Es wird somit deutlich, daß das Wesen des *Verstehens* selbst unterschiedlich verstanden werden kann: Mit der ersten Möglichkeit ist eine Gleichstellung zwischen *Verstehen* und *Wissen* verbunden, während sich die zweite Möglichkeit darauf beschränken will (oder muß?), das *Verstehen* selbst als *Überzeugung* oder *Glauben* aufzufassen.[24]

Doch reicht es wirklich aus, den Sinn einer Handlung zu erfassen, um zu behaupten, daß wir sie verstanden haben? Nicht zu überhören sind die in letzter Zeit laut gewordenen Stimmen, die gerade in diesem Zurückgehen von der Handlung auf ihren Sinn die Grenze der heutigen soziologischen Theorien sowie ihre Unfähigkeit gesehen haben, das Problem des Handelns vom philosophischen Standpunkt aus überzeugend zu stellen.[25] Ausgehend von dieser Kritik wurde nicht zufällig der Rückgang auf die Aristotelischen Analysen der práxis als Weg zu einer neuen praktischen Vernunft vorgeschlagen,[26] auch wenn man der Meinung war, daß sich dieser Rückgang nicht ohne die Auseinandersetzung mit den Ergebnissen der analytischen Handlungstheorie vollziehen kann, die ihrerseits mit Hilfe einer Analyse der Sprache erlangt wurden.[27]

Auf diese Philosophie und auf die in ihr der Sprache zugewiesene Funktion beim Handlungsverstehen hat sich

---

[24] Ebd. 13 f.

[25] Vgl. R. Bubner, Handlung, Sprache und Vernunft. Grundbegriffe praktischer Philosophie, a. a. O. 11-60.

[26] Ebd. 201-289.

[27] Ebd. 157-167.

auch Paul Ricoeur[28] bezogen. Seine Analyse der Beziehungen zwischen Praxis und Interpretation gibt uns Anlaß zu einigen kritischen Bemerkungen, die einen Vorschlag für ein Handlungsverstehen formulieren wollen, das nicht vom Modell der Textinterpretation bestimmt ist. Ricoeur verzichtet in seiner Theorie zwar keineswegs darauf, als Vorbedingung jedes Handlungsverstehens sich auf den Diskurs zu berufen, er will gerade die Notwendigkeit dieser Verbindung aufzeigen. Unsere Bezugnahme auf Ricoeurs Auffassung gründet sich also nicht auf eine Übereinstimmung in der Problemlösung, die das Ziel einer Handlungstheorie sein muß. Eine Diskussion von Ricoeurs Auffassung bietet sich aus bestimmten methodischen Gründen an, die wir kurz verdeutlichen wollen. Einerseits besitzt die von Ricoeur entwickelte Verstehensanalyse Züge – allen voran den Aufweis der *Distanz* zwischen Interpreten und Interpretandum –, die auch für die Thesen, die wir entwickeln wollen, relevant sind. Andererseits beinhaltet diese Theorie einen Zugang zum Thema der Praxis, der es uns erlaubt, im Gegenzug die Bedingungen für ein Handlungsverstehen aufzuweisen, das zwischen dem konkreten Vollzug einer Handlung und ihrer Umsetzung in die Schrift zu unterscheiden vermag.

Wir müssen darauf verzichten, die Positionen darzulegen, die Ricoeur in den fünfziger Jahren, im Rahmen einer Philosophie des Willens bezüglich des Handelns ausgearbeitet hat. Wir wollen nur daran erinnern, daß Ricoeur in neuerer Zeit in einer Reihe von Aufsätzen, die dann in einem Band mit dem emblematischen Titel „Du texte a

[28] Vgl. P. Ricoeur, Le discours de l'action, in: D. Tiffenau (Hrsg.), La sémantique de l'action, Paris: Centre National de la Recherche Scientifique 1977, 3-137.

l'action"[29] zusammengestellt wurden, eine Theorie entwickelte, die das hermeneutische Verstehensmodell auf den Bereich des Handelns auszudehnen bemüht ist. In den letzten zwanzig Jahren hat Ricoeur mehrmals zu zeigen versucht, daß unser Handlungsverstehen ganz analog zur Interpretation vor allem des schriftlichen Diskurses, den wir als „Text" zu bezeichnen pflegen, verläuft. In einem zu Recht berühmten Artikel aus dem Jahre 1971[30] und später im Rahmen eines Seminars, das er an der Universität „La Sapienza" in Rom hielt,[31] versuchte Ricoeur zu zeigen, „welche Handlungszüge sich zur analogen Relation eignen, die vom Text zur Handlung führt".[32] Vier dieser Züge behandelt er näher: Fixierung, Autonomisierung, Relevanz und Offenheit, die zusammen genommen es ermöglichen, daß man von einer Lesbarkeit der Handlung nicht nur in einem in der schwachen Bedeutung des Wortes metaphorischen Sinn spricht, sondern von einem in genuiner Weise analogischen, und die daher die Behauptung zulassen, daß „die Handlung ein Text ist, den man lesen kann".[33]

Wir können hier nicht auf die Einzelheiten von Ricoeurs Argumentation eingehen; wenn wir jedoch deren ganze Reichweite verstehen wollen, müssen wir wenigstens ihre Voraussetzung beachten, d. h. den Prozeß der Distanzie-

---

[29] Vgl. P. Ricoeur, Du texte a l'action. Essais d'herméneutique II, Paris: Seuil 1986.

[30] Vgl. P. Ricoeur, The Model of the Text: Meaningful Action considered as a Text, a. a. O.; dt: Der Text als Modell: hermeneutisches Verstehen, in: W. L. Bühl (Hrsg.), Verstehende Soziologie. Grundzüge und Entwicklungstendenzen, a. a. O. 253-283.

[31] Vgl. P. Ricoeur, Il modello del testo: su alcune correlazioni degne di nota, in: F. Bianco und G. Di Bernardo (Hrsg.), Episteme e azione, Milano: Angeli 1991, 13-19.

[32] Ebd. 17.

[33] Ebd. 17 f.

rung, der jeden Akt oder jede Form des Verstehens begleitet. In seiner Bemühung, die „hermeneutische Funktion der Distanzierung“[34] zu klären, kann denn auch Ricoeurs besonderer Beitrag zur Ausarbeitung des hermeneutischen Problems gesehen werden. Sein Beitrag ist von eminenter Bedeutung, sofern er darauf abzielt, den Dialog zwischen Hermeneutik als philosophischer Disziplin und den exegetischen und semiologischen Studien wiederherzustellen und so eine Grundlage zu schaffen für die Überwindung der Spaltung, zu der Gadamers Ansatz die heutige Theorie der Interpretation geführt hat. Er stellt sich die Aufgabe, die Alternative, die im Titel von Gadamers Werk Ausdruck fand, durch die Auflösung der ihr zugrundeliegenden Antinomie zu überwinden. Diese Alternative ist nach Ricoeur unhaltbar, weil der Anspruch der methodologischen Dimension und der Anspruch, der der Wahrheitsdimension zugrunde liegt, einander nicht ersetzen können, sondern auf gemeinsamen Boden miteinander verbunden werden müssen.[35]

Die Problematik des Textes läßt für die hermeneutische Reflexion erneut einen methodischen Diskurs zu, ohne daß damit die von der philosophischen Hermeneutik als exklusiv beanspruchte Partizipation aus Zugehörigkeit verleugnet wird. Ricoeur sieht nämlich im Text alle charakteristischen Züge des Diskurses, die die ursprüngliche und unverzichtbare Rolle der Distanzierung bezeugen, vereint und sozusagen potenziert. Die Dialektik zwischen dem Sagen und dem Gesagten, zwischen Ereignis und Bedeutung, zwischen Wort und Schrift zeigt, daß die Distanzierung, weit davon entfernt, ein Störfaktor zu sein,

[34] Vgl. P. Ricoeur, La fonction herméneutique de la distanciation, in: ders., Du texte a l'action. Essais d'hermeneutique II, a. a. O. 101-117.
[35] Ebd. 101-103.

„die Bedingung selbst des Verstehens ist".[36] So entdecken wir einen positiven Begriff von Distanzierung,[37] und vor allem wird deutlich, daß Objektivierung und Interpretation sehr viel weniger antinomisch sind, als es die Hermeneutik Gadamers angenommen hatte. Aus dieser Entdekkung können wir, kurz gesagt, ein zweifaches Ergebnis gewinnen. Erstens wissen wir jetzt, daß die Auseinandersetzung zwischen Philosophie und Geisteswissenschaften über das Wesen und die Merkmale des Interpretationsprozesses nicht dadurch entschieden werden kann, daß man einseitig der ontologischen Dimension des Verstehens mehr Gewicht gibt; man muß auch den methodischen Aspekten des Problems Beachtung schenken. Zweitens können wir sagen, daß der Nachdruck, der neuerdings auf den Prozeß der Distanzierung als Vorbedingung für das richtige Herangehen an den Text gelegt wird, die Gültigkeit desjenigen Ansatzes bekräftigt, der seinerzeit von den Vertretern der Frankfurter Schule formuliert wurde: nämlich daß die Hermeneutik der Tradition mit den Ergebnissen der Ideologiekritik verbunden werden müsse, wenn man will, daß einerseits der Interpretationsvorgang wirklich die Entdeckung der eigensten Möglichkeiten des In-der-Welt-Seins darstellt und wenn andererseits das Selbstverständnis – wie Ricoeur schreibt – „sich aus der Sache des Textes und nicht von den Vorurteilen des Lesers" bilden lassen muß.[38]

Nachdem wir das Verdienst anerkannt haben, das Ricoeur für den nachdrücklichen Hinweis auf die notwendig zu berücksichtigende Dialektik zwischen Objektivierung und Interpretation zukommt, wenden wir uns kurz den Argumenten zu, mit denen er das Handlungsverstehen auf

[36] Ebd. 117.
[37] Ebd. 102.
[38] Ebd. 116 f.

das Modell der Textinterpretation zurückzuführen versucht. Dabei ist im Auge zu behalten, will man sein Projekt der Interpretation des Handelns aus hermeneutischer Sicht richtig einschätzen, daß Ricoeur erst am Ende eines langen Weges zur Formulierung seines Standpunktes gelangt ist. In seinen Überlegungen ist nämlich von Anfang an das Interesse für das Handeln da, es ist schon erkennbar in der weit zurückliegenden Problematik des Wollens.[39] Wie schon die Philosophie des Willens drei Diskursarten verlangt, deren jede eigene Regeln, Kohärenzarten und Beweismodalitäten besitzt, so scheint auch der Diskurs über das Handeln sich auf drei Ebenen zu vollziehen, der deskriptiven, der dialektischen und der hermeneutischen. Es sind Ebenen, denen auch zeitlich gesehen in Ricoeurs Reflexion ebensoviele Phasen entsprechen. Der Übergang von einer Phase zur anderen bedeutet immer eine Überschreitung der Grenzen der vorherigen Perspektive. Wenn der dialektische Diskurs sich gegenüber dem der analytischen Philosophie und der Phänomenologie durchsetzt, so geschieht das aufgrund seiner Fähigkeit, zwischen theoretischer und praktischer Vernunft, zwischen individuellem und kollektivem Willen, die auf der vorangehenden Ebene nur Gegenstand von Unterscheidung und Klassifizierung waren, zu vermitteln. Etwas Ähnliches geschieht beim Übergang vom dialektischen Diskurs zum hermeneutischen, da das Erfordernis einer Neuinterpretation des dialektischen Diskurses, das dieser deutlich macht, nur auf der Ebene des hermeneutischen Diskurses eingelöst werden kann, insofern er jene von Heidegger in der Interpretation gesehene Fähigkeit, sich in der Welt zu entwerfen, verlangt. In allen drei Fällen handelt es sich um

[39] Vgl. P. Ricoeur, Philosophie de la volonté. I: Le volontaire et l'involontaire, Paris: Aubier 1950.

die Möglichkeit, eine Form des *Diskurses* über das Handeln zu gewährleisten, die in der spezifischen Situation des hermeneutischen Diskurses durch den Parallelismus der Modalitäten ermöglicht wird, in dem sich sowohl die Texte wie die Handlungen unserem Verstehen darbieten.
Mit einem Hauptpunkt der Analyse Ricoeurs kann man ohne weiteres einverstanden sein: Es besteht kein Zweifel, daß die Aufgabe dessen, der einen Text interpretiert und dessen, der eine Handlung zu verstehen sucht, in beiden Fällen darin liegt, den Sinn zu erfassen. Aber genügt diese Gemeinsamkeit für eine Gleichstellung beider Operationen? Kann das Sinnerfassen eines Diskurses und das einer Handlung wirklich als ein identischer Akt verstanden werden? Oder müssen wir anerkennen, daß der gesamten Argumentation Ricoeurs eine Bevorzugung der sprachlichen Sphäre zugrunde liegt, die zu Unrecht zum Paradigma jeder anderen Verstehensmöglichkeit erhoben wurde?
Einige Aspekte von Ricoeurs Position legen eine solche Hypothese nahe, besonders jene, mit denen Ricoeur einen rigorosen Parallelismus zwischen der Fixierung derjenigen Bedeutung, die sich auf den Text bezieht, und derjenigen, die sich seiner Ansicht nach in der Handlung verwirklicht, aufzuweisen versucht. Dieser Parallelismus ist aufgrund einer Strukturgleichheit möglich, die die Praxis selbst in eine Art Aussage verwandelt. Ebenso wie sich im Text eine „Dialektik der intentionalen Exteriorisierung“ verwirklicht, die Sinnfixierung durch Schrift möglich macht, gibt es im Handeln eine ähnliche Dialektik, die die Unterscheidung zwischen *Bedeutung* und *Ereignis* der Handlung ermöglicht.[40] Es ist jedoch be-

[40] Vgl. P. Ricoeur, Der Text als Modell: hermeneutisches Verstehen, a. a. O. 265 f.

zeichnend, daß die von Ricoeur zum Beweis der Möglichkeit dieser Trennung angeführten Argumente alle dem Bereich des *Diskurses* über das Handeln statt dem des Handelns selbst entstammen: Seine Analyse gilt der prädikativen Struktur der Handlungssätze oder auch den „Handlungsverben",[41] kurz, Merkmalen, die den *Sätzen* eigen sind, die Handlungen beschreiben, aber nicht den Handlungen als solchen.

Gegenüber diesen und ähnlichen Annahmen Ricoeurs – als Beispiel sei noch die Möglichkeit genannt, die Handlung in die Geschichte einzuschreiben,[42] oder die Tatsache, daß dem Handelnden beim Verstehen des eigenen Handelns keinerlei Vorrecht eingeräumt wird[43] – lassen sich die Überlegungen, mit denen wir unsere Darlegung beschließen möchten, gut mit den Analysen Max Webers verbinden. Diese können für die Erfassung der nicht unerheblichen Unterschiede, die zwischen Handeln und Diskurs über das Handeln bestehen und die sonst leicht übersehen werden, eine Hilfestellung bieten. Beim Verstehen eines Textes ist dasjenige, was vorausgesetzt wird, die Sprache, und in ihr erscheinen Worte, idiomatische Wendungen, der Satzbau in unterschiedlicher Weise als Sinnträger. Als Sprechende verwenden wir die Sprache niemals mechanisch als Repertoire von Sätzen mit einem schon bestimmten Sinn. In größerem Maß, mehr oder weniger genial, bedient sich jeder von uns schöpferisch seiner Sprache und bringt durch Wortstellung, Nebeneinanderstellung von Begriffen, Verwendung von Metaphern, Rückgriff auf Satzkonstruktionen Bedeutungen hervor, die seinen Ausdrucksbedürfnissen angemessen sind und die einen absolut eigenen Umgang mit der Sprache bekun-

[41] Ebd. 260-263.
[42] Ebd. 265 f.
[43] Ebd. 266 f.

den. Aber die Möglichkeit, verstanden zu werden, auch wenn wir auf die neuartigste Weise sprechen oder schreiben, beruht immer auf dem Gemeinsamen, das im sprachlichen Fundus da ist und das unserem Dialogpartner erlaubt, auf den Kontext zurückzugehen, um in das Neue, die Feinheit, die Anspielung in unserem Sprachgebrauch einzudringen und uns so schließlich zu verstehen.
Anders liegen die Dinge in bezug auf das Handeln. Auch hier gibt es zwar eine gemeinsame Grundlage – die gemeinsame Lebenswelt, der wir angehören –, ohne die das Handeln des anderen niemals einen bestimmten Sinn für uns erhalten würde, genauso wie die in einer uns unbekannten Sprache gehaltene Rede keinen Sinn für uns besitzt. Über diese Analogie hinaus weist jedoch das Handlungsverstehen andere Wesenzüge auf als das Verstehen des Diskurses. Mag man noch so sehr versuchen, das Handeln in seine Elemente zu zerlegen, so kann man darin doch nicht die Sinneinheiten finden, die in der Sprache durch Worte, durch die jeder Sprache eigenen Konstruktionen, durch idiomatische Ausdrücke repräsentiert werden. Der unschätzbare Vorteil der Sprache ist (schon Dilthey hat zu Beginn dieses Jahrhunderts die Einengung des hermeneutischen Bereichs auf die sprachlichen Ausdrücke darauf gegründet),[44] daß sie ganz von Bedeutung durchdrungen ist, ja daß sie nichts als Bedeutung ist und so besser als jede andere Ausdrucksform – besser als Ton, Farbe, Bewegung – dem menschlichen Geist Stimme verleihen kann.
Wenn wir das Handeln auf dem Hintergrund der gemeinsamen Lebenswelt, der wir angehören, betrachten, wird uns zwar klar, daß es Sinntäger ist, aber oft sind wir, da uns eine sprachliche Erklärung des Handelnden fehlt, ge-

[44] Vgl. W. Dilthey, Die Entstehung der Hermeneutik, a. a. O. 319 f.

zwungen, uns zu fragen, *welches* der Sinn ist, den wir ihm zuschreiben sollen. Auch kann uns nicht entgehen, auf welch schwachem Boden ein Erkenntnisprozeß steht, der seinem Wesen nach sich auf die Erklärungen des Handelnden gründen muß, der, wie wir gesehen haben, uns nicht nur dazu bringen kann, seine Handlung mißzuverstehen, sondern der sie sogar selber mißverstehen kann, wenn er sich über die realen Beweggründe, die ihn zu seiner Handlung veranlaßt haben, nicht im klaren ist. Es ist also kein Zufall, daß ein Wissenschaftler wie Max Weber, der sich mehr als viele Fachphilosophen seiner Zeit für das Problem des Handlungsverstehens interessierte, zu dessen Lösung eine ziemlich komplexe Theorie auszuarbeiten für nötig hielt, die noch heute einen der bedeutendsten, wenn auch kontroversen Aspekte seines spekulativen Erbes darstellt. Es handelt sich um die Theorie der Idealtypen, die paradigmatisch Webers Erkenntnis ausdrückt, daß es möglich ist, nicht eine, sondern viele unterschiedliche Interpretationshypothesen in bezug auf das Handeln auszuarbeiten. Man beachte, daß es eine Theorie ist, die nicht positivistisch das hermeneutische Moment im Handlungsverstehen leugnet und sich selbst als Angelpunkt für eine „verstehende Soziologie" sieht; es ist eine Theorie, die vom *Diskurs* über die Handlung absieht und sich zum Ziel setzt, das Handeln an und für sich zu verstehen, juxta propria principia.

Kann man den Standpunkt vertreten, daß etwas Ähnliches auch für die Interpretation von Texten nötig ist? Gewiß, auch gegenüber einem fehlerhaft überlieferten, lückenhaften oder besonders schwierigen Text kann es notwendig sein, eine oder mehrere Interpretationshypothesen auszuarbeiten, unter denen der Interpret aufgrund seines Scharfsinns, seines Geschmacks, seiner Kenntnis des Textes, des Autors, der Tradition und der literarischen Gattung, zu der jener Text gehört, und vieler anderer Variablen, die wir hier nicht weiter zu berücksichtigen brauchen, wählen muß. Unbestreitbar ist jedoch, daß der Interpret des Textes sich immer auf die sprachlichen Elemente beziehen muß, um seine Ungewißheit zu klären, und somit immer auf der Ebene des Textes bleibt, den er interpretieren will. Das Handeln dagegen kann gerade aufgrund seines in erster Linie nicht sprachlichen Charakters nur durch eine Transposition auf eine theoretische Ebene verstanden werden, d. h. auf jene Ebene, die es gestattet, Interpretationshypothesen auszuarbeiten und sie einander gegenüberzustellen. Auf dieser Ebene ist das Handeln ursprünglich jedoch nicht angesiedelt. Es handelt sich vielmehr um eine Ebene, die die Formulierung von Diskursen gestattet, bezüglich derer die Nichtgleichartigkeit der zueinander in Beziehung gesetzten Begriffe eine zweifache Erfordernis nötig macht: Einerseits geht es darum, die Kohärenz zwischen den Ebenen des Diskurses und des Handelns aufzuzeigen, indem wir einen ersten Typus von Adäquanz hervorheben, den wir mit Weber als *Sinnadäquanz* bezeichnen können. Auf der anderen Seite wird es unumgänglich sein, nach einer Bestätigung der Hypothesen zu suchen und zu zeigen, daß auf den ersten Typus von Adäquanz ein zweiter folgt, die sogenannte *Kausaladäquanz*. Während die erste Adäquanzform die Funktion hat, unserer Interpretationshypothese Glaubwürdigkeit zu verleihen, so besitzt die zweite die Aufgabe, uns anzuzeigen, wann der *mögliche*, d. h. vom Interpreten formal korrekt dargelegte Sinn wirklich ins Schwarze trifft und somit ein *realer* Sinn wird.[45]

Es ist hier nicht auf die tiefgreifende Problematik der

[45] Vgl. M. Weber, Über einige Kategorien der verstehenden Soziologie, a. a. O. 428.

Beziehung zwischen Hypothese und Bewährung, zwischen Verstehen und Erklären einzugehen, die nicht zufällig kürzlich wieder in den Mittelpunkt des Interesses all derer gerückt ist, die sich mit methodischer und kritischer Hermeneutik, der gewiß auch Ricoeur nicht fernsteht, beschäftigen.[46] Für unsere Zwecke ist es wichtiger, abschließend auf die Notwendigkeit hinzuweisen, die Unterscheidung zwischen dem sprachlichen Charakter des Textes und dem primär nichtsprachlichen Charakter des Handelns aufrechtzuerhalten. In dem Augenblick, in dem das Handeln sozusagen in den Diskurs eingeschrieben wird, existiert es nicht mehr. Die Handlung ist vollständig und in gewissem Sinne vergangen. Sie kann natürlich in ihrem Verlauf beobachtet, in ihrer Entwicklung erzählt, in ihrer Bedeutung untersucht werden. Es handelt sich um Aufgaben, deren wichtigstes, um nicht zu sagen einziges Instrument offensichtlich der Diskurs ist. Es darf jedoch nicht vergessen werden, daß sich das Verstehen von Handlungen nicht in der Analyse der verschiedenen sprachlichen Formen erschöpft, die die Handlung thematisieren. Außerhalb dieser Analyse steht die Reflexion über den Akt des Handelns selbst und über seine Andersartigkeit im Vergleich zur logischen Form, die, wie Weber uns gelehrt hat, zu sehen ist als beispielhafter Fall für den

[46] Vgl. P. Ricoeur, Der Text als Modell: hermeneutisches Verstehen, a. a. O. 267-283. Es sei besonders auf die folgenden Beiträge hingewiesen: G. H. von Wright, Explanation and Understanding, London: Routledge & Kegan Paul 1971; dt: Erklären und Verstehen, Frankfurt a. M. 1974; K. O. Apel, J. Manninen und R. Tuomela (Hrsg.), Neue Versuche über Erklären und Verstehen, Frankfurt a. M. 1978; K. O. Apel, Die Erklären-Verstehen-Kontroverse in transzendentalpragmatischer Sicht, Frankfurt a. M. 1979; ders., The Erklären-Verstehen controversy in the philosophy of the natural and human sciences, in: G. Fløistad (Hrsg.), Contemporary philosophy. A new survey, Bd. 2, The Hague: Nijhoff 1982, 19-49.

Abstand, der die Erfahrung der Welt von der Sphäre der Begriffe trennt. Mit diesem heute zu wenig beachteten Abstand muß sich die zeitgenössische Philosophie insbesondere eine Philosophie, die über die Probleme der Praxis meditieren will, erneut befassen.

Die Ethik der Auslegung*

Von Carlo Sini

In der heutigen Begriffsverwendung bezeichnet das Wort „Hermeneutik" die Lehre von der Auslegung, die vorwiegend als Lehre von der Bedeutung verstanden wird. Diese Ansicht teilen z. B. H.-G. Gadamer, P. Ricoeur und H. Putnam. So verstanden setzt sich die Hermeneutik mit traditionellen philosophischen Problemen auseinander, ohne im allgemeinen jedoch die fundamentale philosophische Frage, die diesen Problemen zugrunde liegt, zu berühren. Wenn die Hermeneutik als bloße Lehre von der Auslegung verstanden wird, werden Bedeutung und Interpret und selbst noch ihre Trennung, ihr Gegenstehen (Gegenstand), als Objekte genommen, die in der Offenbarkeit der Welt gegeben sind. Das Interesse richtet sich also vorwiegend auf die Techniken und die Methode der Auslegung. Diese jedoch setzen eine Welt voraus, d. h. ein In-der-Welt-Sein der Bedeutung (oder des Textes) und des Interpreten. Damit wird die Welt der Kontext der Auslegung. In Wirklichkeit jedoch ist der Interpret schon in der Welt (in ihren Bedeutungen oder bei ihren Bedeutungen), und er ist schon im Text, bevor er die Bedeutungen als Auslegungsgegenstände vor sich hat. Der Weltkontext, in dem die Auslegung geschieht, ist nicht derselbe Kontext, der innerhalb des Auslegungsaktes zum Thema wird. Der Standpunkt dieses Aktes ist nicht *das, was* die Auslegung als ihren Gegenstand behandelt, sondern *das, von dem aus*

* Übersetzt von Ute Lipka.

die Auslegung, von einer nicht thematischen Welt herkommend, stattfindet.

Die heutige Hermeneutik meint, daß sie sich mit dem philosophischen Aspekt dieses Problems mißt, insofern sie von unendlicher Auslegung spricht (z. B. mit Bezug auf die oberflächlich verstandene unlimited semiosis von Peirce: um auszulegen, muß man schon ausgelegt haben) oder von der unendlichen Dynamik der Auslegungshorizonte („Horizontverschmelzung“) oder auch von der Dynamik des Erzählens. Trotz der Subtilität, mit der diese Themen bisweilen behandelt werden, dringt diese Haltung in keiner Weise zum Kern des Problems vor. In der Tat beschränkt sie sich auf die Feststellung, daß die Hermeneutik sich selber nie verstehen kann, wenn sie eine Lehre von der Bedeutung und der Auslegung ist, sondern daß sie sich auf einer imaginären horizontalen oder zeitlichen Ebene endlos wiederholen muß. An die Stelle der „Gründung“ tritt der unendliche „kulturelle“ und „historische“ Aufschub. Diese Feststellung (so analytisch sie auch begründet und so feinsinnig sie auch beschrieben sein mag) zum Wesentlichen des hermeneutischen Denkens zu machen bedeutet, das Problem mit seiner Lösung zu verwechseln; und es bedeutet darüber hinaus, die Augen zu verschließen gegenüber dem „vertikalen“ Moment des Auslegungsaktes, d. h. gegenüber dem Weltereignis, von dem ausgehend es stattfindet, unabhängig von jeglichem horizontalen Bezug. Dieser erfolgt in der Entfernung: Weil nämlich der Interpret und seine Welt oder der Interpret und der Text voneinander entfernt sind, *findet* Auslegung *statt.* Die Lücke schließen, indem man die Entfernung interpretiert, schafft eine neue Entfernung und so weiter. Aber wie die Entfernung geschieht und wie sie nicht allein eine unendliche Auslegungskette schafft, sondern auch das ursprüngliche Sichentfernen jeder Deutung und auch nur *einer einzigen* Deutung ermöglicht (d. h., wie die aus ihr resultierende Verzeitlichung/Zeitigung ihrerseits auf das Ereignis der Zeit selbst und des Zeithabenkönnens oder des Bestehens der Zeit zurückgeht), all das ist überhaupt nicht bedacht worden. So schweigt sich die heutige Hermeneutik denn auch aus im Hinblick auf das Problem ihrer eigenen Konstitution.

Dieses Problem stand dagegen im Mittelpunkt der Hermeneutik Heideggers. Diese ging, wie bekannt, von dem hermeneutischen Zirkel aus, nicht so sehr, um ihn zu lösen, als ihn denken zu lernen und sich in ihm in der richtigen Weise zu behaupten (und diese beiden Dinge scheint die heutige Hermeneutik nicht mehr auf sich nehmen zu wollen). Heidegger ist am Schluß seines Aufsatzes „Das Ende der Philosophie" von 1966[1] mit besonderem Nachdruck auf das Thema des hermeneutischen Zirkels (das er 1927 in „Sein und Zeit" dargelegt hatte) zurückgekommen. Der Kreischarakter der Wahrheit (vielleicht die eúkuklos alétheia, von der schon Parmenides sprach) führt dazu, daß jede Auslegungsentscheidung erst ausgehend von einer vorangehenden Offenheit und einer vorangehenden Offenbarkeit geschehen kann als das, was die Entscheidung selbst begründet und möglich macht. Man könnte sagen: Wir können uns nicht entscheiden, ohne schon vorher entschieden zu sein (d. h. schon eingeholt von der Offenheit, die die Möglichkeit und den Sinn der Entscheidung offenbar macht); aber wir können auch nicht schon entschieden sein, ohne uns zu entscheiden.

Hier sieht man deutlich, daß das hermeneutische Problem nicht mehr nur Aufgabe des bloß auslegenden Denkens sein kann, d. h. eine theoretische Aufgabe der Philosophie,

[1] M. Heidegger, Zur Sache des Denkens, Tübingen 1969.

so wie sie bisher verstanden wurde. Es geht nicht darum, eine Theorie der Bedeutung auszuarbeiten. Jede Lehre von der Bedeutung (jede Lehre von der Wahrheit und der Vernunft, was die Philosophie seit eh und je ist) ist ihrerseits ein Ereignis der Auslegung, dessen vorangehende Offenheit sich nicht auf Wahrheit, Vernunft und Bedeutung beschränken und sich darin erschöpfen kann. Worum es hier geht, ist das Ereignis der Auslegung (ihre Lichtung, wie Heidegger auch sagt) und im vorliegenden Fall jenes Ereignis der Auslegung, das im Wirklichsein und im Sichdurchsetzen des philosophischen (und folglich heute des wissenschaftlichen und technischen) Denkens besteht. Das ist das wahre hermeneutische Problem des Denkens, es bringt aufgrund seiner Natur das Denken in Schwierigkeiten und entgleitet ihm, indem es die Gestalt einer paradoxen Frage annimmt, einer Aufgabe, die mit sich selber im Widerspruch steht. Nach meiner Ansicht berücksichtigen nur Heidegger (und heute auf seine Art J. Derrida) solche Fragen wirklich, ohne der aporetischen Situation, die sich aus ihnen ergibt, auszuweichen. Die Tatsache, daß die heutigen hermeneutischen Philosophien unterhalb der Schwelle dieser Radikalität verbleiben, läßt sie, wie Heidegger sagen würde, zu epigonalen werden, die ungeeignet sind, die wahre Aufgabe des Denkens, die für uns besteht, genau zu bestimmen.

Eine weitere Zweideutigkeit heutiger Hermeneutik besteht darin, daß sie sich fast ausschließlich auf die Sprache beruft. Sie deutet die gesamte Erfahrung und auch den Akt der Auslegung als etwas ausschließlich Sprachliches und läßt den Sinn des *Ausdrucks* und der *Auslegung* (Ausdruck des Sinns des Seins und des Sich-ihm-Aussetzens), die in „Sein und Zeit“ noch im Mittelpunkt standen und implizit im Wort „Auslegung“ (hermeneía) schon gedacht waren, unberücksichtigt. Die Sprache wird (wie im „Tractatus logico-philosophicus“ von Wittgenstein) als ein nicht transzendierbarer Sinnbereich angenommen. Hier liegen verschiedene Mißverständnisse und Absurditäten verborgen, die von der scheinbar unwiderlegbaren Feststellung ausgehen, daß allein innerhalb der Sprache und ausgehend von ihr alles zum Thema werden kann. Diese Möglichkeit besteht jedoch kraft der Stimmgebärde, deren Ausdruck die universale Übersetzbarkeit ist, in ihren Zeichen im Verbund mit jedweden anderen Zeichen der körperlichen Gebärdensprachen.[2] Aber die heutige Hermeneutik vernachlässigt die phänomenologischen Analysen der Stimmgebärde und ihrer Praktik wie auch der sprachlichen Praktik, insofern sie eben „Praktik“ ist (ganz allgemein vernachlässigt sie jede genuin genetische oder genealogische Untersuchung). So setzt sie voraus, daß der Sprachakt ausschließlich sprachlich ist, wobei sie die „sagbare“ Bedeutung dieses Aktes (der natürlich sprachlich ist) mit der Sinnöffnung verwechselt, die sein Ereignis kennzeichnet. Die heutige Hermeneutik ist der Meinung, daß der sprachliche Akt (oder das sprachliche Ereignis) nur innerhalb der Sprache und als Sprache faßbar ist. Das aber bedeutet, daß man eine Praktik ausgehend von ihren unkenntlich mit der Sinnöffnung, d.h. mit dem Ereignis dieser Praktik vermischten Gegenständen denkt und beurteilt.

Hintergrund dieser Verwechslungen ist übrigens wieder die Kardinalsfrage der Hermeneutik. Wenn das philosophische Denken wesentlich dem sprachlichen Ausdruck anvertraut wird (der Sprache „des Verstandes“), dann ist das Ereignis dieses Ausdrucks nicht innerhalb der Spra-

[2] Zur Analyse der Stimmgebärde und der körperlichen Gebärden vgl.: C. Sini, Il silenzio e la parola, Genua: Marietti 1989; ders., Il simbolo e l'uomo, Mailand: Egea 1991.

che denkbar, d. h., es ist philosophisch überhaupt nicht denkbar. Die heutige Hermeneutik nimmt nicht die Herausforderung an, die in diesem Paradox ihres eigenen Verhaltens liegt.

Nach diesem kurzen kritischen Exkurs werde ich versuchen, in wesentlichen Zügen das zu entwerfen, was mir als gegenwärtige Aufgabe der Hermeneutik erscheint, Hermeneutik als „Ethik der Auslegung" verstanden.

Der Begriff „Ethik" bezieht sich hier nicht auf Inhalte oder Lehren moralischer Natur, obwohl heute Wissenschaft und Gesellschaft in hohem Maß für das Problem der Moral sensibilisiert sind und diese ein wichtiges Thema für jede philosophische Hermeneutik darstellt. Der Begriff „Ethik" (éthos) bezieht sich auf das Wohnen und auf die Gewohnheit sowohl bezüglich Heideggers Aufforderung, auf die richtige Weise im (hermeneutischen) Kreis zu sein, als auch in bezug auf Peirces Auffassung von práxis (prágma): In der „Gewohnheit" der „praktischen" Antworten manifestiert sich die Dynamik der Bedeutung und der Auslegung, ihr Ereignis. „Ethik der Auslegung" bedeutet also jenes Wohnen, jenes Verweilen in der Auslegung, die uns als Subjekte unserer Praktiken (und genauer als Subjekte, die unseren Praktiken unterworfen sind) konstituiert, derart, daß wir das Hauptproblem der Hermeneutik auf uns nehmen. Aber auf „welche Art"? Auf welche Art ist es uns gegeben, die Auslegung gemäß ihrer hermeneutischen Radikalität zu bewohnen?

Wieder enthält das Wort „Ethik" in dieser Hinsicht einen Hinweis. Es schließt aus, daß die Hauptfrage der Hermeneutik mit Begriffen der einfachen „Theorie" erfaßt werden kann. Der Begriff „Ethik" zeigt einen Übergang, eine Wende an, die die traditionelle Unterscheidung und den traditionellen Gegensatz zwischen Theorie und Praxis hinter sich läßt – diese Unterscheidung, die, ausgehend von Aristoteles, die abendländische Form des „Wissens" (die philosophisch-wissenschaftliche Enzyklopädie) und folglich die historische, soziale, politische Praxis der europäischen Menschheit mit ihrem „öffentlichen" Imaginären (mit ihrer „öffentlichen Wahrheit") beherrscht. Die ethische Wende besteht jedoch nicht in der bloßen Umkehrung des hierarchischen Verhältnisses von Theorie und Praxis, darin, daß sie z. B. der zweiten einen Vorrang gegenüber der ersten einräumt. Diese Denkungsart à la James (aber nicht à la Peirce) ist eine bloße Parteinahme für die Irrationalität der Entscheidung (der Aktion als Selbstzweck) *gegen* die Rationalität der Theorie. Auf diese Weise bleibt die Trennung zwischen Theorie und Praxis bestehen, so wie die Metaphysik sie festgelegt hat, und alles bleibt beim alten (das passiert heute dem James-Anhänger Putnam bei seinen Versuchen, zu einer „Moraltheorie" und einer universalen politischen Rechtfertigung der westlichen Demokratien zu gelangen). Die ethische Wende besteht jedoch in der Zurückführung aller Theorie und Praxis auf die sie begründenden Praktiken (denn selbst die Unterscheidung zwischen Theorie und Praxis ist ja das Ergebnis einer ganz bestimmten begründenden Praktik). Jede Theorie entsteht in Wirklichkeit aus einer theoretischen *Praktik*, und jede Praxis ist ihrerseits eine komplexe, von vielen Elementen, vielerlei Wissen, einem Gemisch von Handlungen und Kenntnissen, Erfahrungen und Vorstellungen durchwirkte Praktik.

Die ethische Wende richtet also ihre Aufmerksamkeit auf die „Praktiken" als Orte des Offenbarwerdens aller Gegenstände, die unsere Erfahrung betreffen, und der entsprechenden Formen unseres Subjektseins, die wir annehmen. Die Ethik der Auslegung greift die Praktiken, verschiedenerlei Wissen, das wir besitzen (alles was wir tun, sagen, schreiben können) auf, um sie zu bewohnen, indem sie das sie begründende Sinnereignis und die ihm folgende Herstellung von „Gegenständen" (von „Bedeutungen") durchsichtig macht, die auf unterschiedliche Weise unser In-der-Welt-Sein bestimmt. Die ethische Wende impliziert daher eine Wendung auf unsere Interessen hin, wie Husserl gesagt hätte, eine Wendung vom Gegenstand auf das Sinnereignis als Praktik der Herstellung seines Bedeutungshorizontes hin; und es impliziert eine Wandlung des Subjektseins: von einem den Praktiken, ihren Gegenständen und Bedeutungen Untergeordnetsein zu einem Subjektsein, das, indem es sich dem Sinnereignis dadurch, daß es dieses bewohnt, aussetzt, allmählich Subjekt dieser seiner Praktiken wird; die ethische Wende impliziert so eine aktive Kritik der Ideologien.

Die erste und radikale Aufgabe der Ethik der Auslegung besteht dann darin, daß sie sich vor allem dem philosophischen Denken zuwendet, d. h. der philosophischen Ideologie, um sie auf ihre tatsächliche Praktik und auf das Sinnereignis dieser Praktik zurückzuführen. Die Ethik der Auslegung befaßt sich mit den typischen Gegenständen der Philosophie (dem Denken, dem logischen Verstand, der sinnlichen und übersinnlichen Anschauung oder dem Begriff, mit Seele und Körper, Sein und Wesen, Gott und der Welt, dem Ewigen und der Zeit usw.) nicht, um in ihnen und mit ihnen oder jenseits von ihnen zu denken in den imaginären Versuchen einer Überschreitung der Metaphysik, die seit Heidegger in Mode sind, sondern um sich der Praktik zuzuwenden, die jene Gegenstände konkret konstituiert und verwirklicht hat und die ihnen noch jetzt zugrunde liegt. So behandelt eine Ethik der Auslegung z. B. die Praxis des philosophischen Wortes, seine ursprüngliche Bildung innerhalb einer idealisierten dialogischen Universalität als Produkt auf vielerlei Weise verwobener und somit komplexer Praktiken von Stimme und alphabetischer Schrift. Zum Beispiel zeigt eine Ethik der Auslegung, die sich dem Ereignis des philosophischen Logos zuwendet, wie dieser möglich geworden ist, wie er sich eröffnet hat und verwirklichen konnte als Folge jener Praktik der Alphabetisierung, die den gestalt- und bildhaften Körper der archaischen Schriftzeichen ausgelöscht hat und die „Seele“ hervortreten ließ, d. h. die reine (oder „gereinigte“) Bedeutung. Diese reine oder ideale Bedeutung ist nichts anderes als die Folge der Verallgemeinerung der konventionellen Zeichen, die die Antwort „für alle“ (für alle Leser) reguliert, indem sie eine allgemeine und öffentliche Wahrheit einrichtet (wie schon Heraklit emblematisch sagte). So entsteht der „Begriff“ und, ihm entsprechend, der reine Verstand, der den künstlichen Körper geschriebener Worte durchdringt und auf seine übersinnliche Bedeutung abzielt. Eine Folge dieser Praktiken des Schreibens und des Lesens (und natürlich anderer damit verbundener Praktiken, die wir um der Kürze willen übergehen) ist, daß auch die Praktik der Stimme einen Wandel des Sinnes erfährt, z. B. indem sie von der praktischen Musikalität der Dichtung zur profanen Gleichgültigkeit übergeht, zur Distanz der Prosa, wie Creuzer, sich an Plotin anlehnend, sagte; so wird die Stimme verinnerlicht und wird zu jener schweigenden Stimme der Seele, von der Platon sprach. Auf diese Weise wohnen wir dem Ereignis des „Denkens“ im philosophischen Sinn bei, das keineswegs eine allgemeine Besonderheit des Menschen ist (der seinerseits in dieser idealen Universalität nur als Folge der philosophischen Begriffsbildung existiert), sondern das Produkt einer bestimmten Praktik, deren spezifischer Charakter die Produktion des Universalen, eines panoramahaften Gesichtspunktes, ist sowie die Tatsache, daß es diesen durch die Praktiken der Wissenschaft und der Technik aktiv in der Wirklichkeit und als Wirklichkeit erzeugt.

Auch den letztgenannten Praktiken kommt ein exemplarischer Ort in einer Ethik der Auslegung zu. Diese verwechselt nicht ideologisch Elektronen, Zellen, Neutronen oder schwarze Löcher mit der Wirklichkeit-an-sich der „Natur“, sondern richtet ihr Interesse auf das komplexe Zusammenspiel von Praktiken, das diese Gegenstände ausgehend von spezifischen Sinnereignissen und von deren Produktionshorizonten verwirklicht hat. Die Ethik der Auslegung schreibt die vielfältige Schrift des Wissens um mit dem Ziel, in ihrer Schrift, in ihrer Gebärde des Schreibens die konstituierenden Ereignisse aktiv aufzuzeigen, d. h., um das aktive Sie-Bewohnen zu fördern, so daß (um ein berühmtes Bild zu verwenden) dort, wo vorher das Es war, das Ich werde, das Subjekt dieser Unternehmung selbst als ethisches Subjekt, das wächst und sich innerhalb der Ausübung und Erfahrung seiner Schrift formt.

Wir könnten uns hier eines Ausdrucks von Peirce bedienen, der von „Blatt-Welt“ spricht, und ihn für unsere Zwecke verwenden. Die ethische Neuschrift, d. h. die Ethik der Auslegung, ist eine besondere Praktik des Welt-Blattes. Sie nimmt das weiße Blatt nicht als bloß materielle Grundlage für eine automatisch geübte Schreibpraktik, sondern als Bild für einen potentiellen Ort der Welt, d. h. für das Bestehen eines Welthorizonts; und so sind auch die Schriftzeichen für sie nicht bloß konventionelle Mittel, um die Bedeutung im Denken und Meinen des Schreibenden mitzuteilen. Die Schriftzeichen ordnen sich auf dem Welt-Blatt an, um so ihr eigenes Auftauchen von Sinn zu zeigen, die Praktik, die sie aktiv erzeugen, sowie die Welt (den Welthorizont), die in ihrem tätigen Sichanordnen und Sicherzeugen Sinn und Gestalt annimmt. Das Welt-

Blatt ist nicht das materielle Analogon eines Sinnereignisses, das woanders geschieht (im „Kopf" des Schriftstellers und des Lesers, in ihren „Seelen"); es ist der Ort des Entstehens, an dem sich ein Sinnereignis selbst darstellt, inbegriffen die „seelischen Dispositionen" von Autor und Leser als determinierte Korrelate jener Schreibpraktik, die hier ausgeübt und in ihren Bewegungen erfahren, mit ihrem Welthorizont sichtbar gemacht und nicht als bloß zweckgebundene *Praxis* im Dienste einer *Theorie* zum Verstummen gebracht wird. Die Theorie stellt sich hier selber als Praktik dar, als ein Weg, der begangen wird, nicht als eine reine Form; sie stellt sich dar im (graphischen) Inhalt ihrer Form.[3]

Was jedoch ein Welt-Blatt wirklich ist, läßt sich nicht in überwiegend zweckgerichteten Worten dartun. Das Welt-Blatt ist die konkrete Ausübung einer Praktik und ist vor allem und zuerst ein Problem des Denkens: ein praktisches (ethisches) Problem des Denkens, d. h. das Problem der Praktik des Denkens selbst, insofern dieses uns als Menschen des Abendlandes kennzeichnet, als Menschen der Theorie (gemäß einem bekannten Ausdruck von Husserl), d. h. der Philosophie, der Wissenschaft und der Technik. Die Praktik des Welt-Blattes als Ethik der Auslegung ist eine Übung, die ihrerseits nicht zweckgerichtet ist, sondern die ihren Zweck in sich selber trägt. Sie ist keine Vorbereitung auf etwas anderes, sondern eine selbstbildende Übung des Subjektseins, d. h. ausgesetzt und bereit gegenüber dem Ereignis, das uns als der Welt der Technik und seiner Produktionspraktiken Eingeordnete konstituiert (in Praktiken, die zahllose „Dinge" produzieren, Informationen, Kultur als Information und allgemein

[3] Gegen die Praktik: C. Sini, Etica della scrittura, Mailand: Il Saggiatore 1992.

die *Weltzivilisation,* die voranschreitet). Das Welt-Blatt ist keine Methode (méthodos) sondern ein Weg (odós), und in diesem Sinn impliziert es ein éthos, eine Gewohnheit, nicht eine Technik oder eine Theorie, die eine Methodenpraxis regiert. Daher erfordert es die Erfindung seiner selbst, das tätige Ins-Werk-Setzen seines Ereignisses als etwas Kontingenten und Abgeschlossenen, als eine Erfahrung, eine Begegnung und einen Ausdruck, in einer jedesmal neu und in ihrer eigenen Ursprünglichkeit sich wiederfindenden Auslegung: keine Regel, sondern bestenfalls ein Exemplum.

So zeigt sich eine dritte und letzte Bedeutung des Wortes „Ethik" im Ausdruck „Ethik der Auslegung". Dieses Wort bedeutet nicht nur „bewohnen" oder „verweilen", das Wohnen, das eine Umkehr der Interessen des Subjekts impliziert (des Subjekts, das den Praktiken unterworfen ist, das sich ihrem Ereignis zuwendet und aussetzt, indem es daraus die Übung bildet, durch die es allmählich Subjekt der Praktiken wird); noch bedeutet es nur die Umschreibung des Ereignisses jeder Praktik in die Praktik des Welt-Blattes als selbstbildenden Weg, Initiierung in die Subjektivität, die dem Ereignis der Welt in ihren Bedeutungshorizonten offen ist. Es ist vielmehr eine Initiierung, die nicht gegen die Methode sich wendet noch jenseits von dieser sich abspielt, sondern nur innerhalb ihrer selbst. Das Wort „Ethik" spielt schließlich auf das tiefe Wesen der Umwälzung an, die sie hervorbringen und befördern will oder, besser gesagt, die sie tatsächlich mit der konkreten Ausübung der Auslegung befördert. Eine Ethik der Auslegung ist nämlich keine Theorie der Auslegung und der Praktiken (mit den damit verbundenen Methoden und der dazugehörigen Anwendungspraxis), aber sie ist auch keine Praktik aller Praktiken im Sinne einer hegemonischen oder archontischen Praktik, die in sich den Sinn aller Praktiken zusammenfaßt und übersetzt, indem sie *die* Wahrheit zeigt. Die Ethik der Auslegung ist keine Praktik, die den Sinn hat, die Wahrheit der anderen Praktiken zu sagen oder zu zeigen, was sie „in Wahrheit" seien. Ihre Ideologiekritik ist keine bloße „Entlarvung" der Ideologien; denn dann wäre sie ihrerseits *eine* Praktik mit einer entsprechenden Ideologie. Noch kann die Frage der Wahrheit (sowohl im Sinne der alétheia als auch der veritas, d. h. der adaequatio) ihr entsprechen, da die Wahrheit ein Gegenstand ist, der gebunden bleibt an das Ereignis der Praktik, die ihn erzeugt. Denn es gibt viele Arten von Wahrheit (oder von Bedeutungen der Wahrheit), entsprechend den unterschiedlichen Arten der Praktiken ihrer Verwirklichung; und auch die sogenannte universale oder absolute Wahrheit ist *eine* Wahrheit, die einer Praktik entspricht (der der Ontotheologie, die auf ganz bestimmte Praktiken des Schreibens und der Stimme zurückweist). Die universale Wahrheit ist nämlich nur die Besonderheit, die „Spezialität" einer Praktik als tätige Verwirklichung ihrer Methode und des ideologischen Aberglaubens, der sie bei der konkreten Beförderung der *Weltzivilisation* begleitet.

Da die Ethik der Auslegung *eine* Praktik ist, macht sie in sich selber die Erfahrung des endlichen Charakters jeder Praktik oder, wenn man so will, des endlichen Charakters der Welt und der Wahrheit. („Welt" und „Wahrheit" sind aber, so genommen, in Wirklichkeit schon Gegenstände einer bestimmten Praxis, d. h. der Praktik der Metaphysik in ihrem theoretischen Sinn und außerdem der Praktik der Wissenschaft und der Technik in ihrem „performativen" Sinn, wie es z. B. dem Ausdruck „experimentelle Kosmologie" zu entnehmen ist: dem Namen eines Faches, das heute expandiert; darüber könnte man lächeln, wenn dieser Name nicht auf eine aktive Praktik der Vermessung mit Instrumenten anspielen würde, der Berechnungen und simulierten Experimente, die jene Berechnungen „verifizieren", d. h. die in gewissem Sinne deren absurde Anmaßung „wahr" werden lassen). Der endliche Charakter der Ethik der Auslegung bringt es mit sich, daß diese sich z. B. bemüht, in ihrem Sinn das Ereignis der Praktik der Philosophie und allgemeiner des abendländischen Wissens umzuschreiben (indem sie es zeigt im Sinneröffnen der Praktik der alphabetischen Schrift usw., aus der die Gegenstände des reinen Verstandes, der transsinnlichen Stimme, des logischen Logos, der „Seele" usw. hervorgehen); das, was sich so zeigt, *ist nicht* die Wahrheit der Philosophie, sondern die Übersetzung und die Aufnahme dieser Wahrheit in ein weiteres Sinnuniversum, dessen Besonderheit das hermeneutische Wohnen ist.

Die „Wahrheit an sich" der Philosophie gibt es nicht und hat es nie gegeben. Es gibt keine Wahrheiten *an sich.*

Entsprechend gibt es auch nicht die Wahrheit-an-sich irgendeiner Praktik. Die Wahrheit einer Praktik kann nur in einer anderen Praktik gesagt werden, die die erste als Teil ihres Ereignisses und ihres Sinnweges annimmt. Dann aber bezieht sich die ausgesagte Wahrheit auf die zweite Praktik (nicht auf die erste), und daß das so ist, kann nur eine dritte Praktik sagen, die beide als ihre Elemente annimmt usw. Das ist übrigens etwas, was immer mit den Praktiken, d. h. mit dem auslegenden Leben des Menschen, passiert, von denen keine rein in sich selbst und isoliert von allen anderen ist. Auch die Philosophie war bei ihrer Entstehung eine Praktik vieler Praktiken (aber das sagen wir heute, ausgehend von unserem sich offenbarenden Ereignis; so erschien es nicht den Begründern, die innerhalb ihres sich offenbarenden, enthüllenden Ereignisses standen). Sie war eine komplexe Praktik, die fortschritt, indem sie in ihrem Sinne auslegte, gemäß Ereignissen, die ihre ursprüngliche Öffnung (die nie an sich existiert hat, sondern immer innerhalb einer ausgelegten Form, einer Praktik der Auslegung) zurückgewannen und sie in immer neuen Zeichen- und Bedeutungsgestalten umschrieben.

Die Ethik der Auslegung erzeugt jedoch tatsächlich eine Konversion, insofern sie sich nicht für den Gegenstand des Wissens interessiert, sondern sich dem Ereignis der Praktik oder der Praktiken zuwendet, die es verwirklichen. Und in diesem Sinne ist sie eben „Ethik“: Sie erzeugt keine neuen Formen oder neuen Inhalte des Wissens (sie übersetzt z. B. nicht die traditionelle Wahrheit der Philosophie in eine wiederum neue philosophische Wahrheit), sondern sie unterweist das vielgestaltige Wissen und seine Methoden darin, in der Figur der dem Ereignis geöffneten Subjektivität zu wohnen, die nicht blinde Sklavin ihrer methodologischen Objektivierung ist. Das geschieht eben, weil die Philosophie schließlich *ihre* Wahrheit durchgesetzt hat, indem sie sie tatsächlich in das methodische Wissen der Wissenschaft und der Geschichtsschreibung *(Historie)* übersetzt hat. Wir können nicht mehr praktisch und „lebendig“ (unmittelbar und direkt) auslegen, wir können nicht mehr zu irgendeinem ursprungshaften odós zurückkehren, zu esoterischem Wissen, zu prophetischen Worten, zu autoritären Praktiken außergewöhnlicher Enthüllungen. Wir können nur die an-archische Methode der Weltzivilisation unendlich fortsetzen, mit ihr die praktische Assimilierung des Sinnes jeder Praktik an den konstitutiv nihilistischen Un-Sinn der „Forschung“ und des Entwurfs einer Anti-Natur (nach dem Modell des Cartesianischen Experiments) betreiben, deren Ereignisse beherrscht werden, insofern sie reguliert und notfalls künstlich reproduziert werden. Niemand kann diesen Prozeß und dieses Ereignis aufhalten, das als gut oder schlecht an sich zu bewerten eine rein ideologische („moralistische") Anmaßung wäre. Jede Bewertung dieser Art verbirgt und verschweigt die Praktik, die sie selber setzt, und das Subjekt, das sich so äußert, ist abergläubisch dieser Praktik unterworfen, d. h., es ist keineswegs ein freies Subjekt, nicht freier als die Subjekte, die es beurteilt.

Wir können jedoch diesen Prozeß und dieses Ereignis bewohnen, wenn wir uns vom Aberglauben, seinem Zwang und seiner ideologischen Anmaßung absoluter Wahrheit befreien. Gerade weil wir, indem wir das tun, die Wahrheit (die immer *eine* Wahrheit ist, diese oder jene) nicht wollen, sondern uns bereitmachen, unsere Interessen festzuhalten, dort, wo das Ereignis, das Ereignis selbst jeder Wahrheit, geschieht, üben wir die Figur des Subjekts in der einzigen Art aus, die auf der Höhe der Probleme sich hält, die die Welt der Technik hervorbringt. Dann bewohnt die Hermeneutik ihren Kreis auf die richtige Art. Das heißt, sie fördert nicht blind das Tun oder das blind machende Tun, das den methodischen Praktiken der Wissenschaft und Technik eigen ist, aber sie unterbricht es auch nicht, indem sie beiseite tritt und sich Orte imaginärer Rettung in Welten hinter der Welt und in abstrakten Utopien erträumt. Die Hermeneutik wurzelt als Ethik der Auslegung *im* Tun selbst, innerhalb der Praktiken des Wissens, die uns schon konstituieren und uns weiterhin konstituieren werden, vor jeglicher von uns getroffenen Entscheidung und Bewertung, und sie wurzelt ein als *neue Erfahrung des Tuns,* neue Figur des Tunkönnens, Sagenkönnens und Schreibenkönnens: nicht Erfahrung eines Fachs (eine neue pilosophía proté oder eine neue Enzyklopädie der Methoden der Naturwissenschaften), sondern eine an-archische Bildungserfahrung für jeden Menschen und für jede Praktik.

Daß dies auf Dauer auch die Intentionalität, die Gegenstände und die Bedeutungen unseres intersubjektiven Tuns, modifiziert, erscheint plausibel. Diese Auffassung orientiert sich jedoch an den Kategorien der Weltzivilisation, die an die „Geschichte“, die „Gesellschaft“, die „Zeit“, den „Fortschritt“ glaubt und an all die anderen Universalien, die von der Praktik des „überblickenden Blicks“ der Philosophie erfunden und von der politischen und technologischen Praktik des Abendlandes in die Wirklichkeit umgesetzt worden sind. Also ist es plausibler, daß der von einer Ethik der Auslegung geformte Mensch durch Veränderung seiner Stellung in der Praxis zugleich diese ideologischen Träume fallen läßt und jedes Interesse an ihnen verliert. Der hermeneutische Mensch, der gegenüber der „endlichen“ Natur jeder Praktik und ihrer relativen „Vollkommenheit“, gerade insofern sie endlich ist, sich öffnet, kann vielleicht den Weg einer spinozischen Freiheit einschlagen: Er führt dorthin, wo die Endlichkeit des modus mit der Unendlichkeit der substantia eins ist und sub specie aeternitatis betrachtet wird.

Hermeneutik
von der Geschichte zur Topologie

Von Vincenzo Vitiello

> Toposforschung?
> Gewiß! Aber im Lichte des zu Erforschenden: im Lichte der U-topie. Und der Mensch? Und die Kreatur? In diesem Licht.
> Welche Fragen! Welche Forderungen! Es ist Zeit, umzukehren.
>
> *Paul Celan, „Der Meridian"*

I. Hermeneutik als Geschichte

1. Die Zusammengehörigkeit von Hermeneutik und Geschichte zeigt sich zunächst als Tatsache, als eine geschichtliche Tatsache. Die Hermeneutik entsteht im Zeitalter der griechischen Aufklärung als τέχνη zum Zweck der Explikation und Kommentierung dichterischer Texte, vor allem der Homerischen. Danach entwickelt sie sich weiter in der alexandrinischen Epoche, in der sie auch bei biblischen Texten angewandt wird. In Rom findet sie auf dem Gebiet der Jurisprudenz ein Feld erfolgreicher Entwicklung: Die Texte, die hier mit aller Aufmerksamkeit analysiert und ausgelegt werden, sind die Sentenzen der antiken Juristen. Die Rechtsordnung empfängt von der Überlieferung ihre legitimierende Kraft.
So ist die Hermeneutik – die literarische wie die religiöse und die rechtskundliche – der Vergangenheit zugewandt. Das sagt uns die geschichtliche Tatsache. Deshalb konnte August Boeckh behaupten, daß, wenn selbst die nicht-

gebildeten Individuen und Völker die Fähigkeit zum φιλοσοφεῖν besitzen, erst recht die gebildeten, d. h. die Individuen und Völker, die eine Kultur bzw. eine Tradition, eine Vergangenheit zu bewahren und zu entwickeln haben, φιλολογεῖν und ἑρμηνεύειν vermögen.[1]
Doch erst bei Dilthey wird diese Zusammengehörigkeit von Hermeneutik und Geschichte in ihrer Wesensnotwendigkeit deutlich. Die Ausgangsfrage beider, von Hermeneutik und Geschichte, ist dieselbe: „Wie kann [...] ein individuell gestaltetes Bewußtsein [...] eine fremde und ganz andersgeartete Individualität zu objektiver Erkenntnis bringen?" (EH 318) Diese Frage ist von großer Bedeutung, insofern sie nicht eine einzelne, sondern jede Erkenntnisform angeht; besser: Sie betrifft den Wissensgrund, das Ich-selbst, gesetzt, daß keine Selbsterkenntnis ohne das Verständnis des anderen möglich ist.

„Erst in der Vergleichung meiner selbst mit anderen mache ich die Erfahrung des Individuellen in mir; nun wird mir erst das von anderen Abweichende in meinem eignen Dasein bewußt, und Goethe hat nur allzu recht, daß uns diese wichtigste unter allen unseren Erfahrungen sehr schwer wird und unsere Einsicht über Maß, Natur und Grenzen unserer Kräfte immer nur sehr unvollkommen bleibt." (Ebd.)

Wo aber gibt es so etwas wie eine objektive Erkenntnis einer fremden und ganz anders gearteten Individualität? In der Sprache. Der andere enthüllt sich mir in der Sprache deshalb, weil diese das gemeinsame Element – der medius terminus – zwischen mir und dem anderen ist. So beruht die Hermeneutik – das heißt: das Verstehen eines anderen Inneren von den sinnlichen Zeichen aus – auf der

[1] Vgl. A. Boeckh, Encyklopädie und Methodenlehre der philologischen Wissenschaften, hrsg. von E. Bratuschek, Leipzig 1886, § 1.

Sprache. Nun gehört die Sprache, insofern sie das gemeinsame Element ist, weder mir noch dem anderen. Sie ist weder mein Tun noch das Tun des anderen. Wir empfangen von der Tradition, der Geschichte die Sprache. Deshalb ist es die Geschichte, welche die hermeneutische Erkenntnis, d.h. das geschichtliche Wissen, zur Objektivität bringt. Das bedeutet: Die Geschichte begründet sich selbst. Die Hermeneutik, als Geschichte, begründet sich selbst.

Das ist ein Zirkel, über den nachgedacht werden muß, zumal weitere Zirkel sich in ihm verbergen, so vor allem dieser: Die Frage nach der Möglichkeit, den anderen als solchen zu erkennen, erwächst aus der Erfahrung der eigenen Individualität, aber diese Erfahrung setzt genau die Erkenntnis des anderen voraus. Wenn ich nun das Bewußtsein meiner selbst erst aufgrund des Verstehens des anderen gewinne, ist diese Frage dann nicht schon aufgehoben, ehe sie gestellt ist? Hat die Frage nach der Erkenntnismöglichkeit des anderen in der konkreten Erfahrung, die ich von mir selbst stets mache, nicht im voraus eine Antwort gefunden?

2. Diltheys methodologische Reflexion über die Wissenschaft war weitaus mehr vom Berkeleyschen und Humeschen Empirismus beeinflußt als vom Kritizismus Kants, der ihr in seinen Grundzügen fremd blieb. Selbst der Satz der Phänomenalität – „der oberste Satz der Philosophie“ nach Dilthey[2] – hat mit Kant sehr wenig zu tun. In Diltheys Auslegung ist das Bewußtsein empirisch und psychologisch, nicht transzendental. Dieses Mißver-

[2] Vgl. W. Dilthey, Beiträge zur Lösung der Frage vom Ursprung unseres Glaubens an die Realität der Außenwelt und seinem Recht, in: Gesammelte Schriften Bd. V, hrsg. von G. Misch, Stuttgart, Göttingen 1968, 90 f.

ständnis hat freilich eine lange Geschichte, die man mit Hegel – wenn nicht früher – beginnen lassen kann. Es ist durch das Nichtverstehen des Grundcharakters der Analytik der Grundsätze bedingt. In diesen – und insbesondere in der Analogie der Erfahrung – kommt ans Licht, daß das transzendentale Bewußtsein, das Ich-denke, nichts Subjektives ist, insofern es der Erscheinungshorizont der Seienden (τὰ φαινόμενα) und deshalb ihr Verstehenshorizont ist. Darin liegt, daß es nicht *zuerst* die einzelnen sinnlichen Bestimmungen (die atomaren Tatsachen) und *danach* die strukturalen (kategorialen) Verstandeszusammenhänge gibt. Es gibt keine atomaren, sondern immer nur in bestimmten Verstehenshorizonten eingeführte Tatsachen. Das „a priori" ist dies und nichts anderes. Wie Zeit und Raum keine der sinnlichen Materie *hinzugefügten* Gestalten sind – insofern sie den Horizont ausmachen, in dem und gemäß dem die sinnliche Materie vorhanden ist und außerhalb dessen sie nicht ist –, so sind auch die logischen Beziehungen der Quantität, Qualität, Relation und Modalität keine den räumlich und zeitlich geordneten Tatsachen *angefügten* Formen. Aber daraus folgt auch, daß es nicht *zuerst* Zeit und Raum gibt und *dann* die logisch-kategorialen Zusammenhänge, sondern daß Zeit und Raum je schon logisch-kategorial bestimmt sind. Um uns auf die Form der Zeit zu beschränken, ist festzuhalten, daß es in der Natur niemals einen bloßen Ablauf von Augenblicken gibt, sondern immer nur eine kausale Abfolge von Ereignissen. Kants transzendentale Veränderung des psychologisch-empiristischen Prinzips der Humeschen Explikationsbeziehung ist wahrhaft eine radikale Umwendung, d. h. nicht „post hoc, ergo propter hoc", sondern im Gegenteil „propter hoc, ergo post hoc". All dies bleibt, wie gesagt, Diltheys Nachdenken über den Kritizismus ganz fremd. Bei Dilthey liegt der methodologische Vorrang der Geisteswissenschaften gegenüber den Naturwissenschaften genau darin, daß die Geisteswissenschaften, insofern sie über die unmittelbare faktische Lebenserfahrung nachdenken und das faktische Leben eine in dynamischen Strukturen artikulierte Einheit ist, auf den konkreten Wirkungszusammenhängen beruhen, während die Naturwissenschaften den sinnlichen atomaren Gegebenheiten die Verstandesbestimmungen nur hinzufügen können, weswegen sie sich auf die Hypothese gründen. Daraus folgt die Verwertung der naturwissenschaftlichen Methoden in der Psychologie. Die Psychologie – als Grundwissenschaft für die anderen Geisteswissenschaften – muß bei den strukturalen, direkt erfahrenen Lebenszusammenhängen anfangen, um sie zu zergliedern und zu beschreiben. Die Hypothese, die in den Naturwissenschaften eine entscheidende Rolle spielt, ist nur ein Hilfsmittel in der Psychologie, deren eigentliches Forschungsverfahren der Vergleich ist, kraft dessen allein die Analyse (die Zergliederung) und die Beschreibung vorgenommen werden können.[3]

Es ist begreiflich, daß in dieser Hinsicht der erste Kantische Begriff, den Dilthey kritisieren zu müssen meinte, derjenige der Zeit war. Diese ist – so sagt er – keine „subjektive“, den sinnlichen Gegebenheiten hinzugefügte Form; sie ist kein bloßer Schein, sondern die Wirklichkeit des Lebens, das in den Wirkungszusammenhängen der Gegenwart, die als ihre Bedingung die Vergangenheit und als ihren Entwicklungshorizont die Zukunft hat, wirklich ist. Nun erwähnen wir diese Kritik – die in der methodologischen Reflexion Diltheys konstant blieb – nicht, um ein weiteres Mal ihre schon vermerkte Inkon-

[3] Vgl. W. Dilthey, Ideen über eine beschreibende und zergliedernde Psychologie, in: Gesammelte Schriften Bd. V, a. a. O. 1. und 4. Kap.

gruenz hinsichtlich Kants Lehre zu betonen, sondern um diese aufschlußreiche Tatsache aufzuzeigen: Genau dort, wo Dilthey meint, sich von Kant am meisten zu entfernen, nähert er sich ihm (vgl. AgW 152 f.). Der Strukturzusammenhang des Wissens – vor allem jener der Zeit –, der in den Geisteswissenschaften unmittelbar aus dem Leben auftaucht, ist nichts anderes als der Kantische Erscheinungshorizont, in dem und durch den die Seienden als solche erscheinen. In der Analyse der Geisteswissenschaften gelingt es Dilthey, das wiederzugewinnen, was Kant aufgrund der mathesis universalis – der neuzeitlichen, Cartesianisch-Leibnizianischen Neuauslegung eines griechischen, genauer Platonisch-Aristotelischen Begriffs[4] – erklärt hatte: den Begriff des Zusammenhangs als des apriorischen, für das Verständnis der Erscheinungen (der Seienden als solcher) notwendigen Horizonts; anders ausgedrückt, den Begriff der ontologischen Wahrheit als Möglichkeitsbedingung aller ontischen Wahrheit.

Dies ist der Gesichtspunkt, unter dem wir unser Thema des Zirkels der geschichtlich-hermeneutischen Erkenntnis wieder aufnehmen wollen.

3. Die Sprache ist, so sagten wir, weder mein Tun noch das Tun des anderen, welchem ich begegne. Aber ich erfahre die Sprache zunächst innerhalb des umgrenzten und einzelnen Tätigkeitsgebiets meines Ich. Freilich, schon in dieses beschränkte Gebiet sind die mir näheren und vertrauteren Personen miteinbezogen. Aber das Bewußtsein der sprachlichen Gemeinschaft ist eine Folge und nicht „a priori“. Durch die Erweiterung meiner in-

---

[4] Vgl. M. Heidegger, Die Frage nach dem Ding (Gesamtausgabe Bd. 41), Frankfurt a. M. 1984, § 18.

tersubjektiven Beziehungen entsteht und entwickelt sich mein Bewußtsein der ursprünglichen sprachlichen Gemeinschaft. Das Bewußtsein, daß die Sprache das ursprüngliche *Wir* aller *Ich* ist, bildet sich geschichtlich aus – das Sprachbewußtsein allein oder auch die Sprache selbst? Ist nicht die Sprache, als solche, geschichtlich? Auf welche Weise ist die Sprache ins Bewußtsein und in die Geschichte einbezogen, und in welchem Maß ist sie es? Hier, das ist selbstverständlich, steht die Sprache für „a priori". Das heißt: Alles „a priori" ist mit dieser Frage in Frage gestellt. Die Sprache ist aber nicht nur ein Beispiel für Zusammenhang, vielmehr ist sie der exemplarische Zusammenhang.

So entsteht die Erfahrung der Sprache als begrenzte, im Anfang auch individuelle, persönliche Erfahrung. Das Prius ist diese individuelle Gegebenheit. Aber schon die Analyse dieser meiner persönlichen Erfahrung zeigt mir im Bereich meiner Gegenwart – in der Familie vor allem – und im Bezug, den meine jetzige Gegenwart zur Vergangenheit hat, die nicht nur die meinige, sondern auch die Vergangenheit von anderen ist, einen lebendigen Zusammenhang. Der sprachliche Zusammenhang, von dem mein Sprechen lebt, offenbart sich der Analyse als das wahre Vorausgesetzte – das wahre Prius. Das Prius des Prius – wenn jene Erfahrung, mit der ich begann, durch das ermöglicht ist, was sich mir erst in der weiteren Erfahrung enthüllt.

Die individuelle sprachliche Erfahrung ist das ontische Prius, der intersubjektive Sprachzusammenhang das ontologische. Diese Unterscheidung scheint aber nicht haltbar zu sein. Wenn das Individuum, das einzelne ein Erstes, ein Anfängliches (Prius) – wenn auch nur ein *ontisches* – ist, so ergibt sich daraus, daß die Erkenntnis des einzelnen außerhalb der Erkenntnis des (universellen, typischen) Strukturzusammenhangs, der es ermöglicht, selbst möglich ist. Das aber ist für Kant eine Absurdität: Das einzelne ist erst innerhalb des Erscheinungshorizonts, in den es gehört, verständlich. Für Kant ist es so, und wir können jetzt, da wir uns im Bereich der Geisteswissenschaften bewegen, sofort hinzufügen: und auch für Dilthey. Dilthey verwirft in der Tat die Unterscheidung Windelbands, nach der die Naturwissenschaften nomothetisch sind, da ihr Zweck der Erforschung und der Erkenntnis der allgemeinen Gesetze gilt, während die geschichtlichen Geisteswissenschaften, idiographische genannt, die Erkenntnis des einzelnen, des Individuellen, zum Gegenstand haben.[5]

Die Erkenntnis des Individuums ist nur aufgrund des Vorgriffs der es ermöglichenden (herstellenden) Strukturzusammenhänge möglich. Daraus ergibt sich, daß es außerhalb der Strukturzusammenhänge des Wissens keine Erfahrung des einzelnen als solchen gibt.

Was kann nun aber die Behauptung sagen, das Individuum sei das *ontische Prius*? Was bedeutet hier „ontisch", was „ontologisch"? Und was für ein Verhältnis besteht zwischen dem Ontischen und dem Ontologischen?

Die Strukturzusammenhänge wirken im Bewußtsein, auch wenn sie nicht im Zentrum der thematischen Aufmerksamkeit stehen. Anders gesagt: In der ontischen Erkenntnis ist die ontologische Wahrheit nicht abwesend, sondern sie bleibt im Untergrund. Auch bevor ich über die intersubjektiven sprachlichen Strukturen meiner Rede nachdenke, wende ich mich im Sprechen den anderen zu. Das Bewußtsein der Intersubjektivität begleitet stets mein sprachliches Verhalten, mag es auch erst in der

[5] Vgl. W. Dilthey, Beiträge zum Studium der Individualität, in: Gesammelte Schriften Bd. V, a. a. O. 256 f.

Folge thematisch werden. Das Ontische ist vom Ontologischen nicht geschieden, es ist vor-ontologisch. Der Unterschied ist also nicht ein solcher der Natur, sondern des Grades, des Mehr oder Weniger. Das besagt: Das Leben ist mir unbewußt. Wirklich gebraucht Dilthey dieses Wort: „unbewußt" (vgl. EH 335), um das unmittelbare Leben anzudeuten, und ferner vergißt er nicht, sich auf das hermeneutische Prinzip Schleiermachers zu berufen, demgemäß der Auslegende den Autor noch besser versteht, als dieser sich selbst verstanden hat. Bei Dilthey ist das Unbewußte deswegen richtiger „Vorbewußtes" zu nennen. Im Wesen des Lebens liegt das Sich-zu-Bewußtsein-Bringen, zu einem immer intensiveren, in das Thema immer mehr eindringenden Bewußtsein. Es liegt im Wesen des Lebens, sich auszudrücken, sich auszusetzen: hervorzubringen – in die Welt, sich zu objektivieren. In dieser Hinsicht ist die Sprache die tiefe Bestimmung, das Geschick des Lebens. „Darin liegt", so Dilthey, „daß in der Sprache allein das menschliche Innere seinen vollständigen, erschöpfenden und objektiv verständlichen Ausdruck findet" (EH 319). Daraus folgt die des öfteren wiederholte Behauptung, daß die Kunst niemals lügen könne, insofern ihre allgemeine Sprache das Leben als solches – auch mit allem Lug und Trug – zum Ausdruck bringt. Die Sprache ist der Ort der Wahrheit – auch für Lüge und Betrug.

Indem das Leben sich ausdrückt, verwirklicht es sich selbst, sein Wesen. Da es nicht ganz ausgebildet und vollkommen ist, bevor es ausgedrückt ist, ist es allein wirklich im Sichausdrücken. Vor dem Sichausdrücken ist es überhaupt nicht. Das Wesen ist der Samen, der keimen, wachsen, zu Blume und Frucht werden muß. Das Leben hat in jedem Augenblick das Bewußtsein, den Ausdruck, der diesem Moment angemessen ist. Das Wesen ist ein

Wirkungszusammenhang, eine wirkende Kraft, die eine solche nur dann ist, wenn sie sich erweitert, verwirklicht, objektiviert. Die Wahrheit der Geschichte beruht daher auf der Geschichtlichkeit des Wahren. Durch seine Objektivierung wird das Leben zu einem wahren. Der Fortgang der Objektivierung – des Ausdrückens – ist der Fortgang der Wahrheit. Das heißt: Das Leben wird immer wahrer, die Geschichte geschichtlicher. Da Dilthey die Absicht hat, die Geschichte zu vergeschichtlichen, walzt er den Zirkel Geschichte-Bewußtsein, Geschichte-Hermeneutik zu einer Geraden aus. Die Geschichte ist Geschichte: Sie vergeschichtlicht sich selbst, im geschichtlichen Bewußtsein. Die Geschichte ist im wesentlichen Sinne *voranschreitend, fortgehend.*
Mit einer kleinen Änderung könnte man Dilthey eine Behauptung unterschieben, die man in der Vorrede von Hegels „Phänomenologie des Geistes" liest: „Die Kraft des Geistes ist nur so groß als ihre Äußerung, seine Tiefe nur so tief, als er in seiner Auslegung sich auszubreiten und sich zu verlieren getraut."[6] Die kleine Änderung betrifft das Wort „Geist", das in Diltheys Kontext durch „Leben" zu ersetzen wäre. Doch näher betrachtet, ist diese Modifikation unwesentlich. Bei Dilthey ist das Leben je schon Geist, und nicht *unbewußter* Geist, wenn das Leben ursprünglich Geschichte und Sprache – Bewußtsein – ist.

4. Der Abschnitt, den Gadamer in „Wahrheit und Methode" Dilthey widmet, trägt den vielsagenden Titel: „Diltheys Verstrickung in die Aporien des Historismus". In Wirklichkeit reduzieren sich die Aporien auf eine einzige, aber entscheidende Aporie: Dilthey gelingt es nicht,

[6] G. W. F. Hegel, Phänomenologie des Geistes, Hamburg 1952, 15.

die Geschichtlichkeit des geschichtlichen Bewußtseins zu begründen. Und wenn er einerseits die idealistische Metaphysik der Geschichte (die Hegelsche insbesondere) kritisiert, teilt er andererseits mit Hegel das Ideal der absoluten Selbstdurchsichtigkeit des geschichtlichen Bewußtseins. Gadamer kennzeichnet die Differenz zwischen Dilthey und Hegel so: „Nicht im spekulativen Wissen des Begriffs, sondern im historischen Bewußtsein vollendet sich das Wissen des Geistes von sich selbst." (WM 233 f.)

Die Übernahme des Hegelschen Ideals der Selbstdurchsichtigkeit – die die Überwindung der geschichtlichen Bedingtheit und Relativität des geschichtlichen Bewußtseins einschließt – ist keine Abweichung vom anfänglichen Programm, sondern im Gegenteil seine Voraussetzung. Bei Dilthey legt das Leben sich selbst aus, und das ist nur möglich, insofern, wie gezeigt, das Erleben sich im Ausdruck verwirklicht. Die strukturelle Sprachlichkeit des Lebens, die Bestimmung des Lebens zum Ausdruck, bringt die Absolutheit des geschichtlichen Bewußtseins mit sich. Was Gadamer kritisiert, ist die methodologische Voraussetzung, „die Gleichartigkeit von Subjekt und Objekt" (WM 226). Unter diese Kritik fällt Vicos Grundsatz des „verum ipsum factum", den Dilthey aufnahm: „Die erste Bedingung für die Möglichkeit der Geisteswissenschaften liegt darin, daß ich selbst ein geschichtliches Wesen bin, daß der, welcher die Geschichte erforscht, derselbe ist, der die Geschichte macht." (PFAgW 278; zit. in WM 226)[7]

Aus dieser Übernahme der idealistischen erkenntnistheoretischen Grundvoraussetzung folgt notwendig, so argu-

[7] Gadamer bemerkt: „Aber wer macht eigentlich die Geschichte?" (WM Anm. 92).

mentiert Gadamer, die Preisgabe des Unterschieds von Geistes- und Naturwissenschaften, an den Dilthey strikt festhielt. Und in der Tat ist das auf den ursprünglichen Zusammenhang von Leben und Wissen (das Prinzip Vicos) gegründete Ideal der absoluten Selbstdurchsichtigkeit der Geschichte im geschichtlichen Bewußtsein eben das Ideal der von den Naturwissenschaften geforderten absoluten Begründung.

Aber dieses cartesianisch-aufklärerische Ideal liegt mit dem Antiintellektualismus, der trotz allem Diltheys Nachdenken über das Leben bewegt, im Streit. Daraus ergibt sich Diltheys Schwanken zwischen dem Ideal wissenschaftlicher Gewißheit und der Erfahrung des Gewichts der Lebensungewißheit, das auf der konkreten Geschichte lastet. Letzlich behält die cartesianische Richtung die Oberhand: Dilthey „erwartet die Überwindung der Ungewißheit und Ungesichertheit des Lebens nicht so sehr von der Festigung, die die Einformung in die Gesellschaft und die Lebenserfahrung verleiht, sondern von der Wissenschaft" (WM 243). Auf diese Weise gibt Dilthey letzlich die Geschichtlichkeit im unzeitlichen hermeneutischen Verstehen der Vergangenheit preis. Gegen Ende des Kapitels entfaltet Gadamer eine Kritik an Dilthey, in die auch Schleiermacher, der wahre Lehrmeister Diltheys, einbezogen wird:

„Bei Schleiermacher [...] ist das Vorbild seiner Hermeneutik das im Verhältnis vom Ich zum Du erreichbare kongeniale Verstehen. Verstehen von Texten hat die gleiche Möglichkeit vollkommener Adäquation wie das Verstehen des Du. Die Meinung des Autors ist aus seinem Text unmittelbar zu ersehen. Der Interpret ist mit seinem Autor absolut gleichzeitig. Das ist der Triumph der philologischen Methode, vergangenen Geist so als gegenwärtigen, fremden als vertrauten zu erfassen. Dilthey ist von diesem Triumph ganz und gar durchdrungen. Er gründet darauf die Ebenbürtigkeit der Geisteswissenschaften. Wie die naturwissenschaftliche Erkenntnis stets ein Gegenwärtiges auf einem in ihm gelegenen Aufschluß befragt, so befragt der Geisteswissenschaftler Texte." (WM 245)

5. Das Ideal der absoluten Selbstdurchsichtigkeit im geschichtlichen Bewußtsein tilgt so den eigentlichen Geschichtscharakter: das In-der-Zeit-Sein. Aber dieses Ideal beruht – wie oben gezeigt – auf der idealistischen Voraussetzung der Gleichartigkeit von Subjekt und Objekt des geschichtlichen Verstehens. Gegen diese Voraussetzung behauptet Gadamer, sich auf Heidegger berufend, die „Diesigkeit" des Lebens und der Geschichte.[8] Die Selbigkeit der Geschichte, die Identität des Geschehens, ist in sich selbst *different,* weil das Leben immer über sich selbst hinaus, die Geschichte gegenüber sich selbst anders ist. Dieses Zu-sich-selbst-Anderssein betrifft nicht nur die Zukunft, die beständige Erweiterung des geschichtlichen Horizonts, es geht vor allem die Vergangenheit an, die in ihrem Erfaßtsein niemals besessen wird. In der Tat ist eben der Nichtbesitz der Vergangenheit die Bedingung dafür, daß die Zukunft sich öffnet. Die Vergangenheit wird nie besessen, weil schon die Gegenwart niemals sich selbst besitzt. Das Verstehen ist immer *dif-ferent:* selbst das Verstehen der Gegenwart. „Nicht nur gelegentlich, sondern immer übertrifft der Sinn eines Textes seinen Autor. Daher ist Verstehen kein nur reproduktives, sondern stets auch ein produktives Verhalten." (WM 301) Die zeitliche Differenz wirkt auf die Gegenwart selbst, die immer über sich hinaus ist. Um diesen ausgesprochen anticartesianischen Satz mit Descartes' Worten zu formulieren, können wir sagen, daß das cogito nie sein esse und deswegen das sum stets die

---

[8] Vgl. insbesondere H.-G. Gadamer, Heideggers Wege, Tübingen 1983, 56.

Zukunft seiner selbst ist – seiner Vergangenheit, seines esse. Die Gegenwart ist der Ort der Differenz, der zeitlichen Differenz, sie selbst ist durch und durch von Differenz durchdrungen, in dem Sinne, daß sie eigentlich nicht ist, sondern sich über sich selbst hinaus setzt. Das ist die Heideggersche Auffassung der Zeit als des „ἐκστατικόν schlechthin", als des „ursprünglichen ‚Außer-sich' an und für sich selbst" (SZ 329).

Die Selbigkeit von „verum" und „faktum" ist so zerbrochen – von der Zeit, die ursprünglich das Faktum, die Gegenwart, teilt. Daher kann sich das geschichtliche Verstehen nicht die Überwindung der Zeit zum Ideal nehmen, um eine nie gewesene Identität zu gewinnen, sondern es hat sich in der Zeit zu verwurzeln, seine eigene Zeitlichkeit und geschichtliche Relativität zu erkennen. „Ein wirklich historisches Denken muß die eigene Geschichtlichkeit mitdenken." (WM 305)

Die Zeit, die die Gegenwart von sich selbst scheidet, trennt die Gegenwart von ihrer Vergangenheit, nicht nur sofern sie beide voneinander entfernt, sondern auch sofern sie sie einander nähert. Die Vermittlung selbst entfernt sie, indem sie sie nähert. Das heißt: Der Zeitabstand „ist nicht ein gähnender Abgrund, sondern ist ausgefüllt durch die Kontinuität des Herkommens und der Tradition, in deren Lichte uns alle Überlieferung sich zeigt" (WM 302). Gerade die Kontinuität von Abkunft und Tradition läßt den Abstand wachsen. Der Blick auf die Vergangenheit geht durch die Linse der Tradition hindurch. Immer bedingt eine Vergangenheit unsere Sicht auf die Vergangenheit. Die Geschichte vergeschichtlicht sich selbst im zeitlichen und endlichen Selbstbewußtsein.

Die Vergangenheit, die das Verstehen von Vergangenheit bedingt, ist das Vor-Urteil, das heißt der Vor-Horizont alles Verstehens des Seienden als solchen, so daß die

Vergangenheit für den Interpreten durch eine zweifache Gegebenheit gekennzeichnet ist: die Gegebenheit des Seienden als solchen, dem der Interpret sein Interesse zuwendet, und die Gegebenheit des Verstehenshorizontes. Zweifach ist also die Endlichkeit des Auslegens, und es ist eine ganz und gar geschichtliche Endlichkeit, wenn der Vor-Horizont des Verstehens selbst geschichtlich ist. Gadamer will den geschichtlichen Horizont innerhalb der Geschichte halten, um die Aporien des Historismus zu vermeiden.

In diesem Vorgang radikaler Vergeschichtlichung sind keine anderen, keine Individualität oder Persönlichkeit zu verstehen, keine Mentalität und kein Epochengeist nach seinen Begriffen, seiner Weise des Erfahrens und Sichausdrückens wiederzugeben, gemäß den Regeln des naiven Historismus. Die Aufgabe ist, eine *Wahrheit* hervorzubringen, gewiß auf der Basis der überlieferten Vorurteile, aber eben doch stets hervorzubringen. Habermas' Kritik, nach der Gadamers Hermeneutik auf die Tradition und die Vergangenheit zugeschnitten sei,[9] trifft nicht zu. In Gadamers Theorie – vielleicht auch über die Absicht ihres Autors hinaus – ist die hermeneutische Wahrheit nie schon zustande gebracht, sondern immer herzustellen. Die Wahrheit einer Individualität ist nie aufgrund dessen zu verstehen, was sie gedacht hat, sondern die Wahrheit eines Textes ist allein immer wieder auszulegen. „Verstehen", schreibt Gadamer, Dilthey und Schleiermacher zugleich kritisierend, „ist in Wahrheit kein Besserverstehen, weder im Sinne des sachlichen Besserwissens durch deutlichere Begriffe, noch im Sinne der grundsätzlichen Überlegenheit, die das Bewußte über das Un-

[9] Vgl. insbesondere J. Habermas, Zur Logik der Sozialwissenschaften, Tübingen 1967, Kap. III, § 3.

bewußte der Produktion besitzt. Es genügt zu sagen, daß man *anders* versteht, *wenn man überhaupt versteht.*" (WM 302) Die hermeneutische Wahrheit liegt gänzlich in diesem „*anders*", d. h. in der Differenz, in der Überlieferung, der Über-setzung, besser: in der Anwendung.

6. Die Anwendung spielt eine grundlegende Rolle in Gadamers Hermeneutik. Sie zeigt wirklich die dem Vor-Urteil eigene Offenheit auf die Zukunft. Worauf es in Wahrheit ankommt, ist nicht der an und für sich genommene Verstehenshorizont, sondern das, was er uns verstehen läßt. Nicht am Allgemeinen an und für sich, sondern am Einzelnen und Besonderen ist die geschichtliche Erkenntnis interessiert. Deswegen mißt sich der Verstehenshorizont an demjenigen, was er verstehen läßt. Das Verstehen, die hermeneutische τέχνη, ist genau diese Fähigkeit, dem besonderen Fall eine Regel anzumessen, sie anzuwenden. Gadamer beruft sich auf die Jurisprudenz. Was das Wissen des Juristen kennzeichnet, ist nicht die Erkenntnis der Gesetze – dies ist nur die Voraussetzung seiner Tätigkeit –, sondern die Wahl des Gesetzes, das dem einzelnen Fall angemessen ist, und der diesem Gesetz adäquaten Auslegung. Dieses hermeneutische Wissen hat nicht die Richtigkeit der mathematisch-wissenschaftlichen Erkenntnis, sondern die Flexibilität der prudentia (φρόνησις), die aus Lebenserfahrung entsteht. Dieser Mangel an Richtigkeit ist kein Fehler. Schon Aristoteles lehrt, daß man in den Reden der Rhetorik nicht die Richtigkeit (τὸ ἀκριβές) der mathematischen Demonstrationen finden kann, so wie es nicht zulässig ist, von der Mathematik die Überzeugungskraft der Rhetorik zu verlangen (vgl. NE A 1094 b 12-27). Gadamer, der der wissenschaftlichen Methode die hermeneutische entgegensetzt, sieht in der Interpretation ein praktisches Wis-

sen, ein im Sinne Aristoteles' ethisches. Der Interpret ist der φϱόνιμος, der nicht das Ziel, die Gesetze (den Verstehenshorizont), die ihm gegeben, überliefert sind, wählt, sondern die Mittel, die der Erreichung desselben angemessen sind. Hermeneutik ist die Vermittlungskunst κατ'ἐξοχήν, welche im faktischen Leben und in der Geschichte sich vollzieht, wo Gesetz und Zufall, das Bleibende und das Veränderliche sich verflechten, wo das eine aus dem anderen, das andere aus dem einem entsteht. So wird das Vor-Urteil, das, als der medius terminus zwischen der Gegenwart des Interpreten und der Vergangenheit des Textes, die schon-geschichtliche Vergangenheit und die schon-geschichtliche Gegenwart vergeschichtlicht, seinerseits durch die Anwendung auf den besonderen Fall, den einzelnen Text oder das individuelle Werk vergeschichtlicht, wobei diese Anwendung so zur Ausbildung eines ausgedehnteren Horizonts, einer weiteren geschichtlichen Beständigkeit beiträgt.

Das Anderssein der Geschichte zeigt sich dem Interpreten im Entstehen einer Frage. Es ist der Interpret, der die Frage stellt. Etwas geschieht, und das Geschehen läßt die Frage entstehen: τὶ ἐστιν? Die Frage geht über den Auslegenden hinaus. Die Subjektivität des Fragens gewinnt man allein in und mit der Antwort. Beim Antworten auf die Frage führt der Auslegende das Fremde zu sich, das Anderssein des Geschehens zur Vertrautheit der Geschichte zurück, die uns gehört, weil sie uns angeht. In der Antwort wird die Frage zu unserer Frage. Dies bedeutet, daß die Hermeneutik immer in einem „Zwischen" operiert.[10] Keine Frage, die nicht auch eine Antwort erweckt. Hermeneutik hält sich immer *zwischen* Frage und Antwort: nie in der Vergangenheit des Textes,

[10] „In (dem) Zwischen ist der wahre Ort der Hermeneutik." (WM 300)

nie in der Gegenwart eines bloßen Verstehens, sondern immer in der vorbeurteilten Auslegung, die auf den besonderen Fall die Regel (den vorgegebenen Verstehenshorizont) anwendet. Die hermeneutische Vermittlung ist eine Vermittlung von Vermittlungen, eine Geschichte, die sich selbst stets vergeschichtlicht.

7. Worin liegt die Bedingung der Möglichkeit zur unendlichen Vermittlung, die das hermeneutische Wissen auszeichnet?

Wenn wir zum Problem der φρόνησις (Klugheit) zurückkehren, wie es Aristoteles in der „Nikomachischen Ethik" – dem von Gadamer bevorzugten Text – behandelt, kann diese Frage präzisiert werden.

Die φρόνησις unterscheidet sich von der Geschicklichkeit (δεινότης) (vgl. NE Z 1144 a 23 f.), insofern sie nicht nur subtilitas applicandi ist, sondern das Vermögen, auf einen guten Zweck die Mittel anzumessen und anzuwenden. Aber der gute Zweck ist nicht von der φρόνησις gesetzt, sondern ihr gegeben – wovon gegeben?

Aristoteles sagt: Das Gute zeigt sich allein dem guten Menschen, dem Naturbegabten (εὐφυής). Aber die gute Natur (εὐφυΐα) – das heißt, der Wahrheit gemäß zu urteilen und das Gute zu wählen – gewinnt man nicht, erlernt man nicht von anderen, sondern man besitzt sie von Geburt an, wie den Gesichtssinn (vgl. NE Γ 1114 b 6-13). Die gute Natur ist also die absolute Voraussetzung – die nie *gesetzt* werden kann, wenn alle Setzung erst durch sie möglich wird. Die gute Natur ist die Bedingung aller Vermittlungen – unbedingte, unmittelbare und nicht vermittelbare Bedingung. Warum unbedingt? Wird sie selbst nicht geübt? Besser: Soll nicht gerade sie, vor allem sie, geübt werden? Gadamer erwähnt das Aristotelische Beispiel der linken Hand, die von Natur aus (φύσει) schwächer ist als die rechte. Trotzdem kann sie durch Übung so stark werden, daß sie der Kraft der anderen gleichkommt.[11] Das Beispiel ist sehr überzeugend. Tatsächlich bildet sich die φρόνησις durch die Erfahrung aus. Das wird dadurch bezeugt, „daß man in jungen Jahren ein Geometer und Mathematiker und ein Weiser oder Kundiger in solchen Disziplinen, doch schwerlich klug (φρόνιμος) werden kann. Der Grund dafür ist der, daß die Klugheit (φρόνησις) sich auch auf das Einsehen bezieht, das man nur durch die Erfahrung kennenlernt, die eben dem jungen Mann fehlt (νέος δ'ἐμπείρος οὐκ ἔστιν), da sie nur die Frucht langer Jahre ist." (NE Z 1142 a 11-15) Die Voraussetzung – die gute Natur, das Vermögen, die guten Zwecke zu beurteilen und zu wählen – scheint an die Zeit gebunden zu sein. Trifft das zu? Aristoteles behauptet dort, wo er erklärt, warum „ein Jüngling kein geeigneter Hörer der Staatswissenschaft ist" (hier wird an die Verbindung zwischen φρόνησις und πολιτική erinnert [NE Z 1141 b 23 f.]), daß der junge Mann geneigt ist, seinen Leidenschaften zu folgen; und er fügt hinzu: „Es macht hier auch keinen Unterschied, ob einer an Alter oder an Charakter der Reife ermangelt. Denn der Mangel hängt nicht von der Zeit ab, sondern kommt daher, daß man der Leidenschaft lebt und nach ihr seine Ziele wählt." (NE A 1095 a 6-8) Nicht die Zeit bestimmt also die Natur, sondern umgekehrt die Natur die Zeit. Die Zeit kann die Natur höchstens vervollkommen, aber nie herstellen. Genau im Sichüberlassen an die Zeit entzieht sich ihr die Natur. Die Erfahrungsvermittlung, alle Zeitvermittlung, wächst und beruht auf einem beständigen, verharrenden Grund, setzt einen absoluten

---

[11] Vgl. H.-G. Gadamer, Le problème de la conscience historique, Louvain/Paris 1963, 59.

und unbedingten Anfang voraus, der sie stets begleitet und trägt.
So bei Aristoteles. Aber bei Gadamer? Was ist der absolute Anfang, die Voraussetzung aller Vermittlung, der nichtgeschichtliche Grund aller Geschichte und Vergeschichtlichung der Geschichte?
Die Sprache. Sprachlich ist der Text, sprachlich der Verstehenshorizont des Textes (das Vor-Urteil), sprachlich die Auslegung. Die Sprache ist bei Gadamer das Sein selbst: „Sein, das verstanden werden kann, ist Sprache." (WM 478) Sein und Sprache, Sprache und Welt besagen dasselbe: „Die Welt [ist] nur Welt, sofern sie zur Sprache kommt." (WM 447) Aber die Welt kommt zur Sprache nicht als *Objekt,* sondern als „das umfassende Ganze" (WM 456). Das bedeutet: Welt und Sprache sind der Horizont unseres Erfahrens, kein geschichtlich bestimmter Horizont, sondern der Horizont aller geschichtlichen Bestimmung von Horizonten. Wenn wahr ist, daß Welt geschichtliche Welt und Sprache geschichtliche Sprache ist, ist es auch nicht weniger wahr, daß jede geschichtliche Welt Welt ist, jede geschichtliche Sprache Sprache. Die Sprachlichkeit der Sprache, die Weltlichkeit der Welt ist dasjenige der Welt und der Sprache, welches sich aller Geschichte und aller Zeit entzieht, sofern es der unendliche Horizont der Zeit und der Geschichte ist. Mit Blick auf diesen unendlichen Horizont der Sprachlichkeit kann Gadamer behaupten: „In jeder Sprache [liegt] ein unmittelbarer Bezug auf die Unendlichkeit des Seienden." (WM 457)
Die radikale Geschichtlichkeit von Gadamers Hermeneutik kann die Bedingung der Möglichkeit von geschichtlicher Zeit nicht vergeschichtlichen, kann ihre *Möglichkeit* (δύναμις) der Vergeschichtlichung nicht vergeschichtlichen. Hinsichtlich dieser Bedingung der

Möglichkeit – hinsichtlich der Sprache – gibt es keine hermeneutische *Diesigkeit,* wenn Diesigkeit selbst erst durch die Sprache möglich ist. Ein Wort, ein geschriebener Text oder eine Rede können mir *diesig* – d. h.: nicht ganz verständlich – nur insofern sein, als es ein Wort, einen bedeutenden Ton gibt, einen Ton, φωνή, oder ein Zeichen, γράμμα, die beide Sinn haben. Die Möglichkeit des Sprachverstehens – d. h. die Möglichkeit, mehr oder minder, im Ganzen oder nur zum Teil oder fast nichts zu verstehen (nie ganz und gar nichts, wenn man mindestens das verstehen muß, daß man nichts verstanden hat) – diese Sprachverständlichkeit bestimmt den Zeitkreis, den Zeitraum, der nicht wird, sondern ist; die *wahre* Gegenwart, die nicht vergeht, sondern nur ist; die Gegenwart, die sich nicht in sich selbst und in ihr Bewußtsein trennt; die ewige Gegenwart, die allein Bewußtsein bzw. echte Sprache, Verständlichkeitsort von allem Verständnis und Mißverständnis ist: den nichtgeschichtlichen Ort aller Geschichte, den Topos, in dem Gadamer Dilthey begegnet – nach einer Übereinstimmung in der Hinsicht, die umso bedeutungsvoller ist, je weniger sie absichtlich ist.

II. Zwischenbetrachtung

8. Grundcharakter der Zeit ist der Raum. Zu dieser Bestimmung gelangen, wie wir sahen, Dilthey und Gadamer, wenn auch entgegen ihren eigenen Absichten, da sie den entgegengesetzten Weg verfolgten, jenen der Geschichtsvergeschichtlichung, der Zeitverzeitlichung. Aber die Zeit kann sich in sich selbst nicht einbegreifen. Mit aller Klarheit sah es Kant: „Die Zeit bleibt und wechselt nicht." Denn: „Der Wechsel trifft die Zeit nicht, sondern nur die Erscheinungen in der Zeit [...] Wollte man

der Zeit selbst eine Folge nacheinander beilegen, so müßte man noch eine andere Zeit denken, in welcher diese Folge möglich wäre." (KrV A 183 / B 226) Die Zeit ist „unwandelbar und bleibend", und ihr entspricht das, was im Dasein der Erscheinungen das Unwandelbare ist: die Substanz (vgl. KrV A 144 / B 183).

Daher kann die Zeit als absolute Bewegung nur unter dieser einzigen Bedingung betrachtet werden, daß man das Zufällige (συμβεβηκός), ohne die Substanz (οὐσία) ins Auge faßt, das man außerhalb der βεβαιοτάτη ἀρχή denkt. Bekanntlich versuchte Hegel diesen Weg zu gehen. Die ersten Kategorien der Logik bestimmen das reine Werden, das Werden, dessen absoluter Anfang – das Sein – das bloße Leere, das Nichts ist: ein je schon im Angefangenen aufgehobener Anfang. Hegel führt nun aus, daß das Sein ins Nichts nicht übergeht, sondern übergegangen ist, und dasselbe gilt für das Nichts, das ins Sein nicht übergeht, sondern übergegangen ist.[12] Das bedeutet: Dasjenige, an das als Bedingung des Werdens zu denken ist, ist je schon ins Werden einbezogen und in ihm aufgelöst. Das absolute, reine Werden entzieht sich dem Unterschied zwischen Substanz und Akzidens, weil das, was zunächst als Substanz Voraussetzung, Bedingung erscheint, eine solche Voraussetzung und Bedingung nur ist, insofern das Bedingte da ist: Die Substanz ist als solche nur in bezug auf das Akzidens. Daher ist dieses, das Bedingte, die wahre Bedingung, die Bedingung der Bedingung – während die Bedingung zum Bedingten herabgestuft wird. Die *wahre* Logik des reinen Werdens ist die Logik der reinen Reflexion, der setzend-voraussetzenden Reflexion, die sich aller Fixierung der Bezugsglie-

---

[12] Vgl. G. W. F. Hegel, Wissenschaft der Logik Bd. I, Frankfurt a. M. 1969, 83.

der, zwischen denen sie sich bewegt, entzieht. Die Bewegung der Reflexion (und hier hat der Genitiv eine zweifache Bedeutung: eine subjektive und eine objektive, denn die Reflexion ist in die Bewegung, die sie reflektiert, verstrickt) ist, um eine Wendung Hegels zu gebrauchen, „der absolute Gegenstoß in sich selbst".[13] Jedes Bezogene übersetzt sich in das andere, und das andere in das eine, in einer Bewegung, die auch Nichtbewegung ist: Das Jeschon-übergegangen-Sein des Übergehens (des Werdens) des Seins ins Nichts und des Nichts ins Sein – wenn dies nicht das Sein des Werdens, die Beharrlichkeit des Wandelbaren bedeuten soll, d. h., wenn man die Bewegung selbst nicht in Substanz, in die *wahre* Substanz der Welt, in den Atlas, der das Ganze trägt und auf dem alles ruht, übertragen will, da man sonst zur Aristotelischen Logik zurückgeführt würde – muß zugleich Bewegung und Nichtbewegung sein, und Bewegung als Nichtbewegung, und umgekehrt.

Aber diese Logik des unauflösbaren, unüberwindlichen Widerspruchs ist genau das, was Hegel verwirft. Die Hegelsche Vernunft bedarf des Verstandes: das Werden der festgehaltenen Bestimmungen des Werdens, der Bestimmungen, die die Vernunft einander entgegensetzen muß, um sie flüssig zu machen. In dieser Weise ist es aber die Vernunft selbst, die dem Verstand weicht. Das Werden, die „haltungslose Unruhe" des Seins, sinkt „in ein ruhiges Resultat" zusammen.[14] Am Ende setzt sich der absolute Horizont des Bewußtseins durch – als allumfassender Raum des Werdens, als Verständlichkeitsort der ganzen Geschichte. Der Schluß der „Phänomenologie

[13] G. W. F. Hegel, Wissenschaft der Logik Bd. II, Frankfurt a. M. 1969, 27.
[14] Ebd. 113.

des Geistes“ – die Geschichte als Erinnerung, die Erinnerung als die Offenbarung der Tiefe, die Offenbarung als das Licht, in welchem alles geschieht und geschehen kann –, dieser Schluß findet eine weitere Bestätigung durch den dritten, endgültigen Syllogismus der „Enzyklopädie“, in welchem die Mitte, das Allgemeine, das in sich Geist und Natur ent- und zusammenhält, die Vernunft, der Logos ist: der absolute Horizont des wahren Wissens. Hegel schließt mit einem Aristoteles-Zitat: „ἡ θεωρία τὸ ἥδιστον καὶ ἄριστον.“[15] Theoria ist hier die göttliche Vernunft (νοῦς), die auf sich selbst reflektiert. Das aionische Leben: der ewige Raum alles Werdens.

Über Hegel hinaus hat Heidegger versucht, das Sein als reine Negativität zu denken. Das Sein ist nichts anderes als absolute Verweisung, echtes Reflexionszeichen, der Nullpunkt, worin die Zeichen der Sterblichen und der Göttlichen, der Erde und des Himmels sich treffen und wovon sie sich entfernen; *Zeichen,* weil ihr Sein nichts anderes als die Spiegelung ist: Jedes ist die Spiegelung des anderen und ist also eine Widerspiegelung, eine Widerspiegelung von Widerspiegelungen – Zeichen als Zeichen von Zeichen. Das gilt für die Dinge wie für den Menschen, wenn der Nullpunkt nicht nur den Ort, sondern auch das Dasein des Menschen selbst kennzeichnet,[16] wenn das, was das Wesen eines Kruges ausmacht, das Leere, das bloße Widerspiegelungsspiel jener Vier ist.

Trotzdem setzt selbst dieser *absolute Nihilismus*[17] der

---

[15] Vgl. G. W. F. Hegel, Enzyklopädie der philosophischen Wissenschaften im Grundrisse (1830) Bd. III, Frankfurt a. M. 1970, 395.

[16] Vgl. M. Heidegger, Zur Seinsfrage, in: Wegmarken (Gesamtausgabe Bd. 9), Frankfurt a. M. 1976, 406.

[17] Dieser Nihilismus wird hier „absolut“ genannt, da er nicht als ein solches, das noch zu überwinden wäre, gedacht wird; er verlangt nicht nach Erlösung. Vgl. dazu M. Heidegger, Beiträge zur Philosophie (Vom

radikalen Entsubstantivierung des Seins einen unbedingten Ort voraus, einen Bezugs- oder Reflexionsraum, in welchem die ekstatische Zeitverzeitlichung stattfindet: die vierte Dimension, die eigentlich die erste ist, wenn durch sie die weiteren drei – Vergangenheit, Gegenwart, Zukunft – ermöglicht werden.[18] *Ereignis,* wie das chinesische Tao ein unübersetzbares Wort, das als Singulare tantum gebraucht werden kann,[19] weist eher auf den Ort alles Geschehens hin, auf den Ort aller möglichen hermeneutischen Erörterung als auf das Geschehen selbst.

Die räumliche Dimension der Zeit – d. i. die Notwendigkeit des transzendentalen Horizonts von Zeitverständnis – kann auf zwei verschiedene Weisen erfahren werden: unmittelbar, ohne thematische Beobachtung, oder absichtlich. Dies hat seine Folge in theoretischer Hinsicht, für die Weise, die Geschichte, die Vergangenheit zu betrachten und zu rekonstruieren, wie in ethischer Hinsicht für unser praktisches Verhalten, unseren Bezug zur Welt, zum Zeitraum.

Bei der Betrachtung dieser Folgen im Theoretischen gelangen wir wieder zu Diltheys methodologischer Reflexion. Wir werden jene topologischen Seiten seines Werks aufzeigen, die wegen des Historismus des Autors und seiner Interpreten im Verborgenen blieben. Auf unserem Weg dorthin werden wir Autoren begegnen, die mit Diltheys Stellung direkt oder indirekt zu tun haben.

Ereignis), (Gesamtausgabe Bd. 65), Frankfurt a. M. 1989, insbesondere Kap. VII („Der letzte Gott").

[18] Vgl. M. Heidegger, Zur Sache des Denkens, Tübingen 1969, 15 f.

[19] Vgl. M. Heidegger, Identität und Differenz, Pfullingen 1957, 29.

9. Paul Ricoeur hat hervorgehoben, daß der Gegensatz von Erklären und Verstehen, womit Dilthey die unterschiedlichen Erkenntnismethoden der Naturwissenschaften und Geisteswissenschaften zu umgrenzen meinte, auch innerhalb letzterer im Unterschied von Verstehen und Auslegen auftritt. Dieser Unterschied bewirkt jedoch einen tiefen Zwiespalt in Diltheys Hermeneutik, insofern das Verstehen in der psychologischen Anschauung gründet, die als solche unkontrollierbar ist. Demgegenüber besitzt die Auslegung den Grund ihrer Gültigkeit in den strukturalen Zusammenhängen, die diejenigen Ausdrücke kennzeichnen, in denen das Leben sich objektiviert. Psychologismus und Objektivismus sind daher die Pole, zwischen denen die Hermeneutik Diltheys sich bewegt. Ricoeur, der seine Kritik insbesondere auf zwei Schriften Diltheys gründet (auf „Die Entstehung der Hermeneutik" [1900] und „Der Aufbau der geschichtlichen Welt" [1905-1910]), bemerkt, daß sich bei Dilthey der Objektivismus im Laufe der Jahre und aufgrund des Einflusses der „Logischen Untersuchungen" Husserls gegenüber dem Psychologismus durchsetzt, wenngleich die Nachbildung der Erlebnisse für Dilthey der wahre Auslegungszweck blieb.[20] Auch wenn der Psychologismus zu umgehen ist, weil er das Verstehen nicht kontrollierbar macht (wer kann sagen, die Seele eines anderen Menschen zu erkennen?), kann für Ricoeur die Spannung zwischen Verstehen und Erklären nicht beseitigt werden. Es handelt sich nicht um methodische, zu verschiedenen Wirklichkeitsbereichen gehörige Vorgänge: „Der Gegen-

[20] Vgl. P. Ricoeur, Du texte à l'action. Essais d'hermeneutique, Bd. II, Paris 1986, 142-145.

satz von Natur und Geist spielt hier keine Rolle.“ Beide Methoden gehören zur Hermeneutik, beide sind deswegen gültig, vorausgesetzt, daß man noch fähig ist, sie zusammenzuhalten, d. h. sie zu vermitteln. Auf welche Weise? Dadurch, daß man ins Zentrum der hermeneutischen Tätigkeit den Text setzt und nicht den Autor, das Subjekt. Die Hermeneutik des Textes befreit sich im voraus von allem Psychologismus und Intuitionismus, weil sie sich das unmögliche Ziel, aus sinnlichen Zeichen ein Inneres zu erkennen, nicht setzt. Das wahre Ziel der Hermeneutik ist das Verstehen jener wirklichen, objektiven Gegebenheit, die der Text ist. Der Text in seinem *weltlichen* Ausdruck, fern aller naiven Annahme der Möglichkeit eines Zugangs zu seinem *Inneren.* Es gibt kein Inneres des Textes, kein Diesseits desselben, der Text ist ganz und gar in dem, was er *ausdrückt.* Als das ganz Ausgesetzte ist er der offene Begegnungsort von Autor und Leser.

Selbstverständlich ist „Text“ nicht nur eine Schrift oder ein Kunstwerk. Text ist auch die mündliche Erzählung. Die mündliche Tradition ist nicht weniger objektiv als die geschriebene. Text ist deshalb auch der Mythos, sei er schriftlich festgehalten oder nicht; und mit dem Mythos die gesellschaftlichen Institutionen: die Verwandtschaftsbeziehungen, ein Ehrenkodex, ein Rechtsinstitut usw. Die Kategorie des Textes ist sehr weit, obgleich das schriftliche Dokument der Text κατ᾽ ἐξοχήν ist. Sofern aber die Schrift der bevorzugte Text hermeneutischer Betätigung ist, ist der Text in seiner weltlichen Faktizität zu nehmen, d. h. im Kontext der ihn bestimmenden Beziehungen. Ein Text ist lebendig und wirklich nur in derjenigen Mitwelt, mit der er immer neuartige Wechselbeziehungen knüpft. Ihn isolieren, um die inneren logisch-formalen Strukturen allein zu betrachten, wie der Strukturalismus es tut, bedeutet, ihm seine lebendige Wirklichkeit entziehen.

Ricoeur führt das Beispiel der von Lévi-Strauss entwickelten Mythosanalyse an. Durch die Zergliederung des Ödipus-Mythos in einzelne Elemente – Eigennamen, körperliche Merkmale, Ungeheuer, Verwandtschaftsbeziehungen – und durch ihre Gegenüberstellung erhellt Lévi-Strauss die Bedeutung dieses Mythos. Diese drücke den unüberwindlichen Widerspruch zwischen der menschlichen Erdgebundenheit (Autochthonie) und ihrer Negation aus. Ferner leitet Lévi-Strauss aus weiteren Mythen von einander sehr fernstehenden Kulturbereichen her, daß die logische Funktion der Ursprungs- und Entstehungsmythen darin liege, „eine Vermittlung zwischen Leben und Tod herzustellen".[21] Mit der Anwendung der strukturalen Analyse auf eine noch umfassendere Mythentypologie zieht er den allgemeinen Schluß, daß der Mythos den Zweck habe, ein logisches Vorbild anzugeben, um einen Widerspruch aufzulösen. Dies erklärt auch das Wachstum von Mythen: Wenn der Widerspruch wirklich ist, wird er nie aufgelöst werden. Daraus folgt die logisch unendliche Anzahl von Mythosvarianten und zugleich ihre Zurückführbarkeit auf eine einzige Struktur. Dieses Ergebnis besitzt eine noch größere Tragweite, insofern es nicht nur den Mythos, sondern auch das logische Denken angeht. Ist der Mythos eine logische Funktion, so unterscheidet er sich vom wissenschaftlichen Denken nur quoad materiam:

„Denn der Unterschied liegt weniger in der Qualität der intellektuellen Operationen als in der Natur der Dinge, auf die sich

[21] C. Lévi-Strauss, Strukturale Anthropologie Bd. I; dt. von H. Naumann, Frankfurt a. M. 1981, 242.

diese Operationen richten [...] Vielleicht werden wir eines Tages entdecken, daß im mythischen und im wissenschaftlichen Denken dieselbe Logik am Werke ist und daß der Mensch allzeit gleich gut gedacht hat. Der Fortschritt – falls dieser Begriff denn überhaupt angemessen ist – hätte nicht das Bewußtsein, sondern die Welt als Aktionsraum, in der eine mit konstanten Begabungen ausgestattete Menschheit im Laufe ihrer langen Geschichte mit immer neuen Objekten ringen mußte."[22]

Für Ricoeur soll der Interpret aus dem Bewußtseinsraum heraus- und in die Welt eintreten. Deswegen hält Ricoeur die strukturale Mythoserklärung nur für ein Moment der Auslegung, für das statisch-formale Moment, das erst im konkreten Bezug auf die Welt Wirklichkeit gewinnt. Dies resultiert, wie er selbst bemerkt, schon aus der Analyse Lévi-Strauss', wenn der Entstehungsmythos als logisches Mittel begriffen wird, um die Vermittlung zwischen Leben und Tod herzustellen.
Den Formalismus der strukturalen Analyse zu überwinden bringt ganz verschiedene Weisen mit sich, sich zum Text zu verhalten und ihn zu betrachten. Der Text besitzt im hermeneutischen Denken einen ausgesprochen dynamischen Sinn, deshalb heißt „Auslegen den vom Text geöffneten Denkweg einzuschlagen, sich auf den Weg zum Orient des Textes zu machen". Auslegen ist also keine *subjektive Handlung*, eine Handlung, die man am Text vollzieht, sondern eine *objektive* in dem Sinne, daß sie die Handlung des Textes selbst ist.[23]

10. Das von Ricoeur mit Recht dargestellte Verlangen, aus dem geschlossenen Bereich des psychologischen und logischen Bewußtseins heraus zum Offenen zu gelangen,

---

[22] Ebd. 254.
[23] Vgl. P. Ricoeur, a. a. O. 156.

kann durch die topologische Hermeneutik, die eben in Dilthey einen aufschlußreichen Bezugspunkt findet, besser erfüllt werden als durch die Hermeneutik des Textes. Offensichtlich muß man Diltheys Position vom Begriffsapparat des Historismus, zu dessen Ausbildung Dilthey selbst beitrug, befreien. Es handelt sich darum, Diltheys methodologische Reflexion über die Geschichte durch eine Dekonstruktionsarbeit, die einige seiner wichtigen, schon in den frühen Schriften gegenwärtigen Überlegungen zur Geltung bringt, neu zu interpretieren. Dazu ist es angebracht, vor allem auf den Begriff des einzelnen, des Individuums einzugehen. Ohne Diltheys ursprünglich psychologistische, durch den Einfluß Schleiermachers verstärkte Voraussetzungen abzustreiten: In den Zusätzen zur „Entstehung der Hermeneutik" kann man eben auch lesen, daß, wenn die Strukturzusammenhänge des Wissens „auf Erkenntnis des Singularen gerichtet" sind, „auch der Staatshaushalt der Athener ein solches Singulares" ist (EH 336).

Das einzelne, das Individuum ist hier kein Subjekt, sondern das Werk, der Text, um Ricoeurs Wendung zu gebrauchen. Selbst das psychologische Subjekt, jenes Seiende, das wir „Mensch" zu nennen gewohnt sind, ist Werk, Text: „nur der Kreuzungspunkt für Kultursysteme, Organisationen, in die sein Dasein verwoben ist" (PFAgW 251). Genau dort, wo Dilthey die Begegnungsmöglichkeit zwischen zwei geschichtlichen Individuen – dem Autor und dem Interpreten – begründen und erklären will, zeigt er, daß das, was das Wesen des Subjekts – sei es der Erkennende, sei es der Erkannte – ausmacht, ihm nicht gehört, daß das menschliche Subjekt kein subjectum ist, kein eigentlicher Täter: „Die Sprache, in der ich denke, ist in der Zeit entstanden, meine Begriffe sind in ihr herangewachsen. Ich bin so bis in nicht mehr erforschbare Tiefen meines Selbst ein historisches Wesen.“ (Ebd. 278) Die Geschichtlichkeit des Ich verhindert, im eigentlichen Sinne zu sagen: Ich denke. Wahr ist vielmehr zu sagen: Es denkt, Es spricht. *Es:* die Geschichte, die Zeit, die meine Sprache, meine Begriffe ausbildet. Die Geschichtlichkeit negiert deshalb die Subjektivität des Individuums. Wenn aber die Individuen nicht Subjekte sind – wer oder was handelt dann eigentlich in der Zeit, in der Geschichte? Besser: Was ist eigentlich Zeit und Geschichte? Was für ein Subjekt, Täter, ist die Zeit, die Geschichte?

Geschichtliches Subjekt – Täter im eigentlichen Sinne – sind die Wirkungszusammenhänge, in denen das einzelne sich auflöst. Subjekt der Geschichte sind keine *personalen*, sondern *neutrale* Subjekte, echte Kräfte (vgl. ebd. 202 f.). Dilthey führt sie ohne Ordnung auf: Erziehung, Wirtschaftsleben, Recht, politische Funktionen, Religionen, Geselligkeit, Kunst, Philosophie, Wissenschaft (vgl. AgW 166) und weiter Nationen, Zeitalter, historische Perioden (ebd. 154). Im folgenden enthüllt sich der Grund dieser ungeordneten Aufzählung, die nie zur Deduktion wird. Bemerkenswerterweise sind die Individuen, die Personen höchstens die Träger der Wirkungszusammenhänge, die in ihnen wirken (vgl. ebd.).[24] Daher sind die Unterschiede unter Individuen nur quantitativ: Sie hängen von dem unterschiedlichen Grad geistiger Energie, von der verschiedenen Intensität ab, mit der die Kräfte, die in den Individuen sich treffen und verflechten, handeln.[25]

[24] Wird daran erinnert, daß doch „das Individuum in sich selbst zentriert“ sei (PFAgW 258), so ist dem zu erwidern, daß auch die „Epoche in sich selbst zentriert“ ist (AgW 155).

[25] W. Dilthey, Ideen über eine beschreibende und zergliedernde Psychologie, a. a. O. 229-233.

Diese Dilthey-Auslegung gestattet uns, den Blick über das Individuum, die Personen hinaus und damit zugleich über den Text hinaus zu richten – freilich nicht, um in ein psychologisch aufgefaßtes Inneres einzudringen, sondern im Gegenteil, um uns wirklich in medias res zu versetzen: ins Offene der Welt, wo das Spiel der wirklichen geschichtlichen Kräfte sich enthüllt, ins Offene, weil sich darin der Zusammenhang zeigt, der die Realität des Individuums wie der Werke, der Handlung wie des Textes ausmacht.

Der Text ist ein Komplex, ein Kreuzungspunkt von mannigfaltigen Kräften – ebenso wie die personalen Subjekte es sind. Der Text ist sozusagen ein umfassenderes Subjekt, selbst ein Produkt der Geschichte und kein Produzierender. Die Kraft, die in ihm liegt, gehört nicht ihm, sondern den Wirkungszusammenhängen, die in ihm „verlaufen" – ebenso wie im Individuum. Einen Text erkennen bedeutet also, ihn erklären, ihn in seine dynamischen Komponenten zergliedern, in diejenigen, die Dilthey Wirkungszusammenhänge nennt. Diesen wollen wir nun unsere Aufmerksamkeit zuwenden.

11. Als strenger Kritiker der Geschichtsphilosophie hat Dilthey den großen, von Hegel und Comte entworfenen weltgeschichtlichen Abrissen die Komplexität der Geschichte entgegengehalten, deren Bewegung weder eine einzige Richtung hat noch durch einen einzigen Zweck zu erklären ist. Die Behauptung mannigfaltiger in der Geschichte wirkender Zwecke und Werte ist nicht eine Zurückführung der geschichtlichen Erkenntnis auf den Bereich der empirischen Wissenschaften. Diltheys Kritik der „Metaphysik der Geschichte" ist kein Empirismus, kein empirischer Historismus. Mehr noch: Sie ist kein Historismus – wenn man unter diesem Wort eine Auffas-

sung versteht, die die geistige Wirklichkeit mit der Geschichte gleichsetzt, die die Allheit des Geschichtlichen mit dem Prozeß, mit Werden, Bewegung und Zeit, identifiziert. Nachdem er die Auffassungen Hegels und Comtes als einseitig kritisiert hat, schreibt Dilthey:

Der offenbare Sinn der Geschichte muß zuerst in dem immer Vorhandenen, immer Wiederkehrenden in den Strukturbeziehungen, in den Wirkungszusammenhängen, der Ausbildung von Werten und Zwecken in ihnen, der inneren Ordnung, in der dieselben sich zueinander verhalten, gesucht werden – von der Struktur des Einzellebens ab bis zu der letzten allumfassenden Einheit: das ist der Sinn, den sie immer und überall hat, der auf der Struktur des Einzeldaseins beruht und der in der Struktur der zusammengesetzten Wirkungszusammenhänge an der Objektivierung des Lebens sich offenbart. Diese Regelmäßigkeit bestimmte auch die bisherige Entwicklung, und ihr ist die Zukunft unterworfen. Die Analyse des Aufbaus der geistigen Welt wird vor allem die Aufgabe haben, diese Regelmäßigkeit in der Struktur der geschichtlichen Welt aufzuzeigen.“ (AgW 172 f.)

Dilthey, der Historist Dilthey, behauptet, daß sich die Geschichtsbewegung allein aufgrund des „immer Vorhandenen“, des „immer Wiederkehrenden“ erfassen läßt. Das bedeutet: Das zeitliche Verlaufen setzt den Inbegriff der Zeit voraus, der nicht verläuft, sondern bleibt. Was aber ist dieser Inbegriff? Nichts anderes als der Zeitraum, der Raum, der in sich alle Dimensionen der Zeit enthält und zusammenhält. Dieser Zeitraum ist aber nicht einförmig, sondern auf verschiedene Weise gegliedert. Seine Gliederungen – die Wirkungszusammenhänge – gestalten die Erfahrungsmaterialen aus und können sie deshalb auch erklären. Sie sind tätige Sinnhorizonte, und keine Erfahrung ist ohne sie möglich, insofern die Materie der Erfahrung selbst zusammen mit der Gestalt entsteht. Daher können sie „materielles Apriori“ genannt werden, und als Sinnhorizonte Topoi, ideelle Orte, in denen alle Erfahrungen sich ordnen und Sinn und Dasein gewinnen.

Dieser Begriff eines materiellen und nicht nur logisch-formalen Apriori setzt sich auch bei einem Denker wie Lévi-Strauss dort durch, wo er behauptet, daß die strukturale Analyse sich nicht nur mit einer rohen Materie, sondern auch mit den von der zu beobachtenden Kultur schon als Interpretationen ausgearbeiteten Modellen zu beschäftigen habe. Lévi-Strauss fügt hinzu, daß „viele sogenannte primitive Kulturen Modelle – z. B. ihrer Heiratsregeln – erarbeitet haben, die besser als die von Berufsethnologen sind";[26] ferner betont er, und das ist entscheidend: „Jede Kultur hat ihre Theoretiker."[27] Wenn diese letzte Behauptung keine Trivialität ist, bedeutet sie, daß der Völkerkundler niemals vor einer rohen, sondern immer vor einer *ausgelegten* Materie steht, vor sinnvollen Erfahrungen: vor Sinnhorizonten. Freilich darf der Völkerkundler nie „vergessen, daß gesellschaftliche Normen nicht automatisch schon Strukturen sind", aber diese Bemerkung hat nur Sinn, sofern man das materielle Apriori – den Topos, als Bedeutsamkeitshorizont, der von innen die Erfahrung strukturiert – vom subjektiven, bloß formalen Modell der empirischen Materie unterscheidet. Wären die Strukturen allein subjektive, logisch-formale Modelle, um eine rohe Materie zu ordnen und zu gestalten, so könnte hinsichtlich ihrer Gültigkeit keine Unterscheidung getroffen werden. Jedermann könnte die Materie ordnen und gestalten, wie es ihm am besten gefiele. Wenn eine Gültigkeitsfrage bezüglich des angewandten logischen Mittels überhaupt aufgeworfen würde, so be-

---

[26] C. Lévi-Strauss, a. a. O. 304.
[27] Ebd. 305.

deutete dies, daß das *Modell* geeignet sein muß, die erforschte Wirklichkeit zu erfassen. Und offensichtlich ist für einen solchen Zugriff dasjenige theoretische Modell geeigneter, welches die wirkliche Erfahrungsstruktur besser reflektiert, das dem materiellen Apriori der Erfahrung, den Wirkungszusammenhängen, die die Erlebnisse strukturieren, mehr entspricht.
Lévi-Strauss führt eine weitere grundsätzliche Unterscheidung ein: die zwischen bewußten und unbewußten Modellen.

„Tatsächlich zählen ja die bewußten Modelle – die man allgemein ‚Normen' nennt – zu den armseligsten, die es gibt, wegen ihrer Funktion, die mehr darin besteht, den Glaubensinhalten und Bräuchen zur Dauer zu verhelfen, als ihre Quellgründe freizulegen. So trifft die strukturale Analyse auf eine paradoxe Situation, die der Sprachforscher bereits kennt: je genauer die erscheinende Struktur ist, desto schwieriger wird es, die tieferliegende Struktur, wegen der bewußten und deformierten Modelle, die sich wie ein Hindernis zwischen den Beobachter und sein Objekt stellen, zu erfassen."[28]

Die strukturale Ordnung des Wissens, die der Gliederung des allgemeinen Zeitraums entspricht, ist eine Schichtenkonstruktion. Die normativen Modelle gehören zur Topologie dessen, was sich an der Oberfläche bewegt, was sich auf der bewußten Ebene von Gewohnheiten und Volksmeinungen äußert. Sie bergen die geheimen Triebfedern, die die Tiefentopologie erforscht. Lévi-Strauss nimmt auf die Linguistik Bezug, aber die Erfahrung, die hier direkter ins Spiel kommt, ist die der Psychoanalyse. Die bewußten Gründe verdecken die unbewußten: Das ist der von Freud beobachtete und analysierte Verdrängungsmechanismus.

---

[28] Ebd. 304.

Die Bezugnahme auf Freud gibt Gelegenheit, einige Grundsätze der topologischen Hermeneutik zu erläutern:

a) Nicht nur ist es so, daß, wie Dilthey sagt, es in der Geschichte nicht einen einzigen Zweck gebe, sondern die Teleologie besteht im allgemeinen ausschließlich aus der Oberflächenstruktur der Geschichtlichkeit. Die tiefe Dynamik der Wirkungszusammenhänge, der topologischen Strukturen, liegt nicht in der Teleologie, sondern im Mechanismus; d. h. in einem Kräftespiel, worin Freiheit, Wahl, Verantwortung nur Sekundärphänomene, Schein und keine Wirklichkeit sind. Die gesamte platonische Überlieferung der abendländischen Kultur – die Unterordnung der mechanischen Ursachen unter die teleologischen – wird so umgestülpt. Offensichtlich soll hier nicht die naturwissenschaftliche Methode in die Geisteswissenschaften eingeführt werden: Der Mechanismus, auf den hier Bezug genommen wird, hat mit demjenigen der Naturwissenschaften nichts zu tun. Es ist der Mechanismus, der die Beziehungen zwischen Haß und Liebe, Sadismus und Masochismus regelt, der Mechanismus der Verdrängung und der Libido, des Wiederholungszwangs und des Todestriebs. Sein Kräftespiel erklärt ebenso den Untergang des Ödipuskomplexes wie die Ausbildung der ethischen Prinzipien, das Leben des totemistischen Klans wie die Selbstunterjochung der heutigen Massen unter den charismatischen Führer, die Entstehung der psychischen Krankheit, die Vorgänge von gesellschaftlicher Unterdrückung wie die ästhetische Sublimation. Es ist kein Naturmechanismus, sondern ein solcher Mechanismus, der die komplexen Verhältnisse zwischen Natur und Kultur erörtert und den die Tragödie und die großen Mythen – Ödipus, Antigone, Prometheus – darstellen; es ist jener Mechanismus, den Hegel in jenem Abschnitt der

„Phänomenologie des Geistes", den er dem griechischen Ethos widmete, durch Bezugnahme auf die mythische Welt des Epos entfaltet.
Die Topoi, die Sinnhorizonte oder die materiellen apriorischen Strukturen, erschöpfen sich nicht in den genannten Beispielen. Topoi sind außer denjenigen, die man aus den tragischen Mythen und der psychoanalytischen Erfahrung schöpft, auch der Mechanismus und Chemismus und die Teleologie selbst, wie Hegel sie in der „Wissenschaft der Logik" darstellt: dynamische Sinnhorizonte, aufgrund deren physische Kräfte (z. B. die Schwerkraft) wie Staatsverfassungsgestalten entfaltet werden und ebenso die Geschlechtsbeziehungen, die Arbeitsverhältnisse und der objektive Zusammenhang der Arbeitsmittel mit dem zu erreichenden Zweck. Ferner sind der Schluß und das Ur-Teil Topoi, und Topoi besonderer Natur, nicht als formale Gestalten der Logik, sondern als ontologische Bestimmungen. Der Schluß ist der Sinnhorizont, der ebenso die christliche Versöhnung wie die Umkehrung der Beziehung Mittel-Zweck im objektiven Arbeitszusammenhang erklärt. Schließlich ist das Urteil derjenige Topos, der am Ursprung aller Topoi liegt; es ist der nicht örtliche Ort der Ent-scheidung des Mannigfaltigen aus dem Einen, der Topos des Wesens des Tragischen: der Topos der U-topie des menschlichen Daseins, des unversöhnten und unversöhnbaren Widerspruchs zwischen Autochthonie und Erdfremdheit, der dasjenige Seiende, das wir seit langem *Menschen* nennen, kennzeichnet.
b) Aus dem Gesagten ergibt sich, daß Kunst, Religion, Philosophie, Recht und Staatshaushalt – das, was Dilthey als Wirkungszusammenhänge auslegt – keine Topoi sind. Sie sind geschichtliche Institutionen, *Werke, Texte,* und kein materielles Apriori. Als Institutionen sind sie von Individuen oder Subjekten nicht verschieden. Daher

rührt Diltheys Schwanken, den Wirkungszusammenhängen oder den Individuen in der Geschichte den Vorrang einzuräumen. Seine Position ist am Ende ein zweideutiger Kompromiß: „Der objektive Geist und die Kraft des Individuums bestimmen zusammen die geistige Welt. Auf dem Verständnis beider beruht die Geschichte.“ (PFAgW 213) Und weiter:

> „Kein Dichter ist der ausschließliche Schöpfer seiner Werke; er empfängt ein Geschehnis aus der Sage, er findet die epische Form vor, in der er es zur Poesie erhebt, er studiert die Wirkung einzelner Szenen an Vorgängern, er benutzt ein Versmaß, er empfängt seine Auffassung von der Bedeutung des Lebens aus dem Volksbewußtsein oder von hervorragenden Einzelnen, und er bedarf der genießenden Hörer, welche den Eindruck seiner Verse in sich aufnehmen und so seinen Traum von Wirkung realisieren. So verwirklicht sich die Leistung von Recht, Poesie oder einem andern Zwecksystem der Kultur in einem Wirkungszusammenhang, welcher aus bestimmten, zur Leistung verbundenen Vorgängen in bestimmten Individuen besteht.“ (AgW 167)

Aber: Wo besitzt das Wirken des Individuums seinen Anfang und wo das Wirken der Wirkungszusammenhänge? In den Schriften Diltheys würde man vergebens nach einer Antwort auf diese Frage suchen.

c) Aber die Frage selbst stellt sich nicht. Wenn die Individuen allein die Kreuzungspunkte der Wirkungszusammenhänge sind, kommt ihnen keine tätige Rolle zu. Das Wirken gehört den Wirkungszusammenhängen und nur diesen zu. Die Subjekte sind *Texte,* deren Wirklichkeit nur in den je verschiedenen Verbindungen unter den Wirkungszusammenhängen – d. i. Topoi – liegt. Auslegung ist die Zergliederung des Textes in seine mannigfaltigen wirkenden Teilkräfte. Die Unendlichkeit des Textes liegt in der Kombination der Topoi, in der schaffenden

Unendlichkeit der topologischen Zusammenhänge. Deshalb ist Destruktion – Zergliedern, déconstruire – zugleich Konstruktion: Zusammenstellen, construire. Die Topoi, als wirkende Zusammenhänge, dynamische Sinnhorizonte, sind nicht einfache Elemente, die sich in der Folge miteinander verbinden, sie sind von vornherein Zusammenhänge. Ihre Kraft, δύναμις, ist die wirkende Verbindung, der tätige Zusammenhang. Man versteht νεῖκος nicht ohne Bezug auf oder besser wenn nicht als Bezug auf φιλότης. Es ist der Bezug, der beide bestimmt. Wenn wir jetzt auf Diltheys Passage über „den offenbaren Sinn der Geschichte" zurückkommen, verstehen wir die zwei möglichen Richtungen der Topologie: einerseits die Betrachtung der *Regelmäßigkeiten,* andererseits die Berücksichtigung der *Einzelheiten.* Das heißt: Die Topologie kann sich entweder auf das Nachdenken über die Topoi als solche, auf die Bestimmung ihrer onto-logisch-strukturalen Bedeutung, auf die Zergliederung ihrer Teilkräfte, richten oder aber auf die Analyse der topologischen Zusammenhänge eines Textes. Diese beiden Richtungen – die auch bei Dilthey hervortreten – bestätigen jene Bemerkung Ricoeurs, der Unterschied zwischen Verstehen und Erklären sei kein Unterschied von Methoden, die den verschiedenen Gebieten – dem Gebiet der Geisteswissenschaften und dem der Naturwissenschaften – angehören, sondern von Methoden, die in dem einen und selben wissenschaftlichen Bereich liegen. Dem ist aber hinzuzufügen, daß die erste Richtung – das Nachdenken über die Topoi als solche – ein Moment der zweiten – der topologischen Analyse eines Textes – nur dann ist, wenn sie in der Perspektive dieser zweiten betrachtet wird. Offensichtlich ist, daß die topologische Analyse eines Textes die Reflexion über die Topoi in ihrer charakteristischen Beschaffenheit voraussetzt, eine Reflexion, die also an und für sich genommen nur ein abstraktes Moment des hermeneutischen Vorgangs ist. Wendet sich die kritisch-analytische Aufmerksamkeit jedoch der onto-logisch-strukturalen Bestimmung der Topoi zu, so ist es genau die Textanalyse, die ein – an und für sich genommen – abstraktes Moment des hermeneutischen Vorgangs darstellt.

Hier zeigt es sich aufs neue, daß eine Methodenunterscheidung zwischen Naturwissenschaften und Geisteswissenschaften nicht möglich ist. In den „Beiträgen zum Studium der Individualität" schreibt Dilthey, auf die Methode der Naturwissenschaften eingehend:

> „Wenn ich gewahre, wie erhitztes, flüssiges Blei, das in kaltes Wasser tropft, verschiedene wunderliche Formen annimmt, so kann ich an diesen Formen als solchen nur ein flüchtiges Interesse haben: an den Gesetzen, welche diese Formen bestimmen, haftet ausschließlich die Aufmerksamkeit des Naturforschers."[29]

Nicht das einzelne Tier, sondern die Gattung ist wichtig für den Zoologen. Dasselbe gilt für die Topologie: Wichtig sind die Topoi – sei es, daß wir sie an und für sich betrachten, sei es, daß wir sie den Texten entnehmen. Natürlich gibt es auch die Aufmerksamkeit auf den Text an und für sich, aber dies offenbart nur ein erzählendes und kein topologisches Interesse. (Hier wäre es angebracht, Croces Unterscheidung[30] zwischen Geschichte als Erzählung – der bloß philologischen, äußeren Geschichte – und Geschichte als Problem – der wahren inneren Geschichte – aufzunehmen und sie im topologischen Sinn zu vertiefen.)

---

[29] W. Dilthey, Beiträge zum Studium der Individualität, a. a. O. 271 f.

[30] Vgl. besonders B. Croce, La storia come pensiero e come azione, Bari 1954, 5-9, 77-141; ders., Il carattere della filosofia moderna, Bari 1945, 184-192.

Wie entfaltet die topologische Hermeneutik das ethische, politische und rechtliche Handeln? Bei diesem Handeln zählt weniger die Erkenntnis des Normhorizontes, des Allgemeinen, als die Anwendung des Gesetzes auf den Einzelfall, die Wahl des καιρός, die Bewertung der Umstände, in denen man handelt. Die Topologie gibt für all das keinen Grund; das ethisch-politische und ethisch-rechtliche Handeln scheinen im topologischen Forschungsgebiet kein Bürgerrecht gewinnen zu können, und in Wahrheit scheint es nicht nur so. In der Tat, dieses Handeln kann kein Bürgerrecht haben, weil es sich auf Begriffe wie Freiheit, Wahl, Verantwortung, Person gründet, die die Topologie in die Geschichte als Erzählung verweist: in die Mytho-logie des Subjekts.
Und die προαίρεσις (Willenswahl) des Aristoteles?
Wenn man sich auf die auctoritas des Philosophen beruft, ist es notwendig, daß man ihn im Ganzen und nicht nur im Detail nimmt. Aristoteles selbst hat bei der Erörterung der φρόνησις gezeigt, daß man die gute Natur (εὐφυΐα) nicht wählt. In die gute Natur gehört nicht nur die Angabe der guten Zwecke, sondern die Zeit selbst: die Zeit der Erfahrung und der φρόνησις (prudentia), die Zeit, die das Urteilen κατὰ ἀλήθειαν, der Wahrheit nach, und nicht κατὰ πάθος, den Leidenschaften zufolge, kennzeichnet.
Die Aristotelische εὐφυΐα ist der Topos, das materielle Apriori des sittlichen Handelns. Ist es sinnvoll, von der Freiheit der guten Natur zu sprechen? Gewiß ist die gute Natur frei, sofern sie von anderem nicht bedingt ist. Aber in diesem Sinne ist der Verständnishorizont des Mechanismus der natürlichen (physischen) Kräfte nicht weniger frei, der als solcher, als allgemeiner, durch nichts bedingt ist. Wenn Freiheit mit dem Faktum – mit der *Natur* der Sache – zusammenfällt, so gibt es keinen Unterschied

zwischen dem Fall eines schweren Gegenstandes (der eben kraft seiner Natur als schwerer fällt) und dem Selbstopfer des Märtyrers.
Aber es heißt doch, die Freiheit gehe nicht die Natur der Sache an – man ist nicht frei, frei zu sein –, sondern die verschiedenen Seinsweisen der Sache. Das Schwere kann nicht anders als fallen, dagegen hätte der christliche Märtyrer wählen können, sich nicht zu opfern, sondern sich zu retten – er hätte das Leben wählen können. Stimmt das? Könnte der sittliche Mensch als solcher wählen, sittlich oder nicht-sittlich zu sein? Und wie? Man wählt aus sittlichen Gründen, und aus keinen anderen, sittlich zu handeln. Die Wahl der Sittlichkeit – und so des ökonomisch Nützlichen – ist immer dadurch bestimmt, schon das zu sein, was sie wählt. Wahl und Verantwortung – mit einem Wort: Freiheit – kommen immer zu spät bezüglich ihrer selbst.
Verwirft also die Topologie die Ethik? In der Tat gibt es eine sittliche Dimension der Topologie, die man unter Bezugnahme auf jene bekannte Rede von Nietzsches Zarathustra über die Erlösung näher erläutern kann.

12. Diese Rede ist offenkundig eine Gegenschrift zum Evangelium. Auch Zarathustra ist unter den Krüppeln. Um überzeugt zu sein, verlangen diese von ihm, daß er Wunder wirkt: den Blinden das Sehvermögen gibt, die Lahmen laufen macht, den Buckligen den Rücken geradebiegt. Aber Zarathustra wirkt keine Wunder, er weigert sich: „Wenn man dem Bucklichten seinen Buckel nimmt, so nimmt man ihm seinen Geist – also lehrt das Volk.“[31] Die Weigerung macht deutlich, daß Zarathustra die Welt, so wie sie ist, annimmt. Wenn der Buckel der

[31] F. Nietzsche, Also sprach Zarathustra, in: Kritische Gesamtausgabe,

Geist des Buckligen ist, dann bedeutet dies, daß der Wert mit der Tatsache zusammenfällt. Die Tatsache aufheben, sie verändern, verursacht nur Schaden: Gebt einem Lahmen die Möglichkeit zu laufen, und er wird seine Laster unter die Leute bringen. Das ist der Schaden, der größte Schaden, den Erlöser verursachen, wenn sie eine Tatsache aufgrund von Werten einschätzen, die ihr fremd sind, und so eine endlose Folge von Forderungen, Ansprüchen, Streitigkeiten, Kriegen auslösen. Zarathustra urteilt nicht. Das, was er sagt, lehrt das Volk, nicht Zarathustra. Er bringt keine *neue Botschaft,* kein Evangelium. Er eröffnet keine *neue* Zeit – keine Hoffnung. Sein ἔσχατον ist die Verneinung alles ἔσχατον, seine Erlösung ist die Befreiung von aller Erlösung. Aber damit diese Befreiung wirklich ist und nicht ein Versprechen bleibt, muß sich die gesamte Zeit im jeweiligen Augenblick erfüllen. Die Gegenwart muß die Zeit prägen. Jedes Jetzt ist Gegenwart: die tiefste Vergangenheit und die fernste Zukunft, aber nicht deshalb, weil Vergangenheit und Zukunft im gegenwärtigen Jetzt eingeschlossen wären – auf diese Weise würde die eine Tatsache der anderen vorgezogen, neue Werte würden also geschaffen werden –, sondern einfach insofern, als jedes Jetzt den anderen gleich – gleichgültig – ist. Die Gegenwärtigkeit der Zeit ist eine versetzte, verstreute Gegenwart, eine in unbestimmte – allein in ihrer Un-Differenz identische – Gegenwarten zerstückelte Gegenwärtigkeit. Zeit hat hier keine Richtung mehr: Zukunft ist Vergangenheit, Vergangenheit Zukunft. Es ist die ewige Wiederkehr des Gleichen in der unendlichen Differenz.

Aber die Rede Zarathustras ist hier noch nicht zu Ende.

---

hrsg. von G. Colli und M. Montinari, Bd. IV, München, Berlin, New York 1980, 177.

Andere Krüppel bekümmern ihn. Die „umgekehrten Krüppel“: „Menschen, denen es an Allem fehlt, außer daß sie Eins zuviel haben – Menschen, welche Nichts weiter sind als ein großes Auge [...] oder irgend etwas Großes“, wie etwa ein Ohr. Und eben diese hypertrophischen Menschen werden für *groß*, für Genies des Geistes gehalten![32] Daher steht die Scheidung von Tatsache und Wert, Natur und Geist am Ursprung dieser Hypertrophien, aber man kann sie nicht annehmen. Sie annehmen würde bedeuten, eben die Natur, die Identität von Tatsache und Wert, verleugnen, das Ende der eschatologischen Zeit, die Befreiung von der Erlösung zu verneinen. Aber eben die Unmöglichkeit, das in die Natur eingeführte Übel anzunehmen, bringt die Wiederkehr der eschatologischen Zeit, der Erlösungszeit mit sich. Gegenwart ist noch einmal von Zukunft geschieden: Die ewige Wiederkehr ist allein ein Vorhaben, eine Zukunft zu verwirklichen, eine Hoffnung und eine Erwartung. Die ewige Wiederkehr ist eine neue gute Botschaft. Zarathustra ist der neue Erlöser! Wie der Messias kommt er von oben, wie dieser liebt er die Welt, die Menschen zu sehr, um droben, auf den Bergen, bleiben zu können.

Die Zurückweisung des Asketismus zwingt Nietzsche zu einem noch stärkeren – dem stärksten – Asketismus: „Höheres als alle Versöhnung muß der Wille wollen, welcher der Wille zur Macht ist –: doch wie geschieht ihm das? Wer lehrte ihn auch noch das Zurückwollen?“[33]

Zarathustra wiederholt nicht mehr die Volksstimme, die Naturstimme – er verkündigt seine Lehre und seine Werte. Er ist sich auch dessen bewußt, daß er zu seinen

[32] Ebd. 178.

[33] Ebd. 181.

Schülern nicht so reden kann, wie er zu sich selber redet.[34] Zurückwollen erfordert eine ganz bestimmte und starre Hierarchie.
Obgleich Nietzsche die eschatologische Zukunft der ewigen Wiederkehr auf die Vergangenheit zurückbiegt – das, was ankommt, ist nichts anderes als die summa, die perfectio, die Vollkommenheit der ganzen Vergangenheit –, bleibt die Zukunft ganz und gar anders und neu. Sie ist nicht die Vergangenheit – wenn sie ihre Vollendung ist. Sie ist nicht die Gegenwart, wenn sie das Versprechen und die Weissagung Zarathustras ist.
Wie also ist es möglich, diesen Streit auszutragen, in dem Nietzsches Denken mit sich selbst liegt? Und: Warum beruft sich die Topologie auf die Rede Zarathustras?
Das, was den Streit erregt, ist die Entgegensetzung von Einheit und Vielheit, Ganzheit und Teil. Nietzsche gelingt es nicht, in der Geisteshypertrophie die Natur selbst zu sehen. Die Scheidung Geist/Natur wirkt noch auf Nietzsche, unbewußt. Deswegen sieht er nicht im Buckel diesselbe *geistige* Hypertrophie, die die Menschen kennzeichnet, die nichts weiter als ein großes Auge oder Ohr sind. Allenthalben ist die Natur – die Natur als solche – hypertroph. Hypertrophie ist ein natürlicher Zustand. Die Werke und die Individuen – die *Texte* – unterscheiden sich untereinander kraft dieser Hypertrophien, und nur kraft dieser. Es handelt sich nicht darum, sie anzunehmen oder sie zu verwerfen. Nec ridere nec lugere sed intelligere. „Intelligere" besagt hier: dekonstruieren. Der Text ist in seine topologischen Zusammenhänge zu zergliedern, und Zergliedern ist uno actu Zusammensetzen: Dekonstruieren ist Neukonstruieren, neue topologische Zusammenhänge bestimmen; wenn man will: neue und

[34] Ebd. 182.

andere Hypertrophien schaffen, oder neue Teilstücke, Fragmente. Nichts nimmt man an, nichts verwirft man, alles wird zergliedert und anders zusammengesetzt – in einer Zeit, für die nicht vorgezeichnete Wege bestehen, sondern das Freie des für alle Wege offenen Raumes. Dies ist die Freiheit der Topologie: das Freie des Raumes, der nichtendlichen Wanderungen Raum gibt, wenn auch der Raum immer derselbe ist. In diesem Zeit-Raum oder besser in diesem Raum der mannigfaltigen Zeiten für verschiedene Wege gibt es nichts Vorbestimmtes: Das Ferne nähert sich, das Nahe entfernt sich. Hegel wird zum Zeitgenossen Augustins; weit entfernt, in einem anderen Topos, wohnt Schelling, Plotins Zeitgenosse. Aber es sind je vorläufige Beziehungen, diese, die sich im Raum der Topologie verflechten, insofern die dekonstruierende Arbeit nie zu Ende kommt. So wohnt derselbe Autor, derselbe Text in mehreren Topoi. Kant ist Cartesianer und Platoniker, Heidegger kommt *vor* Gorgias und *nach* Nietzsche.

Der eigentliche Autor, der eigentliche Text der hermeneutischen Topologie ist Platon, der Philosoph aller Philosophen, der Autor aller Autoren, der Text der Texte – vorausgesetzt, man ist fähig, ihn zu lesen und auszulegen, ohne ihn in das Prokrustesbett der Entwicklungschronologie zu zwingen, vorausgesetzt, man kann ihn *topologisch* lesen – das heißt: *philosophisch.*

Es bleibt die Frage nach der Endlichkeit der Topoi, d. i. nach ihrem Ursprung, nach der Endlichkeit des nichtumgrenzten Raums der Allheit der Topoi. Es wurde gesagt, der Topologienraum sei aus Schichten gebildet. Es wurde auch angedeutet, daß die Schichten nicht unendlich viele sind – gesetzt, es gibt einen ursprünglichen Topos: das Urteil. Dieses ist ursprünglich, da es die Schicht ist, diesseits von der es keinen weiteren Topos, keinen weiteren Sinnhorizont gibt. Diesseits des Urteils, des νοῦς, gibt es das Nichts, nicht das Leere des Nicht-Seins, sondern das Volle des Eins – das Unbegrenzte, das Einfachste. Τὸ ἀόριστον, τὸ ἁπλούστατον: was keine, weder innere noch äußere, Grenze hat, weil keine Verneinung es affiziert – omnis determinatio est negatio. Der Horizont entsteht zusammen mit dem Urteil. Es ist das Ur-Teil, die ursprüngliche Teilung, das ὁρίζει τὸ ἀόριστον. Es ist das Urteil, das das Schweigen sagt. Es ist das Urteil am Ursprung der Sprache. Hier findet Topologie ihre letzte Grenze: die Grenze der Sprache. Die Endlichkeit der Topologie ist die Endlichkeit der Sprache.

Verwendete Siglen

AgW	W. Dilthey: Der Aufbau der geschichtlichen Welt in den Geisteswissenschaften, in: Gesammelte Schriften Bd. VII, hrsg. von B. Groethuysen, Stuttgart, Göttingen 1973.
EH	W. Dilthey: Die Entstehung der Hermeneutik, in: Gesammelte Schriften Bd. V, hrsg. von G. Misch, Stuttgart, Göttingen 1968.
NE	Aristoteles: Nikomachische Ethik, hrsg. von I. Bywater, Oxford 1984; dt. von E. Rolfes, hrsg. von G. Bien, Hamburg 1985.
PFAgW	W. Dilthey: Plan der Fortsetzung zum Aufbau der geschichtlichen Welt in den Geisteswissenschaften, in: Gesammelte Schriften Bd. VII, a. a. O.
SZ	M. Heidegger: Sein und Zeit, Tübingen 1977.
WM	H.-G. Gadamer: Wahrheit und Methode. Grundzüge einer philosophischen Hermeneutik, Tübingen 1986.

Säkularisierung der Philosophie*

Von Gianni Vattimo

Mit dem, was ich die Säkularisierung der Philosophie zu nennen vorschlage, ist ein Phänomen gemeint, das mit der Ausbreitung der Hermeneutik im kulturellen Leben der letzten zwei Jahrzehnte Bedeutung erlangt und sich in seiner ganzen Tragweite zu erkennen gegeben hat. Wollte man nämlich im heutigen Denken eine Tendenz anführen, die sich als die aktuelle philosophische koiné betrachten kann, so nimmt die Rolle, die der Marxismus in den fünfziger und sechziger Jahren und der Strukturalismus in den siebziger Jahren innehatte, heute die Hermeneutik ein; freilich wäre wohl einzuräumen, daß Merkmale und Weisen der Verbreitung jeweils verschiedenartig sind (die Hermeneutik besitzt beispielsweise nicht die politischen Implikationen, die für den Marxismus charakteristisch waren). Der Terminus „Hermeneutik“ weist auf eine philosophische Richtung hin, die in charakteristischer Weise zum ersten Mal in „Wahrheit und Methode“ von Hans-Georg Gadamer (1960) ihren Ausdruck fand, wo die Ergebnisse der Heideggerschen Ontologie verarbeitet und – wie Habermas sagte – „verfeinert“ (d. h. vielleicht schon säkularisiert) wurden und die in den letzten Jahren facettenreicher und komplexer und deren Grenzen dabei vielleicht in gewissem Sinne immer weiter und unbestimmter wurden. Bedeutende Momente dieses Transformations-

---

* Übersetzt von Norbert Bickert. Zuerst erschienen in: G. Vattimo, Etica dell'interpretazione, Turin: Rosenberg und Sellier 1990, 27-37.

prozesses, durch den auch die Hermeneutik Gadamers eine Säkularisierung erfuhr, die es ihr allererst erlaubte, als philosophische koiné unserer Kultur aufzutreten, waren zunächst die Ausarbeitung, die in einer Deutung als „praktische Philosophie“ Gadamer selbst vornahm (ich denke hier beispielsweise an die Essays des Bandes „Vernunft im Zeitalter der Wissenschaft“, 1976),[1] und dann die Rezeption und Neubearbeitung (mit vielen neukantianischen Einflüssen), die die hermeneutischen Themen bei Habermas in der „Theorie des kommunikativen Handelns“ oder bei Apel im „Apriori der unbegrenzten Kommunikationsgemeinschaft“ oder auch – mit Beiträgen verschiedenen Ursprungs – bei Ricoeur (bei dem sich die Hermeneutik mit der Phänomenologie vereint) oder Luigi Pareyson (bei dem diese sich mit einer Ontologie der Freiheit existenzialistischer Herkunft berühren) gefunden haben. Eine herausragende Bedeutung für die Verbreitung der hermeneutischen Thematik lag in ihrem Zusammentreffen mit dem methodologischen Selbstbewußtsein der Literaturkritik in Europa und Amerika (Jauss und seine Schule; der amerikanische Dekonstruktionismus) und, allgemeiner, mit den Sozialwissenschaften. Einen entscheidenden Schritt zur Offenlegung ihrer Tendenz zur Säkularisierung lieferten die Arbeiten von Richard Rorty, der das Bestehen einer einheitlichen Ausrichtung der Ergebnisse von Heideggers Denken, des Pragmatismus Deweys und des späten Wittgenstein explizit theoretisch faßte. Vor allem mit Berufung auf Rortys Arbeit „Philosophy and the Mirror of Nature“[2] läßt sich erklären, was mit Säkularisierung der Philosophie im Zusammenhang mit der Ver-

[1] Vgl. G. Vattimo, Al di là del soggetto, Mailand: Feltrinelli 1984, IV. Kap.
[2] Princeton: Princeton University Press 1980.

breitung der Hermeneutik als der aktuellen philosophischen koiné gemeint ist.

Was Rorty in seinem Buch einer Kritik unterzieht, ist die Begründungsidee, die die westliche Philosophie seit ihrem Entstehen beherrscht hat: zuerst in Form der Suche nach den Ersten Prinzipien, nach dem óntos ón, nach dem Sein als Stabilität von Strukturen, die die Welt der Erfahrung begründen und legitimieren, dann in der einen Großteil des Denkens des 19. und 20. Jahrhunderts charakterisierenden Form der kritischen oder epistemologischen Begründung des wissenschaftlichen Wissens und der Legitimität der anderen Formen von Erfahrung. In dieser Fassung tritt die Begründung der Philosophie nicht als Kenntnis eines „Bereichs" des Wirklichen in Erscheinung, der – wie die ersten Aristotelischen Gründe – die Grundlage für die anderen darstellt, sondern äußert sich im reflexiven Erfassen der Strukturen jedes gültigen Wissens. Auch wenn die Philosophie, vom Positivismus über den Neukantianismus und die Phänomenologie bis hin zu den verschiedenen Richtungen des Neopositivismus, nicht beansprucht, alle anderen Formen des Wissens metaphysisch zu begründen, so bleibt doch ihr Anspruch einer „methodologischen" Begründung. Der Spiegel der Natur, von dem im Titel von Rortys Buch die Rede ist, ist das Erkenntnissubjekt; ihm wendet sich die Philosophie in ihren verschiedenen kritisch-epistemologischen Fassungen mit der Absicht zu, es immer klarer und bewußter zu machen und es somit zu befähigen, das Reale, die Welt „da draußen", ohne Grenzen und Unbestimmtheiten widerzuspiegeln. Die Bedeutung des Buches von Rorty besteht – zumindest vom Gesichtspunkt der Hermeneutik aus – darin, hervorgehoben zu haben, daß die Säkularisierung der Philosophie im 20. Jahrhundert nicht von den Richtungen ausgeht, die sich als grundlegendere Kritiken der Metaphysik verstanden wissen wollten wie beispielsweise der Neopositivismus.[3] Wie die Phänomenologie – wenn auch unter anderen Gesichtspunkten – scheint für Rorty auch und vor allem der Neopositivismus zutiefst an die Idee der Begründung gebunden zu sein, zumindest in dem Maße, in dem er die Sprache der exakten Wissenschaften als die „wahre" Sprache theoretisch faßt und die Philosophie im wesentlichen als Epistemologie auffaßt.

Einen radikalen Abschied vom Ideal der Begründung nimmt nach Rorty hingegen das Denken Heideggers, Deweys und des späten Wittgenstein. Mehr als in anderen Richtungen lebt das Erbe dieser Denker gerade in der Hermeneutik weiter. Interpretiert man Rorty in einer Richtung, die er zwar nicht eingeschlagen hat, die aber zweifellos mit seinen Intentionen übereinstimmt, so kann man sagen, daß die Bedeutung Heideggers nicht nur darin besteht, daß er den Zusammenhang zwischen Sein und Sprache mit Nachdruck hervorgehoben hat, sondern vor allem darin, das Sein als Ereignis und nicht als Struktur gedacht zu haben. Solange das Sein auf Sprache zurückgeführt wird („Die Sprache ist das Haus des Seins", wie es im „Brief über den Humanismus" heißt), ist es noch möglich (und in der Tat geschieht das in der Sprachphilosophie neopositivistischer Art), daß sich das Begründungsideal erhält, nur daß es auf die Ebene der Sprache übertragen wurde. Etwas Derartiges findet man übrigens in der neukantianischen Interpretation der sprachlichen Wende der Philosophie. Apel spricht von einer „Semiotisierung des Kantianismus" als dem Merkmal der zeitgenössischen Philosophie: Die apriorischen Strukturen, die die Erfah-

[3] Wir denken hier an Carnaps bekannten Artikel „Überwindung der Metaphysik durch logische Analyse der Sprache", in: Erkenntnis (1931) 219-245.

rung ermöglichen und die Objektivität des Wissens und die Rationalität des Handelns sichern, sind Strukturen der Sprache, aber sie bewahren den tendenziell ahistorischen Universalanspruch des Kantischen Apriori. Erst wenn der Zusammenhang Sein-Sprache in eine Perspektive radikaler Begrenztheit des Daseins gestellt wird, wie dies bei Heidegger der Fall ist, geht man über die Idee der Begründung hinaus. Für die Ontologie Heideggers gilt nicht nur, daß das Sein sich in der Sprache ereignet; hervorzuheben ist vielmehr die Tatsache, daß es sich *ereignet:* Das sprachliche Apriori wird jeweils historisch ausgezeichnet, es handelt sich dabei nicht um Strukturen, sondern um Botschaften. Zwischen den verschiedenen sprachlichen Welten besteht nicht die Beziehung, die die Metaphysik zwischen den Individuen einer Gattung hergestellt hat. Diese sind nicht daran gebunden, einen universalen Gattungsbegriff mit spezifischen Differenzen zu verwirklichen. Es liegt vielmehr eine „Familienähnlichkeit" vor (diesen Terminus Wittgensteins kann man meines Erachtens auch auf Heideggers Begriff der Geschichtlichkeit des Wesens anwenden), wo die Einheit die einer Übertragung ist; dies impliziert aber nicht das Weiterbestehen eines Identischen, sondern die Kontinuität des Bandes. Heidegger bringt das mit dem Begriff des *Ge-schicks* zum Ausdruck: Das Sein ist nicht Grund, Prinzip oder arché, Basis, sondern Ge-schick, Sendung, Überlieferung, Botschaft. Die natürlichen Sprachen, die die Welterfahrung ermöglichen, sind historisch-natürliche Sprachen. Sie erscheinen jeweils als Antworten auf andere Sprachen, die ihrerseits schon Erwiderungen und Interpretationen sind.

Nur weil sie dem Erbe der Ontologie Heideggers, die man legitimerweise als nihilistisch bezeichnen kann, treu bleibt, erfaßt die Hermeneutik in radikaler Weise die Implikationen der historischen Begrenztheit des Zusammenhangs von Sein-Sprache und säkularisiert damit die Philosophie wahrhaft. Der Vorläufer Heideggers auf diesem Wege war Nietzsche. Die Tragweite von Nietzsches Verkündigung „Gott ist tot" liegt nicht nur in ihrem Inhalt (die Zeit der festen Strukturen – und mit ihr auch die Zeit des Begründungsdenkens – ist zu Ende, weil wir sie nicht mehr benötigen), sondern auch und vor allem in ihrer Form als *Verkündigung,* die keine Struktur (die Nicht-Existenz Gottes) *beschreibt,* sondern ein *Ereignis erzählt.* Vielleicht stellt Nietzsche gerade unter diesem Gesichtspunkt ein gedankliches Erbe dar, das wir uns in seiner ganzen Tragweite noch aneignen müssen. Was bedeutet nämlich Denken zu einem Zeitpunkt, in dem es nicht mehr als Begründung faßbar ist, weder im klassisch metaphysischen noch im modernen „epistemologischen" Sinn? Daß die Frage „Was heißt Denken?" im gesamten Werk Heideggers eine zentrale Stellung einnimmt, ist beispielsweise nur zu verstehen, wenn man sie vor diesem Hintergrund betrachtet.

Nach dem „säkularisierenden" Sinn zu fragen, der die gegenwärtige Verbreitung der Hermeneutik als der letzten (neuesten) philosophischen koiné unserer Kultur erfaßt, heißt, sich die Frage zu stellen, was das für ein Denken ist, welches sich nicht mehr als Begründungsarbeit versteht. Wer vom Ende der Philosophie spricht, antwortet im Grunde schon in gewisser Weise auf diese Frage: Er identifiziert die Philosophie mit dem Begründungsdenken und nimmt zur Kenntnis, daß von solchem Denken „nichts mehr geblieben ist" (wie vom Sein im Prozeß des Nihilismus).[4] Aber kann man denn wirklich die Metaphysik, das Erbe der Philosophie der Vergangenheit, und damit auch das Ideal der Begründung, wie eine Idee aufgeben, an die

[4] Vgl. M. Heidegger, Nietzsche Bd. II, Pfullingen 1961, 338.

man nicht mehr glaubt?[5] Sollten wir nicht vielmehr gegenüber den „Fehlern“ der Moral, der Metaphysik und der Kunst der Vergangenheit, die die Welt farbig und interessant gemacht haben, damit fortfahren, „Feste der Erinnerung“[6] zu zelebrieren? Kann das Abschiednehmen von der Metaphysik und dem Platonismus wirklich nur die Umkehrung der Platonischen Hierarchie bedeuten, die die Welt des Scheins an die Stelle der „wahren“ Welt setzt? Wenn, wie Nietzsche in der „Götzen-Dämmerung“ schreibt, die wahre Welt (die Platonischen Ideen, die festen Wesen) „zum Schluß zur Fabel geworden ist“, dann ist auch mit ihr die Scheinwelt verschwunden, die keinen Bezugspunkt mehr hat, bezüglich dessen sie eine Welt des Scheins ist. Was nach der Fabulisierung der wahren Welt übrigbleibt, ist nicht die Scheinwelt als einzige Welt – und somit ihrerseits wahre Welt –, sondern die Geschichte der Fabulisierung. Das Denken ist „Fest der Erinnerung“ oder, wie Heidegger expliziter formuliert, *An-Denken.* Ist einmal das Ideal des Denkens als Begründung, das an das Ideal des Seins als Grundlage und Struktur gebunden ist, aufgezehrt, bleibt nicht nur das System des Scheins, die Welt der von den Wissenschaften abgesicherten und von der Technik zur Verfügung gestellten Daten. Diese von der Geschichte des Fabulierens getrennte Welt würde unvermeidbar die Wahrheitsmerkmale der Platonischen „wahren Welt“ annehmen. Einer der Termini, mit denen Heidegger aufs eindringlichste auf das nicht-metaphysische Wesen der Sprache anspielt, ist das Wort *Sage,* das nicht nur als Ursprache, als Ursprungsepos zu verstehen ist, sondern auch, so glaube ich, als Fabel im Sinne des Nietzscheschen Fabulierens.

[5] Vgl. M. Heidegger, Vorträge und Aufsätze, Pfullingen 1954, 72.
[6] Vgl. F. Nietzsche, Menschliches, Allzumenschliches, Aphorismus 223.

Wenn wir also ein postmetaphysisches Wesen des Denkens suchen, eines Denkens, das sich nicht mehr die Aufgabe der Begründung zuweist, müssen wir uns im Horizont der Sage, der Fabel, des An-Denkens bewegen. Es sind dies die Weisen, mit denen auf das Sein als Ereignis und Ge-schick erwidert wird.

Mit der Erinnerung (die jedoch sehr verschieden ist von der „Konstatierung", Registrierung, Feststellung usw. einer „Tatsache") an ein Ereignis ist schon das benannt, worauf das Denken als An-Denken seine Legitimität gründet. Zu sagen, daß die Säkularisierung der Philosophie das Auftreten der Hermeneutik als philosophischer koiné bedeute, heißt das etwa zu behaupten, daß eine solche Säkularisierung ernst genommen, bis zum Äußersten getrieben werden „muß"? Auch dies geschieht natürlich letzten Endes auf der Grundlage einer Erzählung oder einer Fabel. Es gibt keinen wirklichen *Grund* zu behaupten, daß Philosophie nicht mehr Begründungsdenken sein soll. Wir verfügen einerseits nur über eine bestimmte Rekonstruktion der Angelegenheit der Philosophie in ihrer Entwicklung, die als ein Sichentfalten und Sichabnutzen der Begründungsidee gesehen wird. Hierbei ist auf die Rekonstruktion zu verweisen, die Nietzsche in dem bereits erwähnten Kapitel der „Götzen-Dämmerung" über die Fabel gewordene Welt zusammenfaßt, oder auf die Rekonstruktion, die Heidegger auf den zahlreichen Seiten seiner „Metaphysik als Seinsgeschichte" umreißt. Und andererseits haben wir eine bestimmte Interpretation (Fabulisierung) der Entsprechung zwischen dieser theoretischen Abnutzung des Begründungsbegriffs und der Transformation der individuellen und sozialen Daseinsbedingungen, die in unserer Welt durch die Wissenschaft und durch die in ihrem Verhältnis zur Metaphysik gesehenen Technik geschaffen wurden. Für Nietzsche stirbt

Gott deshalb, weil die Daseinsbedingungen weniger extrem, somit sicherer geworden sind; aber dies geschah gerade dank jener Rationalisierung des sozialen Lebens, die auch die Theorie des Fundaments in Gott ermöglichte. Für Heidegger resultiert das Ende der Metaphysik, und somit des Begründungsdenkens, aus ihrer tatsächlichen Verwirklichung in der Welt des *Ge-stells,* d. h. der Welt der planetarischen Technologie und der (tendenziell) lückenlosen Organisation, der geplanten Realität. Um sich in ihrer Form als An-Denken zu legitimieren, erzählt die säkularisierte Philosophie eine bestimmte Geschichte, die sich zusammensetzt aus „Disziplin"-Angelegenheiten (auch der Weg der Philosophie ist sicherlich gemäß bestimmter Vorverständnisse, Vorurteile und Annahmen rekonstruiert und beschritten worden) und solchen der „äußeren" Geschichte (der Bedingungen des modernen Lebens, der Transformationen, die an den Übergang – wenn es ein solcher ist – von der Moderne zur Postmoderne gebunden sind). Diese zwei Aspekte der Erzählung erklären und bestätigen sich gegenseitig. Die Überzeugungskraft, die eine solche andenkende „Begründung" zu besitzen beansprucht, ist eine „hermeneutische", d. h., sie wird nach der Fähigkeit beurteilt, die an sie gerichteten Appelle aufzunehmen, und vor allem danach, ihnen mit Ausführungen zu entgegnen, die weitere Antworten hervorbringen.

Wir können auch sagen: Die „These" des nicht begründenden, sondern erinnernden Charakters des Denkens gibt sich als eine Interpretation des Daseinssinns in seiner gegenwärtigen spätmodernen Ausprägung. Seine Überzeugungskraft stellt den Anspruch, nicht auf der Grundlage von Beweisen und Grundbegriffen, sondern auf der Basis derjenigen Sache beurteilt zu werden, die tatsächlich „Sinn gibt", d. h., die es erlaubt, vielfältige Erfahrungsaspekte in einer gegliederten Einheit zu verbinden, und die es gestattet, mit (den) anderen darüber zu sprechen.

Auf diese Weise zeichnet sich auch die Aufgabe ab, die sich ein säkularisiertes Denken zuweist, und es rechtfertigt sich noch mehr Heideggers Rekurs auf den Begriff des An-Denkens. Das An-Denken zerlegt nicht die Realität und „eignet sie sich nicht an", indem es den Grund erfaßt und bezeichnet, sondern macht die Welt praktikabel, indem es eine Kontinuität, einen Zusammenhang rekonstruiert. Man versteht nun, daß das Verhältnis des nicht-begründenden Denkens zu dem der Begründung kein „Ablegen eines alten Kleides", keine einfache Ablösung ist, sondern vielmehr – auch in diesem Sinn – eine „Säkularisierung", eine Transformation, die dasjenige, womit sie sich verbindet, nur als Vergangenheit erhält, verzerrt und erinnert, indem sie von ihm Abschied nimmt. Die metaphysische Begründung in ihrer klassischen Aristotelischen Formulierung wollte vom Realen in seiner Totalität Besitz ergreifen, indem sie die Ursachen und die Prinzipien angab, auf die alles zurückzuführen ist. Sie dachte demnach an ein Einheitsmoment, an das Erfassen des Einen in einer punktuellen Erfahrung (womit das Modell der „Evidenz" bezeichnet ist, womit man nach Auffassung der Metaphysik das Wahre hervorbringt). Das säkularisierte Denken bewahrt und verzerrt das Bedürfnis nach Einheit, indem es jenes im Zusammenhang (der – noch in Nietzsches Perspektive – genealogisch ist) von Familienähnlichkeiten, historisch-schicksalhaften Verkettungen und Interpretationen von Botschaften sucht.

Wahrscheinlich ist richtig, was Nietzsche sagte: Diese Verständlichkeit und Praktikabilität der Welt in Begriffen einer erinnernden Kontinuität gehört zu einer Menschheit, die in einer Zeit einer wenn auch nur relativen Sicherheit lebt und die deshalb die im Begründungsdenken gesuchten extremen Lösungen und Versicherungen nicht mehr benötigt. Das spätmoderne Dasein ist so verfaßt, daß es, in Nietzsches Sicht – aber auch, so glaube ich, in derjenigen Heideggers –, keine Versicherung mehr von den archaí erwartet, die es de facto als provisorisch, mystifizierend, menschlich-allzumenschlich einzuschätzen gelernt hat. Gleichwohl kann es nicht darauf verzichten, der Welt und sich selbst einen Sinn zu verleihen, und hierzu bedarf es eines Zusammenhangs, der die Zersplitterung der Welt des Ge-stells überwindet oder wenigstens rhetorisch überdeckt und abschwächt; einer Welt, in der die Absicherung der Existenzbedingungen in Begriffen technologischer Erleichterungen mit der immer geringer werdenden Möglichkeit erkauft wird, sich ein einheitliches Bild von der Welt zu machen. Der Zusammenhang und die Kontinuität, die der spätmoderne Mensch in der Philosophie sucht, um seiner eigenen Existenz einen Sinn zu geben, ist die säkularisierte Form der metaphysischen „Begründung". Es handelt sich hierbei um einen Zusammenhang, der die Aufgabe hat, im wesentlichen zwei Arten von Diskontinuität und Zersplitterung zu überwinden: diejenige zwischen Gegenwart und Vergangenheit und diejenige zwischen den vielfältigen existierenden Arten des Wissens, die sich in ihrer zunehmenden Spezialisierung einer Synthese verschließen. (Wem gelingt es beispielsweise, sich ein Bild vom Universum zu machen, das die jüngsten Ergebnisse der Astrophysik miteinbezieht? Handelt es sich hierbei nur um eine Gewohnheit von ganzen Generationen, sich den Kosmos in Kopernikanischen oder Newtonschen Begriffen vorzustellen, oder um eine Unmöglichkeit in einem viel radikaleren Sinn? Vom Gesichtspunkt Heideggers aus müßte man die zweite Hypothese vertreten: Die moderne Wissenschaft zeichnet sich nämlich durch ihre Beziehung zur Technologie und zur Manipulation aus; es ist deshalb nicht verwunderlich, daß sie kein „Bild“ der Welt, sondern nur technisch ausgerichtete Entwürfe von Manipulationen der Welt hervorbringt.) Es besteht keine Notwendigkeit, darauf zu insistieren, warum und inwiefern diese beiden Arten von Diskontinuität für das Leben in der Welt der Technik so charakteristisch sind: Der Bruch mit der Geschichte, der weniger direkt an die Spezialisierung der Wissensarten und Techniken gebunden zu sein scheint, hat aber seine Wurzeln in der besonderen Abstraktheit der Wissenschaft, in ihrer Intention, alles auf die Stufe des Grundes, also einer idealen Synchronie, zurückzuführen, die jegliche Geschichtlichkeit außer Kraft setzt, außer derjenigen der – nur fälschlich als solche bezeichneten – tatsächlichen Verwirklichung von Planungen, die per definitionem keine Neuerungen vorsehen, es sei denn, es handelt sich um Störungen oder Hindernisse.

Die säkularisierte Philosophie, die nicht Grundbegriffe zuweist, sondern nur zu erinnern versucht, indem sie die Kontinuität zwischen Gegenwart und Vergangenheit (dies ist die Dimension, auf der die Überlegungen Heideggers über die Geschichte der Metaphysik so stark insistierten) und den Zusammenhang der Ergebnisse der Spezialwissenschaften konstruiert und rekonstruiert und dabei versucht, diese zu einem „praktikablen“ einheitlichen Weltbild zurückzuführen (auf diesen Aspekt hat Gadamer in seinen Aufsätzen der letzten zehn Jahre die Aufmerksamkeit gelenkt, vor allem auf die Hermeneutik als praktische Philosophie), säkularisiert sich in dieser Lage auch in dem Sinn, daß sie in immer stärkerem Maße wie die Metaphysik und die Epistemologie die Konnotationen einer „Wissenschaft“, und sei es auch sui generis, verliert, und sich der Unbestimmtheit, Unreinheit und Vorläufigkeit der

Alltagssprache nähert. Die Umkehrung der Metaphysik scheint vollständig: Zum Logos überzugehen, in die Logoi hineinspringen, wie es der Platonische Sokrates wollte, bedeutet nicht, sich von der Alltagssprache zu entfernen, sondern im Gegenteil, von den Bereichen der Abstraktheit und formalen Genauigkeit, in denen die Fachsprachen zu Hause sind, zu ihr zurückzukehren. Aber das Element der Wiederaufnahme, der Verzerrung, der Säkularisierung (welches eine bloße und einfache Umkehrung ausschließt) bleibt, denn es handelt sich stets um einen Übergang, um eine „Konversion"; und es muß auf dasjenige Bedürfnis antworten, das durch das metaphysische Verlangen nach Begründung zum Ausdruck gebracht wurde: Nur hat sich dieses Bedürfnis seinerseits in ein Bedürfnis nach Kontinuität und Zusammenhang verwandelt.
Der Logos, auf den die griechischen Philosophen ihre Aufmerksamkeit lenkten und der Berechnung und Ratio in der modernen Wissenschaft geworden war (die Logik wurde Mathematik), gewinnt seinen Sinn als „Rede", als von einer historischen Gemeinschaft gesprochene Sprache, zurück; und nur innerhalb dieses Rahmens (es seien hier die Heideggerschen Ausarbeitungen des Etymons légein, legere [aufnehmen, zusammenfassen] ins Gedächtnis gerufen) können die formalen Sprachen des Fachwissens und die Planungen der Technik realisiert werden. Die Philosophie ist (in dem geringen Maße, in dem sie eine eigene disziplinäre Physiognomie bewahrt) die „Disziplin" der „Reduktion" dieser vielfältigen Diskurswelten auf den unreinen, unbestimmten Zusammenhang der historisch-natürlichen Sprache. Es wird hier, wenn auch in säkularisierter und verzerrter Form, die Hegelsche Konnotation der Philosophie als Eule der Minerva wiederaufgenommen. Die säkularisierte Philosophie ist nicht der Ausgangspunkt des Fachwissens, kommt nicht vor ihm (als

seine kritisch ausgelegte Grundlage und Methodologie), sondern erscheint danach, bei der Konklusion, und zwar nicht als „übergeordnete" Synthese, die die ganze Wahrheit dieses Teilwissens im vollendeten Selbstbewußtsein entfaltet und realisiert, sondern in der Art einer nur „oberflächlichen" Synthese, die Merkmale der Erbauung und somit eher „rhetorische" als „logische" Züge besitzt. Im übrigen hat auch die Wahrheit in ihrer säkularisierten Form – der einzig denkbaren für eine nicht-metaphysische Philosophie – nicht mehr die Merkmale der in einem einzigen, punktuellen Ausdruck erfaßten Evidenz, sondern die der Überzeugungskraft eines Systems von Verweisen oder gar eines Systems mit tragendem „Hintergrund".

Dies sind nur einige der Wesenszüge, die an der Philosophie erkannt werden können, sobald man von der Säkularisierung – in der Form der „hermeneutischen Antwort" die wir angedeutet haben – Kenntnis genommen hat. Die Fruchtbarkeit dieser Kategorie ließe sich noch anhand anderer Entwicklungen aufzeigen. Auf eine möchte ich noch aufmerksam machen, da sie die Antwort auf eine Frage liefern könnte, die man hier nicht unberücksichtigt lassen darf. Die Frage lautet: Besteht nicht die Gefahr, daß eine Philosophie, die als Organ der Wiederzusammenfügung des Zusammenhangs der historisch-natürlichen Sprache einer Gemeinschaft konzipiert ist, zu einer bloßen Apologie und Verteidigung des Bestehenden verflacht? Wird nicht am Ende der Zusammenhang, den sie zu erhalten und wiederherzustellen sucht, indem sie durch ihre synthetisierende Interpretationsarbeit und durch die Erbauungstätigkeit die Teildiskurse wieder auf ihn zurückführt, bloß derjenige der gefestigten Tradition, des bewährten „Kanons", des allgemeinen (gesunden) Menschenverstandes sein? Man muß darauf beharren, daß das säkularisierte Denken kein spekulatives Denken, sondern An-Denken ist, das es also auf das Sein nicht als äußerer Beobachter schaut, sondern sich, in dessen Ereignis stehend, an es erinnert, indem es auf die erhaltenen Botschaften mit Interpretationen erwidert, die sich neuen Antworten öffnen. Zum erinnernden Denken gehört aber nicht nur die Ausrichtung auf die Vergangenheit, sondern auch die Projektion in die Zukunft, und zwar in den Formen der Erwartung, der Vermutung, des Urteils und der Wahl. Wenn das, was zu uns spricht und unser Denken beeinflußt, *be-stimmt* oder anstimmt, das Ereignis (wenn auch nur „erzählt“ und nicht nachgewiesen) des „Todes Gottes“, des Endes des Begründungsdenkens ist, dann lassen sich in solch erinnertem und nicht spekulativ beschriebenem Ereignis auch Hinweise auf zukünftige Wahlmöglichkeiten und Orientierungen finden. Die Säkularisierung der Philosophie wird hier, so könnten wir sagen, Philosophie der Säkularisierung. Worüber wir „verfügen“, ist, wie Nietzsche in „Menschliches, Allzumenschliches“ sagte, nur das, was wir von der historischen Über-Tragung empfangen haben: Formen, Werte, Sprachen, „Fehler“, die uns von der Menschheit der Vergangenheit überliefert wurden. Dies ist das einzige „Sein“, das wir in uns und in der Welt anzutreffen die Möglichkeit haben. Wenn uns diese Über-Tragung mit den Merkmalen der Säkularisierung erreicht, so kann die Antwort, die wir darauf geben, nicht davon absehen. Sie in Erinnerung zu bringen, heißt auch, sie als möglichen Wegweiser unserer Erwartungen und Wahlmöglichkeiten anzunehmen, die stets gewagt, weil nicht deduktiv abgesichert, aber deshalb nicht unvernünftig und zufällig sind. Die Verkündigung von Gottes Tod mit der Bedeutung, die ihr Nietzsche gegeben hat (Ende des Begründungsdenkens, der Autorität und des Grundes und somit auch Ende des Menschen der Gewalt, derjenigen Gewalt, die das „Heilige“ begleitet) und/oder die Verkündigung des Endes der Metaphysik durch Heidegger – all dies ist nicht nur ein Verweis auf ein Ereignis der Vergangenheit, sondern auch auf die zu übernehmende Verantwortung für die Zukunft und auf die Wahlentscheidungen, Urteile und kritischen Positionen, die gegenüber dem Bestehenden zu treffen und einzunehmen sind. Diese Verantwortungen und Entscheidungen scheinen sich, soweit wir das auf der Grundlage eines „An-Denkens“ dessen, was uns von der Philosophie der Vergangenheit, aber auch von den neuen sozialen Daseinsbedingungen der Spätmoderne über-tragen wurde, sehen können, im Sinne der Säkularisierung als zunehmende Abnutzung aller starken, beruhigenden, aber auch gewalttätigen Merkmale des Seins ausrichten zu müssen, und zwar mit allen ethischen und politischen Implikationen, die dies mit sich bringt. Will man, daß sich die Philosophie wirklich in ihrer Form des An-Denkens entfaltet, muß das Sein, als eindrucksvolle und verbindliche Vorhandenheit des Seienden, Gedächtnis und Hintergrund werden. Die Säkularisierung ist nicht nur ein Los der Philosophie, sondern betrifft auch das Sein selbst, das sich in der Zeit des Endes der Metaphysik schließlich „gibt“, und zwar in der Form des Zurückweichenden und Verschwindenden.

Interpretation des Wahren und des Falschen*

Von Mario Ruggenini

I. Nietzsche und die Interpretation

1. „Der interpretative Charakter alles Geschehens“

Die Erfahrung der Unvermeidbarkeit der Interpretation bildet die Grundlage von Nietzsches Revolte gegen die *Metaphysik der Wahrheit*, d. h. der Gegebenheiten, von denen man annimmt, daß man sie, um den Widerstreit der Meinungen beizulegen, auf unanfechtbare Art feststellen könne. Dies geschieht kraft der Voraussetzung einer Konsistenz der Dinge an sich, die der subjektiven Erfahrung die unabdingbare Verankerung in der Objektivität sichert. Die Feststellung der Fakten ist nämlich zu denselben Bedingungen möglich, die es auch erlauben, die Absolutheit des Dinges als eine vollkommen in sich selbst definierte Realität zu denken. Nietzsche klagt jedoch, schon vor Husserls phänomenologischer Leidenschaft für die reinen Gegebenheiten, die als solche unanzweifelbar wären (einer von den Neopositivisten geteilten, wenn auch von Neurath und später auf analytischem Gebiet von Quine und Sellars sehr bald zur

* Der folgende Aufsatz, ursprünglich für diesen Band verfaßt, wurde inzwischen in meinem Buch „I fenomeni e la parole. La verità finita dell'ermeneutica“ (Genova: Marietti 1991) veröffentlicht. Er erscheint hier mit freundlicher Genehmigung des italienischen Verlags. Für tatkräftige Mitwirkung bei der Übersetzung ins Deutsche bedanke ich mich bei Frau Dr. Andrea Wodenegg und für die sorgfältige Überprüfung und wichtige Ratschläge bei Dr. Hans Rainer Sepp.

Diskussion gestellten Leidenschaft), den müßigen, ja absurden Charakter einer „Hypothese" an, die annimmt, daß „ein Ding aus allen Relationen gelöst noch Ding sei";[1] oder daß das Faktum sich seinerseits als etwas an sich Seiendes herausstellen könnte, dessen Autonomie unsere Erfahrung hinsichtlich jedes anderen Ereignisses und hinsichtlich von uns selbst als Beobachtern bestätigen müßte. „Der interpretative Charakter alles Geschehens. Es gibt kein Ereignis an sich. Was geschieht, ist eine Gruppe von Erscheinungen, *ausgelesen* und zusammengefaßt von einem interpretierenden Wesen."[2] Also: „Wir können kein Faktum ‚an sich' feststellen: vielleicht ist es ein Unsinn, so etwas zu wollen."[3]

Sowohl das Faktum wie das Ding – das Ding also als Faktum oder die Faktizität des Dinges – konstituieren sich in Relation zur Interpretation, die Nietzsche als eine „Sinn-Setzung"[4] oder, in einer noch betont subjektivistischeren Wendung, als ein wahrhaftes „Hineinlegen von Sinn" (also eben als „Auslegung", nicht als „Erklärung") versteht – aufgrund des Gedankens, daß es einen Sinn an sich nicht gebe.[5] Mit der Frage etwa „Was ist das?" richten wir uns schon nach einer Hypothese von Sinn, ja sind wir schon solchem begegnet, das sich kraft einer Antizipation von Sinn, die verlangt, weiter ausgearbeitet, und zwar wörtlich „aus-gelegt" zu werden, befragen läßt. Dies aber bedeutet, daß die „Essenz" (oder „Wesenheit"), nach der wir uns auf die Suche begeben, „etwas Perspektivistisches [ist] und [...] eine Vielheit schon voraus-

---

[1] F. Nietzsche, Nachgelassene Fragmente, VIII, 2,9 [40] (Herbst 1887), Kritische Gesamtausgabe (KGA), Berlin, New York.
[2] Ebd. 1,1 [115] (Herbst 1885 – Frühjahr 1886).
[3] Ebd. 1,7 [60] (Ende 1886 – Frühjahr 1887).
[4] Ebd. 1,2 [149] (Herbst 1885 – Herbst 1886).
[5] Ebd. 1,2 [82] und [86]; 2,9 [48] (Herbst 1887).

[setzt]". In der Tat ist ihre Beziehung zu dem, der sie befragt, unausweichlich mit im Spiel. Insofern dieser nach etwas fragt, verknüpft er es seinerseits mit anderen Bedeutungen, welche seinen Erfahrungsbereich strukturieren, mit Leere und Fülle, mit den Gewißheiten, den Enttäuschungen, den Erwartungen, die ihn prägen und ihm seine bestimmte Physiognomie verleihen. Die Eigenschaften eines Dinges sind auf diese Weise die Beziehungen, die es mit anderen Dingen verbinden und von ihnen unterscheiden: Nietzsche spricht von diesen Beziehungen als Wirkungen, die das Ding auf andere Dinge ausübt, daher von seinen „Tätigkeiten", die, wären sie beseitigt, das Ding an sich in seiner absoluten Bestimmtheit einfach undenkbar machten. Jede Bestimmung ergibt sich aus dem Spiel der Wechselbeziehungen zwischen den Dingen, die nur kraft des gegenseitigen Verweisens des einen auf das andere Gestalt und Konsistenz annehmen. Sähe man also von den anderen Wirklichkeiten ab, so besäße das Ding keine Eigenschaften, und es bliebe nichts Bestimmtes, kein Ding, sondern nur das leere Trugbild eines Namens ohne einen solchen Sinn, der auf irgendeine Weise in die Praxis der Existenz Eingang fände. Nietzsches bündige Formulierung lautet folgendermaßen: „Denkt man andere Dinge weg, so hat ein Ding keine Eigenschaften, d. h. es gibt kein Ding ohne andere Dinge, d. h. es gibt kein ‚Ding an sich'."[6]

Aber der Sinn, den ein Ding nur im Verhältnis zu anderen Dingen annimmt, multipliziert sich, wenn er bezüglich der vielfältigen Fragen vieler Interpreten zum Ausdruck kommt, welche sich innerhalb eines semantischen Feldes zwar unterscheiden, es aber wenigstens insoweit teilen, als es ihnen erlaubt, die jeweiligen Interpretationen zu

[6] Ebd. 1,2 [85].

vergleichen. Das bedeutet: „Ein Ding wäre bezeichnet, wenn an ihm erst alle Wesen ihr ‚was ist das?' gefragt und beantwortet hätten. Gesetzt, ein einziges Wesen, mit seinen eigenen Relationen und Perspektiven zu allen Dingen, fehlte, so ist das Ding immer noch nicht ‚definiert'."[7]

2. Der metaphysische die erschöpfende Erfüllung des semantischen Feldes

Nietzsches Perspektivismus wandelt die angebliche absolute Bestimmtheit des Dinges in eine stets offene Bestimmung um, der die Möglichkeit einer erschöpfenden Definition fehlt. Die Bedingung der Bedeutung ist nämlich die Beziehung; dieser muß aber unbegrenzt entsprochen werden, ohne die Möglichkeit einer solchen Erfüllung, welche die Fähigkeit mit sich bringen würde, gleichzeitig alle möglichen Verweise zu überprüfen und ihnen gerecht zu werden. Das metaphysische Denken und seine Konzeption der Wahrheit sind durch den Anspruch auf in sich geschlossene semantische Einheiten, die entweder in autonomer Weise, aufgrund ihrer selbst, definiert oder für eine wie auch immer begrenzte Serie, welche also berechenbare Verweise mit sich bringt, offen sein können, gekennzeichnet. Aber schon der Platon des „Parmenides" und des „Philebos" bekennt sich (durch den Mund von Sokrates) zur Aporie bezüglich der Unmöglichkeit, das Eine von dem Vielen zu trennen – nicht nur auf der Ebene der wahrnehmbaren Dinge, sondern der Ideen selbst, von welchen er zu denken versucht, daß auch sie von den Prinzipien der Einheit und der Vielfalt bestimmt seien und in sich selbst die Grenze und die Unendlichkeit bergen (ὡς ἐξ ἑνὸς μὲν καὶ πολλῶν ὄντων

[7] Ebd. 1,2 [149].

τῶν ἀεὶ λεγομένων εἶναι πέρας δὲ καὶ ἀπειρίαν ἐν αὑτοῖς σύμφυτον ἐχόντων). Und es muß mit Blick auf die folgenden Ausführungen betont werden, daß diese Identität des Einen und des Vielen nach den Erwägungen, die Sokrates gegenüber dem bestürzten Protarch vorbringt, aus den Reden (ὑπὸ λόγων) hervorgeht, ja sogar ein πάθος darstellt, das weder einen Anfang besitzt noch enden kann, weil es ihnen unvergänglich innewohnt (ἀθάνατόν τι καὶ ἀγήρων πάθος). Der Anspruch des Platonischen Denkens ist jedoch von der Art, daß es eine einzige Idee sucht und in jedem Fall eine einzige Idee setzt (ἀεὶ μίαν ἰδέαν περὶ παντὸς ἑκάστοτε θεμένους ζητεῖν), jedoch nach der Methode, die es nicht erlaubt, „wahllos [aus dem Vielen] eins zu machen", wie es die angeblichen zeitgenössischen Weisen tun (ἓν μέν ὅπως ἂν τύχωσι, [...] ποιοῦσι"),[8] welche unmittelbar das Unendliche neben das Eine stellen, weil sie das, was zwischen dem Einen und dem Anderen liegt, ignorieren. Die Sorge um das μεταξύ, das zwischen dem Unendlichen und dem Einen vermittelt, ist jedoch das, was in der Diskussion die Dialektik von der Eristik unterscheidet. Für die christliche Metaphysik wird die Einheit der Bedeutung auf der einen Seite von der substantiellen Auffassung der Wirklichkeit, die vom klassischen Denken übernommen wurde, garantiert, weshalb die vielfältigen Beziehungen letztlich auf autonome semantische Kerne gegründet sind; auf der anderen Seite vom absoluten Abgetrenntsein ihres transzendenten Prinzips von der Welt, die es geschaffen hat, und von der perfekten Transparenz gegenüber sich selbst, von deren Höhe aus Gott, das eigene Sein und die eigene Vollkommenheit denkend, die volle Mitgegenwart jeglicher Bestimmung realisiert. Als

[8] Philebos, 16 c-d, 15 d, 17 a.

Onto-theologie ersinnt sie also ein vollkommenes Gewußtwerden der Realität (in Gott), die den griechischen Versuch, die Identität der Bedeutung im Unveränderlichen zu begründen, wiederaufnimmt und radikalisiert. Die Frage wurde im „Kratylos" so formuliert:

„Wie kann man rechtschaffen einen Namen dem geben, das sich unaufhörlich verändert, um zu sagen, daß es zuerst jenes Ding ist, dann, daß es eine solche Beschaffenheit hat, oder ist es nicht notwendig, daß während wir reden, es auf einmal anders wird, muß es sich nicht entziehen und nicht mehr in derselben Weise sein? [...] Von Erkenntnis, Kratylos, kann möglicherweise nicht die Rede sein, wenn alles sich ändert und nichts bleibt."[9]

Die absolute Ständigkeit, die dem Wissen zugrunde liegt, verwirklicht sich für das Auge, das alle Bestimmtheiten auf einmal sieht, in einem Jetzt, das weder ein Vorher noch ein Nachher kennt und das deswegen alle Dinge bei ihrem einzigen Namen rufen kann, d. h. mit dem Namen ihrer Essenz. Die Frage des „Kratylos" erfordert eine Ständigkeit des Seins und des Bedeutens aller Dinge, die der Wechsel (die Zeit) in Gefahr bringt und die schließlich nur die Ewigkeit erfüllen kann, um so mehr, je mehr abgetrennt und selbsttransparent sie ist. In dieser Richtung sollte die christliche Metaphysik weitaus tiefer wirken als die griechische.

3. Wille und Interpretation

Nietzsche hat sich als Erbe des Heraklitismus von Kratylos, mehr noch als von Heraklit selbst, auf jeden Fall aber, wie es scheint, des von Sokrates und Platon

[9] Kratylos, 439 d - 440 a.

bekämpften Heraklitismus gesehen. Dies geschah in der bekannten Absicht, den Platonismus, den das Christentum verbreitet und allgemein zugänglich gemacht haben soll, zu stürzen. Auf diese Weise ist er das Opfer seiner eigenen metaphysischen Ressentiments geworden; es ist ihm nicht gelungen, sich vom Rachegeist zu befreien, der ihn wiederholt gezwungen hat, in bloße Opposition zu verfallen, d. h. genau entgegengesetzte Positionen einzunehmen. Er erlebte also, wie wir sagten, die Unvermeidbarkeit des Interpretierens und nahm sie mit all dem Ernst dessen an, der bemerkt, daß es nicht genügt, sich auf die mißbrauchte antiskeptische Gebärde des Metaphysischen zu berufen, um sie zu umgehen. Wäre einer jedoch „eifrig genug, dies einzuwenden", daß auch das Fehlen von Gesetzen und endgültigen Wahrheiten „nur Interpretationen ist", so antwortet er ihm mit einem Achselzucken („nun, um so besser"),[10] das die erwartete Oberflächlichkeit der Anfechtung aufdeckt, indem er sich beinah auf dieselbe Ebene begibt. Welche Argumente soll man in der Tat dem Formalismus einer Anfechtung entgegenhalten, deren scheinbare Entschiedenheit nur aus dem Anschein eines Gesprächs hervorgeht?

Wer sich darauf beschränkt, den Interpretationswert seiner eigenen Worte auf die Worte dessen, der den interpretativen Charakter der Erfahrung aufdeckt, zurückfallen zu lassen, scheint einen definitiven (metaphysischen) Sinn der Wahrheit gerettet und unabdingbar gemacht zu haben; in Wirklichkeit aber bedient er sich einer zu einfachen Geste, mit der er sich gegen einen Spottpreis beruhigt. Was er offenbart, ist nämlich nur die Eile, das Gespräch abzubrechen, da man auf seine Erwiderung einfach antworten könnte, daß im Gespräch zu bleiben ge-

[10] F. Nietzsche, Jenseits von Gut und Böse, § 22, KGA Bd. VI,2

nau in der Interpretation zu bleiben hieße. Nietzsches „um so besser“ bedeutet also, daß das, was man als Einwand geltend machen könnte, vielmehr eine Bestätigung dafür ist, was er sagen möchte; es sei denn, man würde unausgesprochen das miteinschließen, was zu beweisen bliebe, und zwar daß das ein für allemal Nichts-sagen-Können die Auseinandersetzung der Meinungen und ihre kritische Prüfung unmöglich macht (von daher also *der skeptische Ausgang*: wenn jedoch die Nicht-Endgültigkeit des Redens sogar die Bedingung der Auseinandersetzung wäre?); und vor allem, daß die Wahrheit, zu der das Denken fähig ist, sich *effektiv* in ihrer Unveränderlichkeit offenbart, *nicht bloß als Postulat*, mit dem man nichts anderes tut, als die Erfahrung der Wahrheit, die in der Interpretation stattfindet, von Anfang an zu bannen. Man entzieht sich dem Gespräch, aus Furcht, ihm nicht gewachsen zu sein, ohne jedoch die komplexen Voraussetzungen dieses Mißtrauens rechtfertigen zu können (die viel schwieriger zu verteidigen sind, als man merkt, wenn man sich vom Fetisch einer gegen diskursive Komplikationen immunen Wahrheit einnehmen läßt); und in jedem Fall, da man sich in die unbequeme Situation des Versuchs begibt, das Gespräch abzubrechen, indem man sich desselben Instruments bedient, dem man mißtraut. Man lehnt damit die Möglichkeit ab, die Wahrheit der Worte in ihren Rätseln zu suchen, weil man die Vorstellung nicht ertragen kann, daß diese die einzig der endlichen Existenz des Menschen zugesprochene sein könnte, wie wir im folgenden zu denken versuchen werden, indem wir eine gebührende Distanz zu Nietzsche einnehmen. Aber einstweilen beschränken wir uns darauf zu betonen, daß die Unvermeidbarkeit der Interpretation nur von dem aufgehoben werden kann, der praktisch in der Lage wäre, die Erfüllung des semantischen Feldes zu bewirken, ohne sich darauf zu beschränken, sie vorauszusetzen, um das Mißtrauen und die Angst zu beherrschen, daß wir, sollten wir nichts Definitives sagen können, der Realität nicht einmal am Ende unserer Reden begegnen könnten, sondern verurteilt wären, uns in den Worten zu verlieren. Es fällt also auf den Metaphysiker zurück, die Last der Erfüllbarkeit der Bedeutung zu belegen, die er auf bestimmtem Wege erlangt zu haben meint, indem er, wenn er kann, das Risiko vermeidet, es in Worten zu tun, die unvermeidlich am Ende ein neues Glücksspiel der Interpretation eröffnen.

Aber an dieser Stelle ist es notwendig zu verstehen, daß die Interpretation, zu der das Denken bestimmt ist, mag sie auch ein Risiko, ein Abenteuer sein, nicht Willkür und nicht einmal Wille zur Macht ist. Aufgrund der subjektivistischen Annahmen, die Nietzsches Widerstand gegen die metaphysische Auffassung eines Wissens vom Unveränderlichen, also eines definitiven, wenngleich unvollkommenen (da auf der Idee der Autonomie der grundlegenden Bedeutungen, ihrer Wesenheiten gründenden) Wissens nähren, bleibt er Gefangener der vereinfachten Alternative zwischen einer Wahrheit, über die niemand verfügt, weil sie in sich selbst beruht (zu guter Letzt die Wahrheit, welche Gott selbst ist), und einer solchen, zu der man gelangt, sofern man sie sich selbst nicht weniger als den anderen aufdrängt, weil sie an sich ohne Grundlage ist. Man hätte also einfach einerseits die Wahrheit und andererseits den Willen, der über das Wahre und das Falsche entscheidet, den Willen, der, indem er sich seine eigenen Grenzen setzt, interpretiert; oder auf der einen Seite einen schon immer gesetzten, weil in den Dingen selbst fixierten und eingeschriebenen Sinn und auf der anderen, entgegengesetzten Seite einen immer neu zu entscheidenden Sinn, wo die Tatsache, daß er zu interpretieren ist, nur bedeutet, daß man ihn wollen muß. *Der Kraft der Wahrheit stellt sich so die Kraft des Willens entgegen.*

Diese Alternative, in den radikalen Begriffen, in denen Nietzsche sie vorschlägt und in denen sie auch noch nach ihm aufgenommen wurde, gibt tatsächlich *nur die subjektivistische Alternative* zur traditionellen Metaphysik wieder oder stellt den extremen, im Nietzscheschen Sinn nihilistischen Gegensatz zwischen der Metaphysik des Seins und jener der Subjektivität dar. Wenn man der Interpretation den Charakter eines „schöpferischen Setzens“[11], der absoluten Erfindung eines Sinnes, der sonst einfach fehlt, verleiht, setzt man sie dem absoluten Bestehen der unveränderlichen Platonischen Wahrheit entgegen. *Der Gegensatz ist also theologischer Natur*: Es lassen auf der einen Seite das absolute Sein, auf der anderen das absolute Wollen *die beiden Gesichter des theologischen Prinzips der christlichen Metaphysik* sichtbar werden; das eine blickt zurück zur griechischen Metaphysik, das andere nimmt die Selbstsetzung der absoluten Subjektivität vorweg (für uns Epigonen kündigt sie sie an oder bereitet sie sie vor). Das ipsum esse subsistens des Thomas von Aquin bleibt absolut in sich gleich (es ist in seinem Wesen das Seiende, das sein eigenes Sein *„ist“*), und *deswegen* muß es als absolutes Schöpferprinzip der Seienden, die nicht *„sind“*, sondern von ihm ihr Sein *„haben“*, gedacht werden. Es bedurfte daher des christlich-metaphysischen Schöpfungsgedankens, damit *das Prinzip der absoluten Produktion des Seins und des Sinnes* – über den königlichen Weg der Theologie – in die Philosophie Eingang finden konnte. Dieser Allmacht des christlichen Gottes – nicht nur der Unwandelbarkeit des griechischen, Platoni-

[11] F. Nietzsche, Nachgelassene Fragmente, a. a. O. VIII, 2,9 [48].

schen und Aristotelischen, Göttlichen – widersetzt sich Nietzsche mit der tollen Lehre Zarathustras: „Wollen befreit [...] Hinweg von Gott und Göttern lockte mich dieser Wille; was wäre denn zu schaffen, wenn Götter da wären."[12] Aber selbst dies drückt die noch metaphysisch-theologische Tragweite seiner Auffassung der Interpretation als Wille und als kreative Schöpfung des Sinnes aus. Dieser bildet in der Tat keine wesentliche Ausstattung der Realität, sondern wird ihr von der Subjektivität aufgrund ihrer Stärke übertragen, ja aufgezwungen.[13]
Nietzsche eröffnet also den Weg zur hermeneutischen Erfahrung insofern, als er, schon früher als Heidegger, *die ontologische Dimension des Hermeneutischen* (das Sein der Dinge ist ihr Interpretiertwerden) erringt.[14] Er verfehlt aber *ihre Verwurzelung in der wesenhaften Endlichkeit der Existenz*, gerade weil er fortfährt, die Frage der Wahrheit in *theologischen Begriffen* zu denken. Diesbezüglich ist zu bedenken, daß diese subversive Aufhebung des selbstverständlichen Engagements der Philosophie für die Wahrheit – *warum die Wahrheit?*, „die Kunst ist mehr wert als die Wahrheit"[15] – eine fast göttliche Freiheit voraussetzt oder jedenfalls eine solche, die in Übereinstimmung mit dem theologischen Modell hin-

---

[12] F. Nietzsche, Also sprach Zarathustra, II („Auf den glückseligen Inseln").

[13] F. Nietzsche, Nachgelassene Fragmente, a. a. O. VIII, 2,9 [40]: Man kann nicht „von der Interpretation und Subjektivität" absehen; „es würde voraussetzen, daß das Interpretieren und Subjektsein nicht wesentlich sei".

[14] Gadamers „Urbanisierung der Heideggerschen Provinz" setzt eine radikale Verdrängung Nietzsches zugunsten einer Rehabilitierung der Philosophie Hegels (und Platons) voraus. Darum konnte Gadamer die zentrale, ontologische Bedeutung von Nietzsches Interpretationsbegriff kaum berücksichtigen.

[15] F. Nietzsche, Nachgelassene Fragmente, a. a. O. VIII, 3,17 [3] und [4].

sichtlich des Seins und des Erscheinens der Dinge aufgefaßt ist, eine Freiheit, die folglich auf der Vorstellung von der *schöpferischen Kraft des Willens* gründet. *Der Übermensch steht dann, dank der Unbegrenztheit seiner sinngebenden Kraft*, welche ihm von der Übernahme der Herausforderung des Willens zum Willen garantiert ist, *jenseits des Menschen.*

II. Endlichkeit und Wahrheit

In Wirklichkeit ist es notwendig, über die hermeneutische Krise der metaphysischen Selbständigkeit der Bedeutungen, die Nietzsche bewirkt hat, über Nietzsche hinaus weiterzudenken. Dabei macht man sich zwar seine Erfahrung zunutze, bahnt jedoch in einer phänomenologisch-existenzialen Orientierung einen Weg durch seinen Subjektivismus hindurch. Es genügen also sicher nicht die Ergebnisse Husserls, die in ihrem Gipfelpunkt subjektivistisch-transzendentaler Art sind, und ebensowenig diejenigen Heideggers von „Sein und Zeit", der den Husserlschen Mythos der reinen Gegenheiten und des unbeteiligten Zuschauers mit ihrem metaphysischen Vorrang des Sehens auflöst, der aber das Prinzip der Subjektivität noch nicht in seinen tiefsten Wurzeln durchschaut hat. Zu einer radikalen Rechenschaft darüber zwingt Heidegger in den dreißiger Jahren die erschütternde Begegnung mit Nietzsche, als er sich auf dem Höhepunkt der durch das Scheitern seines politischen Experiments mit dem Nationalsozialismus verursachten Krise befand. Die poetisch-philosophische Begegnung mit Hölderlin bringt ihn in einem positiven Sinn (sofern sie ihm wichtige Anstöße liefert, um den Weg in Richtung auf die noch unerschlossenen Ausgänge von „Sein und Zeit“ fortzusetzen) zu einer Thematisierung der sprachlichen Natur der Welterfahrung. Auf diese existenziale Sprachlichkeit werde ich im folgenden immer wieder zurückkommen müssen, um meine eigene Übernahme der Perspektive des hermeneutischen Denkens wenigstens in ihren Grundlinien zu verdeutlichen. Zu diesem Zweck muß ich mich mit diesem kurzen Hinweis auf die Wechselfälle der Hermeneutik von Husserl zu Heidegger, über die erschütternde Begegnung mit Hölderlin und Nietzsche, begnügen, wenigstens mit der Entschuldigung, auf andernorts ausgeführte Untersuchungen hinweisen zu können.[16] Nebenbei sei bemerkt, daß Heidegger selbst (um nicht Gadamer zu nennen) keine Rechenschaft über die wesentliche Rolle Nietzsches gab, die ich hier unterstrichen habe.

Widmen wir uns also der Aufgabe, das Thema der *Endlichkeit* im phänomenologisch-existenzialen Sinne zu behandeln, das die *Interpretation* vom metaphysisch-theologischen Charakter, den sie in Nietzsches Denken noch besitzt, befreit, um sie der Erfahrung einer einfach menschlichen, keiner übermenschlichen Existenz zurückzugeben. Gerade mit Heidegger, und im entscheidenden Bezug auf Nietzsche und Hölderlin, versuchen wir daher zu zeigen, daß die wesentliche Aufgabe und die radikale Herausforderung des Denkens nicht darin liegen, im Sinne der Metaphysik des Willens zur Macht immer noch über das Menschliche hinauszugehen, sondern in der Vertiefung der Endlichkeit, in der das Sein des

[16] Vgl. vom Verf., L'uomo e la differenza, in: Archivio di Filosofia (1989) 339-362; Linguaggio e differenza, in: M. Ruggenini (Hrsg.), Heidegger e la metafisica, Genova: Marietti 1991; und den früheren Band: Volontà e interpretazione, Milano: Angeli, 1984. Die beiden Aufsätze sind jetzt in meinem neuen Buch „I fenomeni e le parole. La verità finita dell'ermeneutica“, a. a. O. enthalten.

Menschen in der Welt wurzelt. Wir können sagen, daß *das Endliche, nicht das Absolute, die wirkliche Herausforderung für das Denken ist*, aber nur im Hinblick darauf, daß wir uns anschicken, *die wesentliche Ambivalenz der Erfahrung der Endlichkeit hervorzuheben*, welche, um eine solche zu sein, *im anderen, nicht in sich selbst, das eigene Maß haben muß*. Sie wird sich als solche zeigen, die aufgrund eines Bezuges existiert, welchem sie ihr Sein verdankt, der sie aber seinerseits erfordert, um ein solcher zu sein, eben als eine Beziehung zwischen den wechselseitig anderen, nicht als ein auf sich selbst beruhendes Prinzip.

1. Die Wahrheit der Welt

Gehen wir von der Betrachtung aus, die direkt gegen Nietzsche gerichtet ist, aber generell gegen alle philosophischen Auffassungen, welche die metaphysische Absolutheit der Wahrheit in die Affirmationskraft der Subjektivität umkehren, nämlich daß in Wirklichkeit *niemand über die Wahrheit verfügt* (weder der Mensch noch der Gott), wenn man mit ihr statt zunächst die zu erkennende Eigenschaft einer Aussage oder eines Sachverhaltes eben *jene Offenheit der Welt, die für die Existenz bestimmend ist*, denkt. Diese öffnet sich der Welt nicht von selbst, sondern ist aufgrund des Ereignisses der Welt, die sie erfordert, offen. In dieser Welt existiert sie also in dem Maße, wie sie sich in sie hineingeworfen findet, aber eben in demselben Maße begegnet sie sich ständig außerhalb ihrer selbst, bei den Dingen der Welt, der sie angehört. Der Existenz ist auf diese Weise jedwede illusionäre Autonomie genommen, aber gleichzeitig auch jene Distanz oder Getrenntheit von den Dingen, die sie zur Haltung desjenigen ermächtigen können, der die Macht und die Verantwortung besitzt, das herzustellen (zu wollen, zu schaffen, zu konstituieren), womit er zu tun haben will. Ihr ist deswegen die Nähe zu den Dingen, die die Moderne verloren hat (eine Konsequenz der christlichen Theologie), in dem Moment zurückgegeben, in welchem sie mit der Welt aufgrund eines Verhältnisses, das das Eine vom Anderen auf ontologischer Ebene unlösbar macht, in Beziehung gesetzt wird.

Dies tut natürlich auf ontischer Ebene der Berechtigung wissenschaftlicher Untersuchungen keinen Abbruch, welche die Erdzeitalter, die Etappen der Evolution und den Augenblick errechnen, als der Mensch auf der Erde erschien, da sie hierüber in ganz anderer Hinsicht als die ontologische Betrachtung Rechenschaft ablegen. Was bleibt, ist in jedem Fall, daß die Wissenschaft sich in einer Offenheit der Welt bewegt, die sie nur voraussetzen kann, also innerhalb des Faktums – das als solches unüberwindbar, unwiderruflich, ungerechtfertigt bleiben muß -, daß die Welt, in der der Mensch existiert, offen für ihn als Dasein ist. Dieses Faktum – nicht bloße Tatsache unter anderen – ist das unerklärbare Ereignis der wechselseitigen Zugehörigkeit von Welt und Existenz (die man als *Ek-sistenz* denken muß). Beide gehören dank der Differenz zusammen, die das Eine vom Anderen unterscheidet, um sie damit untrennbar sein zu lassen. Aber das Faktum dieser Differenz zu denken ist keine Sache der Wissenschaft. Wenn also die Elemente dieser Beziehung – Mensch und Welt – in den Begriffen wissenschaftlicher Gelehrsamkeit untersucht werden, sind sie anders als im Fall hermeneutischer Betrachtung. Eine unmittelbare Übertragung des Ontischen ins Ontologische oder umgekehrt ist nie möglich.

In diesem Sinne muß *die Unumgänglichkeit der Wahrheit*, über Nietzsche hinaus, im phänomenologisch-existenzialen Sinn gedacht werden. Dies heißt die Selbstverständlichkeit des Menschen und der Welt wechselseitig in Frage zu stellen, also *„den Menschen überwinden“, aber in Richtung auf die irdische Endlichkeit*, welche die metaphysische Tradition nicht zu denken in der Lage war.[17] Es ist notwendig, durch die Phänomenologie hindurchzudenken, um den Menschen seinem Wesen nach *in* der Welt zu finden, aber es ist ebenso notwendig, sich vor ihrem subjektivistisch-transzendentalen Ergebnis zu schützen, um die Weltlichkeit des Menschen nicht in der Macht der Subjektivität, die Realität als solche zu konstituieren, aufzulösen; so wie es der Überwindung der Vorherrschaft des Bewußtseins bedarf, um das In-der-Welt-Sein der Existenz als Praxis, die die Dinge be-sorgt, um die sie sich kümmert, zu erfahren, noch vor jeder „Theorie“, welche sie in ihrer „Objektivität“ vorstellt und zur Verfügung stellt. Aber dementsprechend ist es notwendig, daß auch die Welt aus ihrer alten metaphysischen Vergessenheit erlöst wird, welche Welt als eine Art einmaliges Kollektiv versteht (Welt als die Summe aller Dinge, aller Personen, der Natur, der Umwelt, des Himmels, der Sterne und was es sonst noch gibt), um das *differentiale Sein* zu gewinnen, das nach „Sein und Zeit“

[17] Die Thematik des „künftigen Menschseins“, die Heideggers „Beiträge zur Philosophie“ durchzieht, ist unter dem bestimmenden Einfluß Nietzsches zu sehen. In der Auffassung der Existenz als Da-sein setzen die „Beiträge“ „den Grund der Möglichkeit des künftigen Menschseins“. Das Da-sein ist also „kein Charakter des Menschen“, kein sonderbarer Name „für das Vorhandensein des Menschen“, vielmehr meint es, daß „der Mensch künftig *ist,* in dem er das Da zu sein übernimmt“. Diese Überwindung des bisherigen Menschen ist als Sprung in die von der Metaphysik (und von Nietzsche selbst) notwendig ungedachte Endlichkeit der Existenz zu verstehen (Beiträge zur Philosophie [Vom Ereignis], Gesamtausgabe Bd. 65, 297; vgl. 240: „Die Wächterschaft des Menschen aber ist der Grund einer anderen Geschichte“, sowie § 189).

zu denken möglich ist, wenn auch fernab seiner ausdrücklichen Ergebnisse. *Die Welt kann nicht konstituiert werden*, weil sie nicht den Inbegriff all dessen darstellt, womit der Mensch zu tun hat, und ebensowenig einen Hintergrund, welchen das Subjekt sich im Hinblick auf die Konstitution seiner jeweiligen Objekte bereithält; *sie ist vielmehr das Offene*, in dem die Existenz die vielen Begegnungsmöglichkeiten mit allem, was dort geschieht, vorgezeichnet findet und das sie gleichzeitig gerade im Hinblick auf das, was sie offenbart, erfordert.

Die Welt ist das Offene aller Dinge, ebenso wie die Existenz das Offensein zur Welt ist (oder vielleicht besser: *als Erschlossenheit der Welt geschieht*). Dies bedeutet, daß die Welt die Existenz braucht, um die Dinge erscheinen zu lassen; ihrer nimmt sich Existenz aufgrund eines Interesses für das, was ist, an, welches aus ihrer originären Bestimmung für die Welt hervorgeht. Die Welt jedoch, so wie sie nicht aus der Summe der Dinge besteht, stellt auch nicht ein zusätzliches Ding dar, den großen Behälter, der alles aufnimmt, was ist. Es ist an die Ausführungen von „Sein und Zeit" über die Weltlichkeit der Welt sowie über die Angst zu erinnern, um zu versuchen, die *differentiale Erfahrung* der Welt zu machen, von der oben die Rede war,[18] d. h., um zu denken, daß *der Mensch aufgrund*

[18] M. Heidegger, Sein und Zeit (SuZ), Tübingen 1967, besonders §§ 14-18 und 40. Man könnte dem Leitfaden solcher Äußerungen folgen: 1. „die bisherige Ontologie versucht die Welt aus dem Sein des Seienden zu interpretieren, das innerweltlich vorhanden ist" (65); 2. „die Welt ‚besteht' nicht aus dem Zuhandenen" (75); 3. „Welt ist es, aus der her Zuhandenes zuhanden ist" (83); 4. „Im Wovor der Angst wird das ‚Nichts ist es und nirgends' offenbar [...] das Wort der Angst ist die Welt als solche [...] Allein dieses Nichts von Zuhandenem [...] ist kein totales Nichts. Das Nichts von Zuhandenheit gründet im ursprünglichsten ‚Etwas', in der Welt [...] das Nichts als das Wovor der Angst [... ist] die Welt als solche [...] die Angst erschließt [...] allererst die Welt als Welt." (186 f.)

einer Abwesenheit, die ihn von allen Seiten umgibt, etwas mit den Dingen zu tun hat, ohne daß diese Abwesenheit dem schlichten Nichts entspräche (nihil negativum). *Die Welt ist Nichts* in dem Sinn, daß sie kein Ding ist, aber diese Nichtigkeit der Welt ist fruchtbar; es ist dieselbe Fruchtbarkeit des Seins, die Heidegger im Thema der *Differenz* gewinnt und die er am Ende einer langen Betrachtung als Schlüssel zu den geheimnisvollen Fragmenten des Parmenides empfiehlt. Das Sein ist die Gebung, die Schenkung, die sich im Existieren der Menschen sammelt; es ist dieses gegenüber dem, was es enthüllt, *unscheinbare, aber dennoch unumgängliche Entgegenkommenlassen*, dem die Existenz den Dienst einer zweifachen Bereitschaft leistet: sowohl gegen die Dinge-des-Seins (-der-Welt), zu denen die Existenz aufgeschlossen ist, als auch gegen das Sein als solches, d. h. gegen die Welt, deren Differenz, deren wesentliches Sich-Zurückziehen und -Weigern, als Ding zu erscheinen, sie hütet.[19]

Ontologisches und kosmologisches Prinzip verflechten sich auf diese Weise zu einer hermeneutisch-existenzialen Auffassung, die in „Sein und Zeit" in einer Radikalisierung des Denkens der Endlichkeit, die Heidegger weit über sein Hauptwerk hinaus erstrebte, gewonnen werden

---

[19] Von der Idee einer „Phänomenologie des Unscheinbaren" handelt das Seminar in Zähringen 1973 (in: M. Heidegger, Vier Seminare, Frankfurt 1977, 137). Zu Heideggers Parmenides-Deutung vgl. besonders „Zur Sache des Denkens" (Tübingen 1969, 8 und 73-80), „Vier Seminare"(132-138); zur Tautologie des Parmenides (Fragment 6: ἔστι γὰρ εἶναι, „Anwest nämlich Anwesen") vgl. außerdem den Schluß von „Kants These über das Sein" (Frankfurt a. M. 1963, 35 f.). Vgl. zu diesen Themen: M. Ruggenini, Volontà e interpretazione, a. a. O. 223-230; J.-F. Courtine, Heidegger et la phénoménologie, Paris: Vrin 1990, 381-405. Schließlich ist zu bemerken, daß der Gedanke des Seinsentzugs wesentlich ist, um Heideggers Hinweise auf die Differenz/Zwiefalt zu verfolgen. Vgl. vom Verf. den Aufsatz „L'uomo e la differenza", a. a. O.

soll. Hier wollen wir unterstreichen, daß die Existenz insofern endlich ist, als sie sich in ihrem Sein einem Anderssein (einer Differenz) öffnet, dem sie zu existieren verdankt und das als solches ihrer Macht entzogen bleibt. Sie ist also Welt-Entwurf in dem Sinne, daß sie sich, in die Welt geworfen, darin als der Ort ihres Sichöffnens als Welt befindet (das „Da" des Seins als „Da" der Welt, weil Sein nichts anderes als die Offenheit der Welt bedeutet und Welt als „Lichtung des Seins" zu denken ist).[20] In Hinsicht auf die Zweideutigkeit von „Sein und Zeit" (die in den „Beiträgen" weitgehend zugestanden wird) ist aber auch der grundlegende Sinn der sich kehrenden Bewegung zu betonen, die sich um die Pole von Existenz und Welt dreht; es ist nicht der Entwurfscharakter der ersteren, der über die zweite Rechenschaft geben kann, weil es die Welt ist, die sich im Verstehen des Daseins öffnet oder dieses Verstehen hervorruft, um in ihm sich zu ereignen (und deshalb sich selbst zu ent-eignen, um das Dasein als solches sich zu eigen zu machen). Der Sinn dieser Bewegung geht in den „Beiträgen" aus der Einführung der spekulativen Thematik (die nicht, wie mißverständlicherweise behauptet, bloß autobiographisch zu deuten ist) der *Kehre* hervor. Dieses Wort drückt eben deshalb die Idee der grundlegenden, unaufhörlichen

---

[20] M. Heidegger, Platons Lehre von der Wahrheit. Mit einem Brief über den „Humanismus", Bern 1954: „[Der Mensch] steht in die Offenheit des Seins hinaus, als welche das Sein selber ist, das als der Wurf sich das Wesen des Menschen in ‚die Sorge' erworfen hat." (100) „Sein lichtet sich dem Menschen im ekstatischen Entwurf [...] aber ist der Entwurf wesenhaft ein geworfener. Das Werfende im Entwerfen ist nicht der Mensch, sondern das Sein selbst [...]" (84) Diese Überarbeitung der Grundstellungen der existenzialen Analytik von SuZ ist durch die „Beiträge zur Philosophie" vorbereitet, z. B. im § 122, wo gesagt wird, „daß der Werfer des Entwurfs als geworfener sich erfährt, d. h. er-eignet durch das Seyn" (239; vgl. § 229).

„Schwingung und Gegenschwingung“ aus, die zwischen den Unterschiedenen stattfindet und diese so in ihrer paradoxen gegenseitigen Abhängigkeit stiftet.[21]

Dies, die Ek-sistenz als Offenheit der Welt, ist *das ursprüngliche Ereignis der Wahrheit*, dem sich der Mensch nicht entziehen kann, *sofern er ek-sistiert.* Die Wahrheit verfügt also über den Menschen und läßt ihn existieren, nicht aber verfügt der Mensch über die Wahrheit, wie es aus der Metaphysik der Subjektivität folgt. Der Mensch jedoch, insofern er auf dem Grunde des Daseins existiert, ist der Wahrheit unentbehrlich, die nicht wie ein absoluter Bestand gedacht werden kann, sondern wie ein notwendiges Zur-Existenz-Kommen, in dem Sinne, daß Wahrheit in Existenz ihre eigentliche Dimension finden kann. „Wahrheit ‚gibt es‘ nur, sofern und solange Dasein ist.“[22] Wenn also die Wahrheit die Existenz erfordert und diese gerade aus dem Grunde endlich ist, als sie für anderes (für die Wahrheit, die sich in ihr eröffnet) existiert, *dann ist die Wahrheit selbst endlich.* Sie ist genauso *die Wahrheit der Existenz*, wie diese *die Existenz bzw. die Offenheit der Wahrheit ist.* Sofern der Mensch existiert, ist er also bestimmt von der Verantwortung für die Offenheit der Welt, für die Beziehung zur *Differenz*, die ihn sein läßt. *Die Existenz ist Existenz der Alterität*, was nicht heißt, daß Existenz und Alterität dasselbe sind, sondern daß sie, gerade weil sie einander erfordern, sich voneinander ohne Vermittlung unterscheiden.

---

[21] Zur herkömmlichen, nicht nur oberflächlichen, sondern falschen Deutung der *Kehre* habe ich neuerdings aufgrund der „Beiträge“ Stellung genommen. Vgl. meinen Aufsatz: La questione dell'essere e il senso della „Kehre“, in: Aut Aut 248-249 (1992) 93-119.

[22] SuZ 226.

2. Die Existenz und die Alterität der Welt

In der Tat ist zu sehen, daß auch für die sorgsamste Auslegung der Denkmotive Heideggers *die Alterität des Seins (d. h. der Welt)* als bloße Spekulation und daher als ein Hirngespinst, das nur Anlaß zur Verlegenheit geben kann, erscheint. Gegenüber dieser Tendenz zur Normalisierung, die dazu neigt, das Denken Heideggers gerade im Hinblick auf seine tiefste Unruhe, auf seine unversöhnlichen Fragen abzutöten (Habermas' bekannte Metapher der „Urbanisierung" gibt die Idee gut wieder), wollen wir behaupten, was den meisten paradox erscheinen muß: daß das Moment, mit dem Heidegger seine Beziehung zur Phänomenologie auf die Spitze treibt (nicht hin zur Aristotelischen Ontologie oder doch zu ihr, aber in phänomenologischer Auslegung), jenes ist, in dem er den Unterschied des Seins gegenüber dem Seienden als Differenz der Welt gegenüber den Dingen, die sie der Interpretation öffnet, denkt, und daß daher die Differenz als solche fallen zu lassen bedeutet, das aus dem Blick zu verlieren, was an Heideggers Denken gerade *vom phänomenologischen Gesichtspunkt aus* am wichtigsten ist.

Bei einer solchen Auffassung darf nicht vergessen werden, daß Heidegger sich häufig (und in entscheidenden Momenten seines Denkweges) in sterilen Verbalismen verliert, wo es ihm, indem er mit dem „Sein" und dem „Seienden" spielt, nicht gelingt, die angesetzte Unumgänglichkeit der Seinsfrage noch die Notwendigkeit, die Dinge als Seiende zu behandeln, zu rechtfertigen.[23] Eben-

[23] Heidegger ist fortwährend mit dem Versuch beschäftigt, die Unumgänglichkeit der Seinsfrage zu erläutern. Aber wohin führt dieser Versuch, und was für ein Ziel kann er erreichen bzw. welchen Ausweg aus den jeweiligen Verwicklungen finden? Während der gemeinsamen Ar-

so muß das außergewöhnliche Thema der *Unzulänglichkeit der Dinge, als die Dinge zu sein, die sie sind*, mangels der Dimension der Welt, welche sie für die Interpretation empfänglich macht, in seiner phänomenologischen Natur anerkannt werden. Husserl behandelte dieses Thema, verfehlte aber seine radikale Tragweite infolge des grundlegenden Vorrangs, den er dem Bewußtsein einräumte. Es implizierte zwar die Einsicht, daß niemand einfach und direkt den Dingen begegnet, als ob jedes einzelne Ding in sich vollendet und bestimmt oder in den jeweiligen Zusammenhängen ein für allemal begrenzt sei. Aber jede Existenz ist vorbereitet auf eine Begegnung mit dem, worauf sie wartet, oder auf eine Enttäuschung oder auch auf eine erschütternde Überraschung, da man ohnehin schon ständig um die Dinge besorgt ist. Dies geschieht kraft der Zugehörigkeit der Existenz zu einem nicht starr umgrenzbaren und dennoch genügend einheitlich organisierten semantischen Feld, um ihr zu erlauben, sich in ihm zurechtzufinden, indem sie die vielfältigen, aber unvermeidlich verflochtenen Zusammenhänge der eigenen Lebenspraxis deutlich macht.

Die Phänomenologie hat die Metapher des Horizonts gebraucht, aus dem das an uns herantritt, was in unserer Erfahrung Gestalt annimmt. Mit diesem beweglichen, nie abgeschlossenen, nie bestimmten Horizont muß jeder von Anfang an vertraut sein, um das Sichabzeichnen dessen, was im Augenblick für ihn wichtig wird, im Innern der Bedeutungskomplexe, die der Horizont ein-

---

beit mit E. Fink an den Fragmenten des Heraklit erklärt Heidegger hinsichtlich dessen, „was die Griechen Sein nennen": „Obwohl ich dieses Wort nicht mehr gern gebrauche." Welche Bedeutung ist diesem Zugeständnis beizumessen? Vgl. M. Heidegger und E. Fink, Heraklit, Frankfurt a. M. 1970, 19 (das Seminar fand im Wintersemester 1966/1967 an der Universität Freiburg i. Br. statt).

schließt, unterscheiden zu können. Wir existieren also weder im Augenblick der absoluten Konstitution des je eigenen Erfahrungshorizonts noch in der Gestalt eines seiner selbst gewissen Bewußtseins, das in seinem inneren Zeitfluß dahinströmend beim Aufbau der Welt sicher fortschreitet. Im Gegenteil existiert der Mensch nur, insofern er sich in einer schon offenen Welt wiederfindet, auf der Suche nach seiner Stellung in ihr, also auf der Grundlage einer Vielfalt von Hinweisen, auf die er seine Antwort zu geben versucht. Mit anderen Worten, der Ursprung der Existenz besagt nicht die Stiftung der eigenen Welt, sondern die Möglichkeit, auf ihre Anreize und Herausforderungen auf der Grundlage einer Vertrautheit zu antworten, die ausreichend ist, sie zu interpretieren, sie sich zu eigen zu machen oder sie zu verwerfen. Zu dieser Möglichkeit ist jeder Mensch immer schon geboren, ohne daß man seine Herkunft berechnen noch sein Ziel bestimmen könnte. Die Alterität, die ihn existieren läßt, entzieht ihm in der Tat jegliche Möglichkeit, sowohl über den Ursprung als auch über das Ende zu verfügen: „Das pure ‚Daß es [das Dasein] ist' zeigt sich, das Woher und das Wohin *bleiben* im Dunkel."[24] Wenn man also nicht behaupten kann, daß der Mensch aus sich selbst existiert, so ebensowenig, daß er auch im Hinblick auf sein eigenstes Seinkönnen existieren könnte. Jenseits aller Formen eines (phänomenologischen, existenzialistischen, pragmatischen und auch dialektischen) Humanismus ist es notwendig zu bedenken, daß die Beziehung zur Alterität, insofern sie für die Ek-sistenz konstitutiv ist, ihr nicht gestattet, radikal über das eigene Sein zu bestimmen. Und dennoch, gerade insofern die Alterität (das Sein, d. h. die Welt, von der der Mensch sich umgriffen

---

[24] SuZ 134.

fühlt wie von einem Nichts) den Menschen *aufruft* zu existieren, verlangt sie, daß er sich durch die Sorge um die Dinge, zu denen sie ihn bestimmt, verantwortet. Man muß also bedenken, daß die Existenz in ihren Plänen nicht über die Welt entscheidet, sondern daß die Welt sich, sofern sie sich der Existenz öffnet, ins Spiel bringt und daher ihr Geschick durch die Antworten, die sie hervorruft, von sich her entscheidet. Diese Antworten betreffen das Sein der Dinge, mit denen das Dasein immer zu tun hat, in dem Sinne, daß dem Dasein, gerade indem es den Anruf, der es existieren läßt, Gehör schenkt, es widerfährt, die Dinge-in-der-Welt zu interpretieren. Wir verstehen nun besser, daß *der Mensch, insofern er existiert, verantwortlich für die Offenheit der Welt als der Welt der Dinge ist.*

3. Eine Phänomenologie des Unscheinbaren

Die provisorische Schlußfolgerung, die ich ziehen möchte, stellt die Erfahrung der Differenz als die Hauptaufgabe einer im hermeneutisch-existenzialen Sinn radikalisierten Phänomenologie wieder her. Insofern schreibt sie der Phänomenologie, in Übereinstimmung mit den vorbereitenden Hinweisen von „Sein und Zeit“, die Aufgabe zu, das aufzuweisen und auszudrücken, „was sich zunächst und zumeist gerade nicht zeigt, was gegenüber dem, was sich zunächst und zumeist zeigt, verborgen ist, aber zugleich etwas ist, was wesenhaft zu dem, was sich zunächst und zumeist zeigt, gehört, so zwar, daß es seinen Sinn und Grund ausmacht“.[25] Das Unscheinbare, das

[25] SuZ 135: Die „ausdrückliche Aufweisung“ ist fast eine wörtliche Übersetzung von Phänomeno-logie, wodurch das Phänomen, das Sichzeigende, zum Ausdruck gebracht wird.

die Phänomenologie aufgrund der Erfahrung der Differenz zum Gegenstand macht, ist das Sein der Dinge – vorausgesetzt, daß man darin nicht ein privilegiertes Prädikat der Dinge erblickt, sondern das Ereignis ihrer wesentlichen Zugehörigkeit zur Welt zu denken vermag, dank der das Dasein existiert. Der Weg, um zu den „Sachen selbst" zu gelangen, führt also über die Entdeckung, daß die Dinge niemals einfach nur die Dinge sind, weil über sie hinaus immer anderes ist, was die Begegnung mit der Existenz vermittelt, d. h. ihre hermeneutische Praktizierbarkeit aufgrund des In-der-Welt-Seins des Daseins (ihre *Zuhandenheit* in einem nicht bloß instrumentalen Sinn). Diese Alterität, die selbst nicht Ding ist, befindet sich nicht an einem anderen Ort als die Dinge, sondern umgibt sie und bereitet sie vor, damit sie der Existenz begegnen können. Die Alterität ist selbst nicht Ding, da sie überall ist, wo Dinge sind und überall, wo die Existenz sich ihrer annimmt, sie besorgt. Und deswegen setzt die Beziehung zwischen der Existenz und den Dingen immer *ein Drittes* voraus, *das die Welt oder das Sein ist.* Dieses Dritte, das nie wie die Dinge anwesend oder gegeben ist (gegenüber der Anwesenheit oder Gegebenheit der Dinge haben wir alle hermeneutischen Vorbehalte geäußert), kann nie, weder als eine Erscheinung noch als der Hintergrund der Erscheinungen, konstituiert werden (was in bezug auf Husserl bekräftigt und in bezug auf Heidegger präzisiert werden muß).[26] Und dennoch bleibt es für den Phänomenologen zu bedenken, daß die Exi-

[26] In meinem Aufsatz „Linguaggio e differenza" habe ich von einer kosmologisch-hermeneutischen Umkehrung der Phänomenologie, die zwischen Husserl und Heidegger stattgefunden hat, gesprochen. Auch in „Sein und Zeit" ist, wie schon bemerkt, die Bindung an das Subjektivitätsprinzip noch nicht gelöst (dieser Aufsatz ist ebenfalls in meinem Buch „I fenomeni e le parole", a. a. O. enthalten).

stenz und die Dinge anfangs nicht in zwei getrennten Seinsbereichen liegen und gleichsam darauf warten, miteinander in Beziehung zu treten, sondern daß sie schon immer einander eben in der Welt, die sie sein läßt, begegnen und daß die Existenz der Welt innewohnt, indem sie das interpretiert, womit sie zu tun hat.

III. Wahrheit und Sprache

1. Die Sprache und die Stille

Zur kosmologisch-existenzialen Wiederherstellung der phänomenologischen Erfahrung fehlt noch ein letzter Schritt, der ihren hermeneutischen Charakter vollständig gewinnen läßt. Denn die wesentlich sprachliche Offenheit der Existenz zur Welt (und also der *endlichen* Offenheit der Wahrheit) ist über Heidegger (wie über Husserl) hinaus einzuholen. „Wesentlich" heißt nicht „ausschließlich", und daher bedeutet die sprachliche Grundlage des menschlichen Daseins ins Denken zurückrufen, nicht zu vergessen, daß die Existenz bei den Dingen als Leib ist, der mit ihnen zu tun hat, sofern er sie sowohl wünscht als auch unter deren An- und Abwesenheit leidet; es heißt auch nicht, die Offenbarungskraft der Stille zu unterschätzen, in der es bisweilen geschieht, daß man in ihr – gegenüber der Oberflächlichkeit des Geredes, das zumeist die Bedeutung dessen, womit wir etwas zu tun haben, aus den Augen verliert – eine tiefere Wahrheit des Seins der Dinge spürt. Eine solche Erfahrung ist jedoch nur dem Sprechenden vorbehalten, der in den Worten, die über seine Existenz entscheiden, „das Geläut der Stille", das sie umgibt, anhört – beinahe eine Stimme, und zwar den Anruf der Alterität, auf den er antworten

muß.[27] So wie nur *die Existenz insofern als Leib in der Welt ist, als sie spricht*, genügt es auch nicht, einen lebendigen Körper aus Fleisch und Blut zu haben, um in der Welt zu sein, sondern diese Körperlichkeit muß durch das Wort, das die Existenz hervorruft, als existierende Leiblichkeit zu den Dingen hin geöffnet werden. Nur als Sprechender leidet der Mensch unter der Last der Körperlichkeit oder erlebt ihren Rausch. Nur dem Sprechenden kann es an Worten mangeln, um das, was an der Existenz unerträglich ist, zu sagen, so wie nur ihm *das Vorlaufen in die geheimnisvolle Stille des Todes* vorbehalten ist und damit die unumgängliche Erfahrung seiner eigenen Endlichkeit. Das will sagen, daß vor dem eigenen Sterbenmüssen die Existenz begreift, in der Welt zu sein, *seitdem und solange das Wort ihr gewährt ist.*
Das Wort bezeichnet auf diese Weise die Grenzen der Existenz (ihr nicht zu rechtfertigendes Woher und ihr unberechenbares Wohin), macht sie endlich und offenbart die Sprache als die Alterität, die sie hervorruft und zu sprechen auffordert, von der also Existenz abhängt und über die Existenz nicht verfügt. Aber die Alterität der Sprache liegt ihrerseits nicht anderswo im Hinblick auf die Beziehung, die die Existenz mit den Dingen unterhält, sondern erschließt sie und lenkt sie, und zwar ereignet sie sich nur im menschlichen Sprechen, das die Welt

[27] „Die Sprache spricht als das Geläut der Stille" (M. Heidegger, Unterwegs zur Sprache, Pfullingen 1971, 30). Diese Stimme aber ist nicht das Bewußtsein selbst, wie Derrida erklärt, sofern sie als Zusage, d. h. nach meiner Auffassung als der Zuruf der Andersheit (nicht des transzendenten Gottes), zu vernehmen ist. Zu Derridas Dekonstruktion vgl. (besonders in Beziehung auf Derridas „De l'esprit. Heidegger et la question" [Paris: Galilée 1987], aber auch zur Frage nach Heideggers Humanismus) meinen Aufsatz „L'uomo e la differenza" in „I fenomeni e le parole", a. a. O.

offenbart, ohne sich jedoch je auf eine Fähigkeit zu beschränken, die ihre Existenz einfach nur steigert oder vollendet. Es ist also zu bedenken, daß es keine Existenz ohne Sprache gibt, um zu verstehen, daß sie sich in der Welt nur in den Worten, dank derer die Menschen existieren, ereignet. *Die Sprache als Grundlage*: Was für ein Grund ist dies?

Diese Frage schließt aber noch die andere ein: Wer spricht eigentlich die Sprache, in der die Welt zur Eksistenz, zu deren Übernahme der Mensch angerufen ist, kommt? Alle und niemand, weil die Sprache, die die Sprechenden anspricht, vom Gespräch aller lebt, indem sie sich der Beherrschung eines jeden entzieht, sofern sie jeden Gesprächspartner durch jedes sprachliche Ereignis, an dem er teilnimmt, zu einer erneuerten Erfahrung der eigenen Endlichkeit veranlaßt. Wer spricht also? *„Die Sprache spricht"*, nach Heideggers skandalöser Antwort. Aber das Sprechen der Sprache ist nur das Sprechen der Menschen; es geht jedoch nicht von ihnen aus, sondern besteht kraft einer Möglichkeit, über die die Menschen nicht verfügen, die sich als Sprache erzeugt, welche die Dinge im endlichen Gespräch der Redenden sagen läßt. *„Nur wo Sprache, da ist Welt"*: Welt ist nur, wo es Menschen gibt, wo Menschen über die Dinge sprechen, denen man nur durch die Worte begegnen kann.[28]

2. Die Worte und die Dinge. Das Wahre und das Falsche

In der Welt sein dank der Sprache, den Dingen durch die Worte begegnen: Zu dieser Annahme veranlaßt schon

[28] M. Heidegger, Erläuterungen zu Hölderlins Dichtung, Frankfurt a. M. 1971, 38.

Nietzsche, wenngleich seine Position durch eine nicht mehr subjektivistische, sondern existenziale Erfahrung der Sprache zu überwinden ist. Es ist also Nietzsche zu bescheinigen, daß er schon die sprachliche Vermittlung gedacht hat, welche dem Menschen erlaubt, etwas mit den Dingen zu tun zu haben, wenn auch nicht so, als ob es in einer Art ontischer Autonomie die Dinge schon gäbe, wohl aber, indem er sich als Mensch im Bereich der sprachlich angelegten Welt bewegt. Gleichzeitig muß aber auch bei Nietzsche das noch immer weitverbreitete subjektivistische Vorurteil aufgezeigt werden, welches einschließt, daß die Sprache als Fähigkeit des Subjekts nicht anders könne, als hinsichtlich der menschlichen Bedürfnisse eine sonst anthropologisch indifferente Wirklichkeit zu relativieren. Nietzsche denkt eine solche originäre, unerreichbare Wirklichkeit als Werden und als Chaos, dem die Sprache Ordnung und Form verleiht, indem sie auf diese Weise jenes künstliche Sein schafft, in dem es dem Menschen zu leben aufgegeben ist. *Die Sprache also als die Maske des Abgrunds,* über den das Sein des Menschen schwebt. Daraus folgt dann die radikale Falschheit jeder Unterhaltung zwischen den Menschen, ja jeder Erfahrung der Welt, insofern sie nach Nietzsche auf dem Abkommen beruht, in übereinstimmender Weise zu lügen.[29] Die Unvermeidlichkeit der Interpretation als Zugang zu den Dingen, in die uns Nietzsche eingeführt hat, wird so unter einem negativen metaphysischen Zeichen zur unvermeidlichen Notwendigkeit, das Falsche zu sagen (weil reden in jedem Fall verstecken und verfälschen sei). Damit kehrt sich die dogmatische (optimistische) Annahme der in sich ruhenden Wahrheit der

[29] F. Nietzsche, Über Wahrheit und Lüge im außermoralischen Sinne, in: Nachgelassene Schriften (1870-1873), KGW Bd. III, 2.

Dinge in jene *hyperkritische*, nihilistische und also *noch* metaphysische Wahrheit um: daß der Irrtum notwendig sei, um zu überleben.

Nietzsches Umkehrung droht aber in Wirklichkeit weniger beunruhigend zu sein, als man zunächst meinen möchte. Denn offenbart diese Umkehrung auch, daß die Wahrheit entgegen dem metaphysischen Optimismus eine Gefahr für das Leben ist, so gewährt sie diesem zugleich den jedoch nicht weniger beunruhigenden Schutz vor der Notwendigkeit zu irren: Man kann sich gegenüber den Dingen nur im Irrtum befinden, gerade weil man über sie spricht und weil die Dinge nichts anderes als die Produkte der Worte sind, aber da ein solch radikales Fehlen dem Überleben nützlich ist, kann man, ja muß man im Irrtum verharren.

Nietzsche zwingt uns zu denken, daß der Ausweg aus dem metaphysischen Optimismus nicht über die nihilistische Umkehrung der Wahrheit in den Irrtum führt, die durch die unvermeidliche sprachliche Subjektivierung einer in sich unangreifbaren Wirklichkeit (des Chaos, des unaufhaltsamen und immerwährenden Werdens von allem) geschaffen würde, sondern im Gegenteil: indem man den sprachlichen Charakter menschlicher Erfahrung in der Welt sozusagen ganz von innen annimmt und sieht, daß sich in der Sprache die einzige für den Menschen bestimmte Wahrheit eröffnet, jene Wahrheit also, der der Mensch sich nicht entziehen kann. *Der Mensch, der in der Sprache wohnt, lebt in der Offenheit der Wahrheit; nur innerhalb ihrer kann er hinsichtlich dessen, was er über die Dinge weiß, irren.*

Sofern sich Wahrheit in Worten ereignet, setzt sie das An-sich-schon-Bestimmtsein der Dinge nicht voraus. Im Gegenteil entdeckt sie deren Bestimmungen, indem sie sich zueinander in Bezug setzt und indem sie also nicht Dinge hervorbringt (offenbart), die schon in dunkler Bestimmtheit wären, sondern Dinge, die immer das werden, was sie zu sein haben, sofern man von ihnen spricht: in gewisser Weise, in bestimmten Zusammenhängen, die selbst schon immer in einer bestimmten Redeweise eher als in einer anderen *sprachlich* vermittelt sind. Nichtdestoweniger sind sie die einzigen Dinge, mit denen die Menschen zu tun haben können.

Es ist also nicht die Vermittlung ihres Seins durch die Sprache, was sie gegenüber einem illusionistischen metasprachlichen Paradigma (von dem sich Nietzsche nicht befreien konnte) künstlich macht; im Gegenteil nur das Faktum, daß man über sie spricht, garantiert, daß es Sinn hat, im Zusammenhang mit ihnen *die Frage des Wahren und des Falschen* zu stellen. Sollte die Offenbarung der Dinge sprachlicher Natur sein, so ist es nicht möglich, sie in einer einfachen Konsistenz (oder Inkonsistenz) der Dinge festzumachen (geschweige denn sie ins Wanken zu bringen), in einer Konsistenz, die der Sprache vorausgeht und für die wir weder Augen noch Hände noch irgendein anderes rezeptives Organ besitzen wie auch keine Form der Erinnerung, die nicht mit dem gesamten sprachlichen Charakter unserer Erfahrung der Welt gefährdet ist. Wenn unser In-der-Welt-Sein als solches auf der Sprache beruht, wenn „existieren" nicht einfach nur sprechen und dennoch nur als Sprechende existieren ist, müssen wir aufhören, „Geschichten" über „die Sachen selbst", über ihre unantastbare Präsenz, über die Formen der Evidenz zu erzählen, die von jedem Gespräch entbinden. Was der Worte nicht bedarf, ist nur das, worüber man nicht mehr diskutieren will, was, sobald es aus dem Gespräch ausgeschlossen wird, droht, jeden Belang für die Existenz, die es be-sorgt (d. h. interpretiert), zu verlieren. Worüber man nicht mehr spricht, verflüchtigt sich in der Gleichgültigkeit, anstatt sich als Ding zu festigen, so wie die reine Gegebenheit, die nur unter der Bedingung unstreitbar scheint, wenn man darauf verzichtet, irgendeine Beziehung mit ihr zu unterhalten (was nicht mehr interpretiert wird, wird fremd, unzuhanden, belanglos, d. h., es fällt aus der Praxis der Existenz heraus). Kurz und gut, „die Sachen selbst" sind hinsichtlich dessen, was lediglich gemeint, vorgestellt oder mißverstanden wird, nur kraft der Interpretation hervorzubringen, und zwar kraft des Gesprächs zwischen den Menschen.

3. Die Aristotelische Erfahrung des Gesprächs

Aristoteles, der Metaphysiker, scheint gegen die Mythologie der reinen Gegebenheiten, des direkten Zugangs zu den Dingen oder wenigstens zu den von der Diskussion unantastbaren Elementen immun zu sein, zumindest wenn er, am Anfang der „Sophistischen Widerlegungen", überlegt, daß es nicht möglich sei, im Dialog die Dinge selbst mitzunehmen: οὐκ ἔστιν αὐτὰ τὰ πράγματα διαλέγεσθαι φέροντας. Statt dessen müssen wir von den Worten als Symbole für die Dinge Gebrauch machen (ἀλλὰ τοῖς ὀνόμασιν ἀντὶ τῶν πραγμάτων χρώμεθα ὡς συμβόλοις), mit der Voraussetzung, daß das, was den einen widerfährt, das ist, was mit den anderen geschieht (τὸ συμβαῖνον ἐπὶ τῶν ὀνομάτων καὶ ἐπὶ τῶν πραγμάτων ἡγούμεθα συμβαίνειν), es sei denn, die Zahl der Worte ist begrenzt, während die Zahl der Dinge unendlich ist. Das Problem, über das Aristoteles durch diese Annahme Rechenschaft ablegen möchte, ist jenes der Polisemie der Worte und der Reden: ἀναγκαῖον οὖν πλείω τὸν αὐτὸν λόγον καὶ τοὔνομα τὸ ἓν σημαίνειν: Es ist in dieser Lage, in Anbetracht der Endlichkeit der sprachlichen Offenheit der Welt, notwendig, daß dassel-

be Gespräch und das identische Wort/Name mehrere Dinge bedeuten kann. Die Kraft dieser Aporie wird in der Tat von den Sophisten dazu benutzt, die Beziehung des Menschen zur Wahrheit der Dinge in Schach zu halten, aber es ist bezeichnend, daß Aristoteles gegen die sophistische Täuschung nicht in eine direkte Darstellung dessen, was ist, einlenkt, sondern einzig an die Erfahrung der Macht der Worte (Kraft und Leistungsfähigkeit der Sprache, τῶν ὀνομάτον ἡ δύναμις) appelliert, um nicht das Opfer von Paralogismen im Gespräch zu werden. Was daher zählt, ist, daß, wer diskutiert, die Fähigkeit haben sollte, mit dem anderen im Gespräch zu bleiben, indem er ihm über seine jeweilige Rede Rechenschaft ablegt, und umgekehrt, indem er ihn zwingt, seinerseits die eigenen Gründe anzugeben: ταῦτα δ'ἐστὶ τὸ μὲν ἐν τῷ δύνασθαι δοῦναι λόγον τὸ δ'ἐν τῷ λαβεῖν.[30]
Auf diese Weise überschreiten die Erfordernisse des Gesprächs nicht das Gespräch, sie setzen nicht einen stillen Zugang zur Wahrheit voraus, der sie auf unanfechtbare Weise offenbaren würde, sondern sie scheinen einzig aus dem Stadium der vielfältigen Bedeutungen der Worte, also aus der Verfeinerung der linguistisch-diskursiven Praxis hervorzugehen (der Praxis des διαλέγεσθαι, die ein aufmerksames Zuhören hinsichtlich der Argumente des anderen voraussetzt: καὶ αὐτοὶ διαλεγόμενοι καὶ ἄλλων ἀκούοντες). Die „Topiker" erklären die Nützlichkeit zu erforschen, in wievielen Bedeutungen man etwas sagt (ποσαχῶς λέγεται ἐπεσκέφθαι), um der Klarheit willen (πρός τε τὸ σαφές) und um damit sich die Möglichkeit zu bewahren, die Dinge selbst zu erörtern, statt sich in den Worten zu verlieren (καὶ πρὸς τὸ γίνεσθαι κατ'αὐτὸ τὸ πρᾶγμα καὶ μὴ πρὸς τὸ ὄνομα

[30] Aristoteles, Soph. El. 1, 165 a 6-30.

τοὺς συλλογισμούς).[31] *Nur in der Sprache entscheidet sich also,* laut Aristoteles, *ob unser Gespräch die Dinge trifft oder ob es nur leere Worte zwischen den Sprechenden austauschen läßt. Das Ding selbst,* αὐτὸ τὸ πρᾶγμα, *führt uns also nicht einfach über die Worte hinaus,* weil es – vom Gesichtspunkt der Sprechenden aus – nur kraft eines Unterscheidungsvermögens Gestalt annimmt, das Worte und Gespräche durchzieht und nur wirksam wird, sofern man miteinander spricht.[32]

Aber die Natur, die den Menschen zur Sprache bestimmt und die, laut Aristoteles, wie Gott nichts umsonst macht, sondern immer zum Besten neigt,[33] liefert der Philosophie eine beruhigende Lösung des Rätsels; und sie gibt dem Denken die Garantie, die Bestimmtheit zu finden, die jedem Ding innewohnt, wenn die Erfordernisse des Gesprächs genau erfüllt werden. Der Aristotelischen Auffassung der Sprache ist so – erstaunlicherweise – die dualistische Problematik, die im modernen Subjektivismus wurzelt (in der Trennung des Menschen von der Natur), völlig unbekannt, aber gleichzeitig gründet sie in einer metaphysischen Idee des offenbarenden Wesens der Physis, die sich im Logos vollendet und die endgültige Transparenz, oder besser, die Homologie der Worte und der Dinge sichert (es geschieht den Dingen, was den Namen gelegen kommt).

---

[31] Aristoteles, Top. I 18, 108 a 18-22.

[32] Vgl. W. Wieland, Die aristotelische Physik. Untersuchungen über die Grundlegung der Naturwissenschaft und die sprachlichen Bedingungen der Prinzipienforschung bei Aristoteles, Göttingen 1962; I. Düring, Aristoteles. Darstellung und Interpretation seines Denkens, Heidelberg 1966, und neuerdings E. Berti, Le ragioni di Aristotele, Roma, Bari: Laterza 1989.

[33] Aristoteles, Pol. I, 2, 1253 a 10; De Coelo I, 4, 271 a 33; De phil. 12 b Walzer.

Auch das Problem der Polisemie der Worte nimmt dann Aristoteles im Rahmen dieses metaphysischen Vertrauens in die Physis in Angriff. Von der Physis rührt die Bestimmung des Menschen zur Sprache her: in den Worten effektiv den Dingen zu begegnen, die das sind, was sie von Natur aus sind (φύσει). Die Vielfalt der Bedeutung wird also von der offenbarenden Natur des Logos selbst begrenzt sein, und zwar von seiner Zugehörigkeit zur einzigen Natur, welche die Dinge in ihrer Bestimmtheit bestehen läßt. Auch die Formulierung des sogenannten Satzes vom Widerspruch (in den Worten des Aristoteles, die βεβαιοτάτη ἀρχή, die er für ἀνυπόθετον erklärt, d. h. als solche, die sich nicht auf anderes stützt) *setzt* in Wirklichkeit die endgültige Abgrenzung des semantischen Feldes in bezug auf das, was man sagen will, *voraus.* Jene nämlich, die nicht die Notwendigkeit anerkennen, der Vermehrung der Bedeutungen eine endgültige Grenze zu ziehen, „beseitigen die Substanz und die Essenz", d. h. die Bestimmtheit, welche die Dinge von der Natur, also von der Sprache haben. „Es ist Notwendigkeit für sie, zu behaupten, daß alles zufällig ist und daß kein bestimmtes Ding existiert, das wesensmäßig Mensch oder Tier ist."[34] Wir können abschließend feststellen, daß im Aristotelischen Sinn der Dialog die Bestimmtheit des Dinges gewinnen kann und muß, weil das Ding von Natur aus als bestimmte Realität begegnet. Der Logos erschließt also die Dimension des natürlichen Seins des Menschen, innerhalb derer in der Form des Gesprächs die Bestimmtheiten ans Licht kommen, welche die Natur schafft.

[34] Aristoteles, Met. IV, 4, 1007 a 20-23. Die Frage des Widerspruchsprinzips habe ich ausführlich in meinem Aufsatz „Verità e contraddizione" (in: I fenomeni e le parole, a. a. O.) behandelt.

4. Das Gespräch und die Verständigung

Die hermeneutische Erfahrung der Sprache als Offenheit der Welt, die die Existenz aufruft, das Sein der Dinge zu interpretieren, verfügt über keine „natürliche“ Rechtfertigung des Offenbarungscharakters der Worte. In Äußerungen wie der eben formulierten ist „Existenz“ dasjenige Wort, das die Vielheit der Sprechenden einschließt, welche durch die sprachliche Aufschließung des Seins zum Gespräch zusammengerufen werden. *Niemand existiert also in solipsistischer Selbständigkeit,* nicht nur weil das Dasein als solches in *Beziehung zur Alterität,* die es ek-sistieren läßt, steht, sondern weil *der Ruf zur Existenz* einen jeden auffordert, mit jedem anderen zu sprechen. Die Dimension des *Mit-Seins,* die in „Sein und Zeit“, wie man bemerkt hat, keinen wirklichen Raum findet, weil die Analyse des Daseins einen grundlegend monologischen Charakter hat, wird phänomenologisch von der Erfahrung der sprachlichen Offenheit der Welt (und zwar der Differenz zwischen der Welt und den Dingen) unterstützt, zu der Heidegger auf entscheidende (und paradoxe) Weise durch die denkende Aneignung der enthüllenden Kraft des poetischen Wortes gelangt. Die hermeneutisch-existenziale Umkehr der Phänomenologie vollzieht sich also, wenn die Alterität, die die Existenz endlich macht (die Differenz, durch die der Mensch ek-sistiert), auf unberechenbare Weise zu sprechen beginnt, indem sie das Zuhören und das Gespräch der Menschen hervorruft. Hölderlin, der Dichter des Zerschellens der Worte an der Erfahrung des Geheimnisses, wird so zum Wegführer, der die Endlichkeit des Menschen gerade aufgrund dessen denkt, was den Menschen gegenüber jedem anderen Lebewesen auszeichnet: „Schweigen müssen wir oft; es fehlen heilige Namen,/ Herzen schlagen und doch bleibet die Rede zurück?" Die Sprache ist in Wirklichkeit, nach der Erfahrung des Dichters, „der Güter aller Gefährlichstes", das, während es die Existenz zu sich selbst ruft, sie zu verlieren droht. Gleichzeitig ist das vielfache Einander-Begegnen der Menschen-in-der-Welt, insofern sie miteinander sprechen, also sich im „*Ge-spräch*" befinden, das, was aufgrund des rätselhaften Sagens der Dichtung zu bedenken bleibt.[35] Dichtung teilt ihre Fremdheit gegenüber gängiger Kommunikation mit dem Sprechen von Philosophie und religiöser Erfahrung; daher ist das, was sie hervorruft, nicht so sehr eine Verständigung, in der das Fragen sich beruhigt, als ein Staunen und somit Bedrängtwerden von immer neuen Rätseln. Die Bedrängnis aber eröffnet das Gespräch von neuem, treibt es zuweilen in einen Konflikt, der die Sprechenden in die dramatische Erfahrung der Schwierigkeit verwickelt, einander zu verstehen, bis hin zur unerträglichen, oft unüberwindbaren Grenze der Verständnislosigkeit. Das *Gespräch* erscheint dann nicht als der Schauplatz der Versöhnung, auf dem die wechselseitige Mitteilung jeden über die Grenze seines endlichen Seins hinaushebt und allen, weil sie verbunden sind, erlaubt, über jene Realität, die dem einzelnen entschwindet, zu verfügen. Es darf aber auch nicht als eine solche Gesprächssituation idealisiert werden, in der der „gute Wille", die eigenen Gesichtspunkte zu vergleichen, den Gesprächspartnern er-

[35] Wie man weiß, ist „Gespräch" ein Wort Hölderlins, worauf sich Heidegger mehrmals bezogen hat. Vgl. das Bruchstück „Versöhnender, der du nimmer geglaubt" und die Hymne „Friedensfeier" und Heideggers Freiburger Vorlesung vom Wintersemester 1934/1935: Hölderlins Hymnen „Germanien" und „Der Rhein" (Gesamtausgabe Bd. 39) sowie seine „Erläuterungen zu Hölderlins Dichtung". Dieselben Hinweise gelten auch für das Wort über die Sprache als „der Güter aller Gefährlichstes". Die zitierten Verse entstammen der Elegie „Heimkunft. An die Verwandten", V. Strophe.

laubt, den Argumenten des anderen auf den Grund zu kommen.[36] Das *Gespräch* ist vielmehr die Dimension, in der sich jedesmal für die Teilnehmer *die Erfahrung einer endlichen Wahrheit* auftut. Diese Wahrheit ereignet sich in Worten, und zwar in Rätseln, durch die es den Menschen erlaubt ist, zwischen den Dingen umherzuirren, indem diese ihnen begegnen, ohne daß die Menschen *als Sprechende* sie je besitzen; ja sie verlieren das, wovon sie sprechen, und bleiben dennoch auf dessen Spuren, die kein *Gespräch,* keine gemeinsame Suche je zu verfolgen aufhören wird.

Den Grund für das *Gespräch* zwischen Menschen bildet also nicht die Verständigung, nicht einmal in Form der idealen Projektion einer unbeschränkten Kommunikationsmöglichkeit; dahinter verbirgt sich nur, und einmal mehr, *das „metaphysische" Bedürfnis*, die Endlichkeit der Existenz und den zugehörigen Mangel an Kommunikation zu rechtfertigen, gemäß der (eschatologischen) Perspektive eines endlichen Zustands, in dem alles von allen und zu allen ein für allemal gesagt werden könnte. Die Vorsicht, mit der man dieses Telos als ein solches anführt, das bis ins Unendliche zu verfolgen ist, mildert nicht den Fluchtcharakter dieser Rechtfertigung des *Gesprächs* zwischen den Menschen – nicht auf der Grundlage dessen, was sie sind *(endliche Existenzen, weil Sprechende und Sprechende, weil endlich),* sondern auf Grund dessen, was sie absurderweise sein wollen. Die ideale Kommunikationsgemeinschaft verführt die Sprechenden mit dem Traum einer völlig durchsichtigen wechselseitigen Mitteilbarkeit, die sie als unbegrenzte

[36] Vgl. die Debatte zwischen Gadamer und Derrida über den guten Willen und das Bestreben nach Verständigung in: Ph. Forget (Hrsg.), Text und Interpretation, München 1984.

Vermittler der Totalität eines endlich geoffenbarten Sinnes rechtfertigt. Dank dieses Traumes kann jeder sich selbst jenen Sinn der Dinge versprechen, der ihm unentwegt abhanden kommt.[37]
In der Wirklichkeit spricht man miteinander *im Gespräch*, das das sprachliche Existieren des Menschen begründet, gerade weil man nie aufhört, einander zu verstehen und somit auch einander mißzuverstehen. In der Tat ist die Verständigung *im Gespräch* immer nur situativ; sie ist um so beständiger, je begrenzter sie ist: also immer provisorisch und unsicher, gewiß nicht der letzte Grund, der es rechtfertigt. Dies ist das Geheimnis, das die Menschen *zum Gespräch* bestimmt, das Faktum, daß sich in ihren Worten die Welt nicht durch ihren Anstoß öffnet, sondern aufgrund eines Rufes, auf den sie schon immer dadurch, daß sie existieren, geantwortet haben. *Man spricht, weil man schon bei den Dingen ist* (wie Ari-

[37] „Verständigung wohnt als Telos der menschlichen Sprache inne“: So hat Habermas endgültig festgestellt (Theorie des kommunikativen Handelns, Frankfurt a. M., Bd. 1, 387). Apel hat seinerseits erklärt, „daß bereits auf der Ebene der Verständigung über den Sinn unserer sprachlichen Äußerungen ein *Sinn-Geltungs-Anspruch* vorausgesetzt werden muß, der – wenn überhaupt – nur durch den möglichen *Konsens einer unbegrenzten, idealen Kommunikations- und Interpretationsgemeinschaft* (Peirce bzw. Royce) definitiv eingelöst werden kann [...] Unter der Voraussetzung des definitiven Konsenses der Interpretationsgemeinschaft – dem natürlich kein empirisches Faktum jemals entsprechen kann – *würde* zunächst einmal die universal gültige Einlösung der rechtfertigbaren *Sinn-Geltungsansprüche* mit der *Welt-Sinnkonstitution* zur Dekkung kommen (das heißt jeder würde jeden zumindest *verstehen* können).“ (Sinnkonstitution und Geltungsrechtfertigung. Heidegger und das Problem der Transzendentalphilosophie, in: Forum für Philosophie Bad Homburg [Hrsg.], Martin Heidegger: Innen- und Außenansichten, Frankfurt a. M. 1989, 165 f.) Was fraglich ist, ist eben der Sinn der (vermeintlichen) Notwendigkeit der „Voraussetzung des *definitiven* Konsenses der Interpretationsgemeinschaft“. Die Sehnsucht nach dem Definitiven habe ich hervorgehoben.

stoteles „wußte“, es den Modernen aber nicht mehr zu denken gelingt), bzw. die Dinge lassen sich von uns aussprechen, aber so, daß sie das, was sie sein können, nur werden, sofern sie sich selbst kraft der linguistischen Praxis *im Gespräch*, an dem jeder Sprechende teilhat, bestimmen. (Aristoteles’ Ansicht ist jedoch: Die Natur hat den Logos hervorgebracht, damit er den Menschen offenbart, was die Natur von sich aus sein läßt.) Die Dinge werden also auf dem Grunde eines Einvernehmens der Gesprächspartner, das immer besteht, aber trotzdem nie genügt, interpretiert, *nie* definiert (Aristoteles kann das Rätsel dieses *„nie“* nicht ertragen). Gerade weil wir sprechen und sprechend Dinge sagen, aber immer auf rätselhafte Art, *sind wir immer verpflichtet (und zwar genötigt), jedesmal mit Rücksicht auf sie, das, was ist, und das, was nicht ist, das Wahre und das Falsche, zu bestimmen*, ohne ein für allemal den Sinn ihrer mehrdeutigen Erscheinung in der endlichen Wahrheit der Ek-sistenz entscheiden zu können.

Es geschieht also, daß wir uns gegenseitig Rechenschaft ablegen über das, was wir sagen, wenn wir im Gespräch bleiben und weitersprechen wollen, während wir nicht sprechen, um uns gegenseitig Rechenschaft über den Sinn unseres Engagements im Gespräch abzulegen und dadurch dessen Rechtfertigung zu gewinnen. Unser Sprechen dient nicht dazu, uns, nach „dem Ideal der konsensualen Geltungsrechtfertigung“ Apels,[38] ins Einverneh-

[38] „Diese kontrafaktische Unterstellung des Ideals der konsensualen Geltungsrechtfertigung steht ersichtlich nicht im Widerspruch zur faktischen Abhängigkeit unseres Fragenkönnens [...] von der zeitlich-geschichtlichen Welt-Sinnkonstitution im Medium der Sprachen. Doch sie muß darauf insistieren, daß aus der von Heidegger aufgezeigten Abhängigkeit keine einseitige Bedingtheit der Geltungsrechtfertigung durch die vorauszusetzende begrenzte Sinnkonstitution folgt.“ (Ebd. 166) Hin-

men zu setzen. Es besitzt also keinen Grund, nicht weil es unsinnig ist, sondern weil es nicht eine der Tatsachen ist, zu denen wir sprechend eine Erklärung hinsichtlich der jeweiligen praktischen oder theoretischen Zielsetzungen suchen. *Wir sprechen vor jeder Forderung nach Grund und jenseits jeden Einverständnisses*, aber wir sprechen (auch, nicht nur), indem wir uns von dem, was wir sagen, Rechenschaft geben. *Wir sprechen, weil wir existieren, so wie wir existieren, weil wir sprechen und sich in unserem Existieren als Sprechende die Welt offenbart.* Aber dies ist nicht die Rechtfertigung unseres Sprechens, es ist das unwiderrufliche Faktum, daß wir da sind, und zwar daß wir in der Sprache sind, seit wir sind: in der Welt. Dieses *Ur-Faktum* liegt jenseits jeder Rechenschaft. Es entsteht als un-vermittelbare Stiftung unserer Endlichkeit. Wenn es also wahr ist, daß wir durch das Sprechen im Gespräch bleiben, indem wir direkt oder indirekt für dasjenige verantwortlich bleiben, was wir sagen oder was gesagt wurde (indem wir uns dieses aneignen, es interpretieren: auch die Verkündigung des Dichters kann nicht anders als Gespräch werden, Austausch von Überlegungen, Interpretation, weil sie Sprache ist), so ist es ebenfalls wahr, daß wir nicht trotz, sondern aufgrund der Unüberprüfbarkeit der Verständigung und der unvermeidbaren Mißverständnisse fortfahren, miteinander zu sprechen. Wenn wir meinen, einander vollkommen verstanden zu haben

sichtlich der Einseitigkeit kann man dies vielleicht zugeben, aber was Apel eigentlich aufheben möchte, ist die einfache Bedingtheit der Geltungsrechtfertigung. Habermas bringt seinen Traum auf folgende Weise zum Ausdruck: „Ziel der Verständigung ist die Herbeiführung eines *Einverständnisses*, welches in der intersubjektiven Gemeinsamkeit des wechselseitigen Verstehens, des geteilten Wissens, des gegenseitigen Vertrauens und des miteinander Übereinstimmens terminiert." (Was heißt Universalpragmatik?, in: K. O. Apel [Hrsg.], Sprachpragmatik und Philosophie, Frankfurt a. M. 1976, 176).

(was jedoch ein Trugschluß ist, der auf der Eile, auf der Angst oder generell auf dem Bedürfnis, das Gespräch zu unterbrechen, beruht), haben wir in der Tat kein Interesse mehr, das Gespräch fortzusetzen. Die Verständigung ist also immer und ausschließlich eine Phase, die man im Gespräch durchläuft und die man nur annähernd abgrenzen kann. Trotzdem ist sie wertvoll, weil sie das Gespräch lenkt und erlaubt, nie definitive, doch wichtige Anhaltspunkte zu bestimmen (das Gespräch hat also seine Ökonomie, von der man nicht absehen kann). Auf jeden Fall kann man nicht bei der Verständigung verweilen, weil es sie im eigentlichen und vollkommenen Sinn niemals gibt.

5. Die hermeneutische Aufgabe der Philosophie

Das Gesagte ist umso wahrer, je weniger der Sinn des Anrufes, der uns zum Sprechen bewegt und im Gespräch vereint, abgrenzbar ist. Dieser Zusammenruf fordert von den Sprechenden nicht, daß sie dasselbe über dieselben Sachen sagen (ein Ideal, das nur jene verfolgen, die eine berechnete Beschränkung der semantischen Felder ausarbeiten wollen); im Gegenteil – und parodoxerweise – bietet er die Möglichkeit, die Worte zu finden, die die Sprechenden zu wirklichen Gesprächspartnern machen, einen jeden zum anderen für die anderen. Das ist die Herausforderung, die im Anruf zum Gespräch für jeden in dem Maße besteht, in dem jeder diesen Anruf aufnimmt. Das dramatische Schicksal jedes Miteinandersprechens beruht auf dem Faktum, daß von jedem nur im Sprechen mit dem anderen die Antwort gefordert werden kann, welche ihn im selben Moment, in dem sie ihn gebunden hält, von den anderen unterscheidet. In jedem Fall wird das gemeinsame Gespräch von niemandem angefangen, jeder entspricht der günstigen Gelegenheit, die ihm selbst geboten wird, zu sprechen, auch jener, der in einer bestimmten Situation als erster das Wort ergreift. *Das Gespräch ist immer schon offen und erteilt von Mal zu Mal jedem das Wort, indem es jeden aufruft, er selbst zu werden.*

Das Paradox des Selbst ist an die Tatsache gebunden, daß es nie eine Gelegenheit oder ein ursprünglicher Zustand ist, sondern ein Geschick, das aus einem Anruf entsteht und auf jene Antwort wartet, zu der jeder von den Mitredenden im Gespräch aufgefordert wird. Jene jedoch sind ihrerseits insofern andere, als das, was sie sagen, aus einer Entfernung kommt, die sie übersteigt und die niemand abschätzen kann. *Die Alterität* jenes anderen, der für jeden der Mensch ist, mit dem er spricht, offenbart sich in der Unberechenbarkeit der Aufforderung oder der Herausforderung, mit denen er uns bisweilen überrascht und die weit jenseits seiner Absichten liegen. Im Gespräch, das die Sprechenden vereint, ist jeder für den anderen der andere und als solcher nur dann ein notwendiger Gesprächspartner, sofern er für sich selbst der Alterität der Sprache gegenüber, die ihn mit den anderen existieren läßt, verantwortlich ist. Das Problem liegt, anders als bei den solipsistischen Bewußtseinsphilosophien, also nicht darin, sich zu vergewissern, daß sich in den Worten des anderen in der Tat ein anderes Bewußtsein ausdrückt, sondern darin, daß jeder Sprechende die Alterität des anderen, d. h. die Differenz, ertragen könne. Diese ruft, indem sie die Welt durch die Sprache erschließt, einen jeden auf, er selbst zu werden und also für den anderen als anderer zu existieren.

Jeder kann im Gespräch jene Momente erleben, in denen die Worte so wesentlich und entscheidend (so unabwendbar) werden, daß sie jeden Gesprächsteilnehmer in eine

Einsamkeit stürzen, die nur er empfindet. Jeder weiß sich mit den anderen, aber jeder befindet sich *angesichts der Alterität einsam,* die uns wechselseitig zu anderen macht, indem sie uns aufhält, miteinander zu sprechen. In dieser Einsamkeit geschieht es dann, daß man gewahr wird, daß die Sprechenden jeweils im Gespräch bleiben, gerade weil *ein jeder immer von etwas anderem spricht,* jenseits dessen, was seine Worte zunächst mitzuteilen scheinen. Gerade das fesselt uns, *das andere, das ungreifbare Ungedachte,* das sich sagen läßt und doch noch zu sagen bleibt, weil es noch über das hinaus, was wir zu verstehen glauben, zu denken bleibt. Es begegnet uns als das, was unsere Gesprächspartner uns jenseits ihrer Absichten offenbaren und darum *nur uns anspricht.* Da wir von der griechisch-christlichen metaphysischen Vorstellung einer in sich ruhenden, für alle gleichen Wahrheit (und wenn sie das nicht ist, welcher Wahrheit sonst?) geprägt sind, haben wir nicht genügend darüber nachgedacht, daß das Gespräch zwischen den Menschen (die einzig denkbare Offenheit jeglicher Wahrheit) sich von etwas nährt, das es dramatisch entflammt und seine tiefsten Gründe in Frage stellt, d. h. *von der Unmöglichkeit, alles zu sagen, von der Notwendigkeit, daß für die Sprechenden die Wahrheit der Reden immer eine endliche Wahrheit ist.* Jenseits dieser Wahrheit bleibt *immer anderes* zu sagen und zu fragen, weil man sich diesem anderen in seiner Differenz nicht einmal annähern kann, sondern es sich nur in endlicher Weise ausdrücken läßt, *indem es etwas anderes bleibt.* Es bleibt etwas anderes, solange wir sprechen, weil es *das Ereignis der Sprache* ist, das uns anruft, die Dinge der Welt zu interpretieren.

Aufgabe der Hermeneutik ist nun die *Gründung des endlichen Existierens* des Menschen nicht in der Weise einer Flucht oder eines Ausweichens, die sich infolge der vielfältigen theologisch-metaphysischen Rechtfertigungsversuche unweigerlich einstellen, sondern in der Anerkennung und in der Übernahme dessen, was wir sind. Wir sind nicht die Gefangenen unserer Endlichkeit, sondern dank ihr sind wir offen für *das Geheimnis der Andersheit,* das uns endlich macht und uns gerade deshalb befähigt, den anderen und den Dingen in der Welt, in der wir existieren, zu begegnen. Von diesem Geheimnis müssen wir sprechen, um das Schweigen, das sich geziemt, zu lernen. Die Hermeneutik wird auf diese Weise zur paradoxen Erfahrung eines Findens, das zugleich ein Verlieren ist, aber eines Einbüßens, das zugleich Gewinn ist. Nichts ist uns ein für allemal gegeben, und der Wert jeder Aneignung ist von der Melancholie (oder dem Schmerz) der Entsagung dessen durchzogen, worauf wir verzichten mußten. Wir selbst finden uns nur, indem wir uns verlieren – außerhalb von uns, um der unerreichbaren Alterität zu begegnen, die uns aufruft zu ek-sistieren. Im Gegenteil verlieren wir uns, sooft wir uns der Illusion hingeben, den Sinn unseres In-der-Welt-Seins, unseres Gewordenseins, was wir aus uns machen könnten und wollten, gefunden zu haben.

Die hermeneutische Gründung der Ek-sistenz in der Sprache, die die Welt in menschlichen Worten erschließt, setzt das Da-sein aus, *das Geheimnis der Differenz* zu ertragen, die nur den Menschen als Sprechenden existieren läßt – nicht in humanistischer Einsamkeit (und Überheblichkeit), sondern im Verhältnis zur Alterität, der er verdankt zu sein. Die Hermeneutik der Endlichkeit bringt daher die Existenz nicht dazu, daß diese auf sich selbst besteht, indem sie stolz auf eine Autonomie wäre, die dem Sterblichen nicht zusteht; sie veranlaßt die Existenz vielmehr, von sich aus auf das Geheimnis zu antworten, dem sie angehört und das sie bewahren soll.

Existenz findet sich selbst nur wieder, wenn sie begreift, daß sie sich nie erreichen kann, daß sie darum *vor dem Erscheinen der Alterität, deren Abwesenheit sie ertragen konnte, sterben muß.* Das Existieren des Menschen ist von Abwesenheit umgeben, die uns die Dinge begegnen und sie ebenso vermissen läßt. *Eine solche Abwesenheit aber ist nicht das Nichts.* Von ihr kommt der alte Aufruf, die Erfahrung der eigenen Endlichkeit auszuhalten: γνῶθι σαυτόν, „erkenne dich selbst", dem – wie Plutarch reflektiert – das mysteriöse E (τὸ εἶ) des delphischen Tempels nicht widerspricht, weil es im Gegenteil jenes mit dem notwendigen Verweis auf die Alterität ergänzt. Auf jeden Fall, verkündigt die Geheimschrift nach Plutarchs Entzifferung die Ewigkeit Gottes, so ruft sie uns nicht anderswohin, sie läßt uns hingegen in der Welt sein, der wir angehören, weil wir endlich sind. Für das antike Denken – Platon ist noch einer der aufschlußreichsten Zeugen dafür – ist der Mensch ein solcher nur im Verhältnis zu Gott oder vielmehr zum Göttlichen (τὸ θεῖον).[39] Wenn also die Abwesenheit die Möglichkeit der Erfahrung des Göttlichen in der Welt bewahrt, so verbirgt sie nicht das Geheimnis eines Gottes, von dem man die Rechtfertigung, also den Ersatz unserer Endlichkeit, erhoffen könnte. Im Gegenteil läßt uns gerade die Abwesenheit, die Alterität, der wir als solcher nie begegnen (weil sie weder ein Ding ist noch ein Vorkommnis in der Welt), als Sterbliche existieren, weil nur der Mensch

[39] Zum Verhältnis zwischen Götter-Göttliches in Platons Denken siehe die Studien von A. Diès, „Le Dieu de Platon" und „La religion de Platon" (in: Autour de Platon, Buch III, Kap. III u. IV, Paris: Les Belles Lettres 1972), sowie: G. Krüger, Einsicht und Leidenschaft. Das Wesen des Platonischen Denkens, Frankfurt a. M. 1939; K. Albert, Griechische Religion und Platonische Philosophie, Hamburg 1980. – Die Stellen aus Plutarch schließen den Dialog „De E apud Delphos" ab.

spricht, also nur er die Erde bewohnt, auf der er allein stirbt. In der Unerbittlichkeit des Todes, wenn die Worte fehlen („es fehlen heilige Namen"), begegnet jeder endlich dem Geheimnis seiner eigenen Endlichkeit, dem Geheimnis, das sich nicht aussprechen läßt, das trotzdem nur unser Gespräch bewahren kann. *So paradox ist es, als endliche Wesen zu ek-sistieren.*

Komplexität, Interpretation und tragisches Denken*

Von Sergio Givone

I. Komplexität

Die Idee der Komplexität besitze, so bemerkte Edgar Morin, kein epistemologisches Statut.[1] Man begegnet ihr vielmehr auf den Wegen einer wissenschaftlichen Forschung, die immer mehr den Charakter eines Abenteuers annimmt, und zwar in dem Sinn, daß ihre Wege nicht linear, sondern verschlungen sind, daß sie nicht in einer Richtung verlaufen, sondern nicht selten zur Umkehr zwingen und die Sicht freigeben auf unerwartete, überraschende Horizonte. Man wird sogar Zeuge einer paradoxen, positiv gewerteten Wiederaufnahme dessen, was die Wissenschaft, um sich als solche zu konstituieren, aus ihrem Bereich ausgeschlossen hatte.

Die Physik hat zum Beispiel den Begriff des Zufalls und der Unordnung eingeführt, um thermodynamische Erscheinungen zu erklären, die andernfalls unerklärlich blieben. Das heißt das grundlegende Postulat in Frage zu stellen, nach dem einfache Gesetze das Universum regieren. Auf dem Gebiet der Biologie hat man den Wert des Hologramms entdeckt, und es hat sich gezeigt, daß eine jede unserer Zellen die genetische Information des Lebewesens enthält, zu dem sie gehört. Es ist also nicht nur der Teil im Ganzen enthalten, sondern, wie es die magische

* Übersetzt von Ute Lipka.

[1] Vgl. E. Morin, Le vie della complessità, in: G. Bocchi und M. Ceruti (Hrsg.), La sfida della complessità, Mailand: Feltrinelli 1990, 49.

Tradition sah, von der sich die Wissenschaft ganz allmählich und mit Mühen befreit hat, das Ganze auch im Teil. Zudem ist aus dem allgemeinen Wissensfundus das „anthropische Prinzip“ hervorgetreten, das das Prinzip der Unbestimmtheit so weit ausdehnt, daß eine Entwicklungsgeschichte des Kosmos, die das menschliche Bewußtsein impliziert, möglich wird. Der Beobachter tritt also nicht nur in Aktion, indem er das Feld der Beobachtung konstituiert, sondern das Eine und das Andere, das Subjekt und das Objekt, gehören vom Anfang des Prozesses an zueinander und setzen also jene Art eschatologischer Wirklichkeit (des Bewußtseins) voraus, die sich erst am Ende zeigt und in ihrer Komplexität rechtfertigt. Es ist daher offensichtlich, daß die Logik der Objektivierung oder der objektiven Darstellung, die ja die „unüberwindliche“ Unterscheidung zwischen den Natur- und den Geisteswissenschaften begründet, durch die neueste Epistemologie überwunden wird.

Hier ist nach Morin die „Herausforderung der Komplexität“ von entscheidender Bedeutung. Wir sind Zeugen der paradoxen Revanche eines Wissens, das als Form der Erkenntnis überwunden schien, dem nur mehr eine schmückende und rein spielerische Funktion zugedacht war. Die Philosophie wollte dieses Wissen mit ihrer Unterscheidung von epistéme und dóxa: hier die unumstößliche Wahrheit, dort die Nicht-Wahrheit von Sophistik, Rhetorik, Ästhetik, überwinden. Ist es nicht aber die Epistemologie, die das wiederentdeckt, was von der Philosophie geächtet worden war?

Gewiß, das Ansehen des Positivismus ist heute noch groß, und die schwache Position der Geisteswissenschaften wird gern damit erklärt, daß diese die Paradigmen und Verfahrensweisen der Naturwissenschaften nicht übernommen haben, als sei die unabdingbare Komplexität des

Daseins nur Täuschung, hervorgerufen durch regressive Haltungen mit einem unwissenschaftlichen, literarischen, vom Spiritualismus beeinflußten Hintergrund. In Wirklichkeit aber bringt der Einbruch der Komplexität – dieses noch undefinierbaren X – in das Reich der Naturwissenschaften eine tiefgreifende Umwälzung mit sich. Es geht jedoch nicht darum, den Naturwissenschaften und den Geisteswissenschaften neue Grenzen zu ziehen, indem man sie in die jeweilige Ordnung eingliedert, nachdem man anerkannt hat, daß es unter ihnen wechselseitige Verflechtungen gibt. Es geht auch nicht darum, den alten Plan, den das Zeitalter des Positivismus favorisierte, umzukehren, den Plan, der die Vereinigung der Geisteswissenschaften und der Naturwissenschaften im Zeichen letzterer vorsah: Im Fall seines Scheiterns würde man nur die Richtung ändern, den Wunsch der Wissenschaft nach Objektivierung, Universalität und Einfachheit aufgeben, um den Instanzen des Relativismus und des Subjektivismus Gültigkeit zu verschaffen, kurz, man müßte nur das Unternehmen der Wissenschaft ästhetisieren, sie auf das Modell der Kunst gründen, nicht nur ihre erfinderische und konstruktive, sondern auch ihre schöpferische Natur geltend machen. Eine solche Umkehr würde bedeuten, daß man in der Subjekt-Objekt-Logik befangen bleibt und daß man die Provokation nicht aufnimmt, die von der Wissenschaft selbst kommt. Unter dem Druck der Komplexität wird jedoch, wie Morin sagt, ein „neues", „multidimensionales" und „dialogisches" Denken nötig.[2]

Indem die Komplexität ins epistemische Herz des Realen die Ungewißheit wiedereinführt und den Blick auf vielfältige und irreduzible Welten freigibt, zerstört sie endgültig den Mythos der „totalen Erhellung des Univer-

---

[2] Ebd. 57.

sums".[3] Dort, wo die Vernunft das sich ihrer Beherrschung Entziehende zum Schein degradierte und im Grunde als Unwirklichkeit zu verurteilen schien, erwächst jetzt eine nicht vorhergesehene Architektonik des Wissens: Perspektiven von auseinanderstrebenden Fluchtpunkten, nicht kommunizierende Ebenen, labyrinthische Wege. Das heißt: Die Theorien sind imstande, von derselben Erscheinung unterschiedliche Erklärungen zu geben, die jeweils plausibel, miteinander aber doch unvereinbar sind. Nicht nur dies: Die Unbegründetheit der begründenden Vernunft setzt das Vorhandensein von Tropismen voraus, d. h. von ursprünglichen Verständnisarten, die der Reihe der Ereignisse entzogen sind, deren Gesamtheit nur eines der möglichen Systeme darstellt. Radikaler Perspektivismus und radikaler Relativismus? Ist dies das „multidimensionale Denken"? Es ist mehr, sehr viel mehr. Der Fortschritt der Erkenntnis ereignet sich nicht schon, indem man geruhsam die irreduzible Vielfalt der Bilder der Welt zur Kenntnis nimmt, sondern durch den Konflikt, den sie zu erzeugen imstande sind. Der Widerspruch setzt diesen Fortschritt in Bewegung, wird aber nicht – wie in der klassischen Dialektik – am Ende aufgehoben oder zumindest überwunden. Das hatte Niels Bohr hinsichtlich der Unvereinbarkeit der Auffassungen von Korpuskularität und Wellenförmigkeit der Teilchen, die beide durch Experimente bewiesen wurden, klar erkannt. Dies impliziert nicht einfach nur das Zugeständnis, daß es virtuelle, aber nicht reale Antithesen gibt oder jedenfalls relative, nicht definitive, rein perspektivische Antithesen (wie Bohr später betonen sollte, indem er sich auf weniger extreme Positionen zurückzog). Der Widerspruch macht eine Logik erforderlich, die in gewisser Weise unlogisch,

[3] Ebd. 58.

auf jeden Fall „anders“ ist, und zwar so, daß es außerhalb ihrer unmöglich wäre, Behauptungen aufzustellen wie: Die Zeit entsteht aus der Nicht-Zeit, der Raum entsteht aus dem Nicht-Raum und die Energie aus dem Nichts. Eben eine „dialogische“ Logik ist gefordert, die imstande ist, von der „Verbindung von Begriffen, die sich gegenseitig bekämpfen“, beziehungsweise, wie Morin sagt, von der Komplexität Zeugnis abzulegen. Daher rührt die Behauptung, daß der Konflikt, wie er bei den Umwälzungen der inneren Landschaften durch die Komplexität vorliegt, „tragisch sein kann“.[4]

Morin stellt daher in der Epistemologie eine doppelte Bewegung fest: hin zur unendlichen Vielfalt der Erscheinungen (und ihrer Deutung und Erklärung), die keine Theorie in einseitige Erklärungsrahmen zwingen kann, und hin zu ihrer Widersprüchlichkeit, die sie stärken kann, auch wenn sie die Erkenntnis zum Stocken bringt. Auf der einen Seite habe man es mit der „außerordentlichen Vielfalt und der ungewissen Entwicklung der Welt“ zu tun, die uns zwingt, auf unseren Anspruch zu verzichten, das Reale „in eine Struktur zusammenhängender Ideen“ einzuschließen, und die uns mit Adorno sagen läßt: „Das Ganze ist die Nicht-Wahrheit“. Auf der anderen Seite sehen wir, „daß sich die Wahrheit in den Zweideutigkeiten und in scheinbarer Verwirrung manifestiert“.[5] Kurz, auf der einen Seite erblicken wir das Abenteuer und auf der anderen die Tragödie der Erkenntnis.

Hier stoßen wir auf eine aufschlußreiche Unbestimmtheit, die Morin im Raum stehen läßt, so auch in „La méthode“.[6] Der Sinn dieser Unbestimmtheit läßt sich aufgrund eini-

---

[4] Ebd. 60.
[5] Ebd. 53.
[6] E. Morin, La méthode, Paris: Seuil 1977 und 1980.

ger Bemerkungen erschließen, die in dem besagten Aufsatz enthalten sind: dort nämlich, wo die Bezugnahme auf das Erlebnis der Kunst als Paradigma für die Wissenschaft einhergeht mit einer Distanzierung von der klassischen Logik. „Die Wissenschaft ist eine Kunst, weil sie eine Strategie der Erkenntnis ist", schreibt Morin. Und er fährt fort: „Es besteht keine Trennung zwischen Kunst und Wissenschaft, wie die Urheber der Vereinfachung meinten, für die diese Begriffe völlig antagonistisch waren und sich wechselseitig abstießen." So gibt er den Weg frei für einen radikalen Perspektivismus. Doch zugleich besteht er auf der Gültigkeit der Idee von Wahrheit in einer Auffassung, die diese Idee de facto ausschließt, womit er entgegen der klassischen Logik Wahrheit und Widerspruch verbindet. In der Tat: Einst, „wenn man auf einen Widerspruch stieß, mußte das Denken umkehren, weil der Widerspruch das Alarmsignal war, das einen Fehler anzeigte". Heute dagegen ist man „aus Gründen der Logik" zu dem gelangt, was für die Logik „eine Absurdität" ist.[7] Also: Die Behauptung des paradigmatischen Wertes der Kunst gegenüber der Wissenschaft scheint an eine Form von Relativismus zu erinnern, den wir als „museal" bezeichnen könnten, und zwar in dem Sinne, daß die Bilder der Welt wie künstlerische Werke einfach nebeneinander dastehen, miteinander unvergleichbar, oder zumindest nur beurteilbar sind aufgrund von Kriterien des inneren Zusammenhangs usw. Aber selbst der Relativismus wird von einer Logik in Frage gestellt, die Auffassungen, die sich gegenseitig ausschließen, als wahr bezeichnet; eine unlogische Logik, sagt Morin, jedenfalls eine Logik, die über die klassische hinausgeht. Was sie definiert, ist, wie Morin ohne Zögern eingesteht, der Begriff des Tragischen,

[7] Ebd. 55 f.

auch wenn er mehrfach in Versuchung gerät, zum Relativismus oder zu dialektischen Lösungen zurückzukehren.

II. Interpretation

Einige der wichtigsten Ergebnisse der gegenwärtigen Hermeneutik weisen Analogien mit dem Umfeld auf, das sich auf diese Weise ergibt, und bestätigen damit eine Begegnung oder ein Sichüberkreuzen mit der Epistemologie, die für die letzten Jahre kennzeichnend ist. Von großer Bedeutung auch in dieser Hinsicht ist das Werk von Luigi Pareyson, vor allem die Arbeit „Verità e interpretazione".[8] Es ist ein entscheidendes Buch, insofern es die Mitte in der Entwicklung eines Denkens markiert, das in seiner ersten Phase von der Ästhetik zur Hermeneutik reicht (und in einer Theorie der Interpretation seinen Höhepunkt erreicht, die ihr Modell aus dem Kunsterlebnis gewinnt) und in seiner zweiten Phase zur Ästhetik zurückkehrt, und zwar durch die Hermeneutik (zumindest in dem Sinne, daß Kunst, Mythos, Religion als spezifische Anwendungsbereiche der Hermeneutik betrachtet werden, was für die Hermeneutik bedeutet, daß ihre ursprüngliche Verbindung mit Kunst und Mythos anerkannt wird). Noch aus einem anderen Grund ist dieses Werk entscheidend: Mit diesem ästhetischen Modell betont es einerseits die Unendlichkeit der Interpretation (und somit, daß alle Interpretationen legitim sind und sehr wohl nebeneinander bestehen können, ohne miteinander in Konflikt zu geraten, obwohl sich in jeder Interpretation die Wahrheit des Werkes enthüllt, die von keiner Interpretation zu erschöpfen ist), andererseits dagegen wird der Weg frei für ein tragisches Denken (das ein solches ist, weil es den

[8] L. Pareyson, Verità e interpretazione, Mailand: Mursia 1971.

Konflikt nicht nur zwischen Wahrheit und Irrtum einführt, sondern auch zwischen Wahrheit und Wahrheit). Auch hier – ja hier sogar mit größtem Nachdruck und in strengerer Konsequenz als sonstwo – wird der Perspektivismus klar von einer Auffassung überwunden, die das Tragische der Existenz letzten Endes auf die ontologische und theologische Ebene verlagert.

In einem kürzlich posthum erschienenen Interview vertritt Pareyson die Ansicht:

> „Es ist Zeit, daß die Philosophie sich selber wiederfindet, indem sie ihre ursprüngliche mythische Natur wiedergewinnt, die immer noch die unerschöpfliche Quelle jeden Diskurses ist, der für die Menschheit entscheidend ist. Natürlich darf der Mythos nicht als Märchen oder Legende verstanden werden, sondern als Besitz der Wahrheit in der einzigen Weise, in der diese sich besitzen läßt, d. h. als Verbergung, die gerade als solche enthüllen und ausstrahlen kann, wie es in der großen Kunst und in der religiösen Erfahrung geschieht."[9]

Und er fügt hinzu, daß nicht deshalb das hermeneutische Denken Gefahr laufe, einem Ästhetizismus und Irrationalismus zu verfallen. Wenn es seine spekulative Intention auf Inhalte richte, die sich dem Zugriff der Rationalität zu entziehen scheinen, so unternehme es dies, indem es kläre und ins Universelle erhebe, indem es also in einem Diskurs, der eine virtuelle Teilnahme zuläßt, etwas vollzieht, was ursprünglich als einzelnes und irreduzibles Ereignis erscheint. Wenn es sich außerdem in diesen seinen Inhalten wiederzuerkennen vermag, als besäße es keine anderen Inhalte im eigentlichen Sinne und als läge im Mythos seine wahre Wurzel, so ist damit nicht gesagt, daß es deshalb lediglich fabuliert, die märchenhafte und

---

[9] L. Pareyson, Interpretazione e libertà, in: G. Vattimo (Hrsg.), Filosofia '91, Bari, Rom: Laterza 1992, 5.

legendäre Erzählung, die ihm sozusagen übergeben wurde, endlos wiederholt und entwickelt, weil der Interpret und der zu interpretierende Gegenstand durch die Zugehörigkeit zur Wahrheit, über die beide nicht verfügen, miteinander verbunden sind und höchstens davon motiviert werden. Es ist ein „eindeutig kritisches“ Denken, insofern es sich bewußt ist, daß „sein eigener Anfang den Charakter einer Wahl“[10] besitzt; denn nicht die eigene Transparenz der Vernunft, die die Vernunft nur um den Preis der Verhüllung dessen, selbst nicht begründet zu sein, simulieren kann, sondern die absolut freie Entscheidung für oder gegen die Wahrheit bildet seine einzige Voraussetzung.

So ist das hermeneutische Denken dabei, die Philosophie aus einem regelrechten dogmatischen Schlaf zu erwecken, sofern diese nicht erkannt hat, daß die Freiheit ursprünglicher als das Sein ist und daß ursprünglich das Sein die Freiheit selbst ist. Das Sein unabhängig von der Verknüpfung zu denken, die es mit der Freiheit verbindet und die sogar die Identifizierung mit ihr nahelegt, heißt, das Nicht-Objektivierbare objektivieren. Wenn das Sein durch die Kategorie der Notwendigkeit (oder als Unterkategorie der Möglichkeit) bestimmt wäre, hätten wir es mit einer objektiven Darstellung der Dinge zu tun, mit einer schon immer gegebenen Fabel, mit einer Ordnung, die man immer neu enthüllen müßte, so wie es in dem Bereich geschieht, den Pareyson „ontische Metaphysik“ nennt. Der Vorrang unter den modalen Kategorien kommt der Wirklichkeit zu, weil diese ihre unbegründete Grundlage in der Freiheit hat. Die Wirklichkeit ist, weil sie ist, nicht weil sie sein soll oder sein kann, so als ob sie nur kraft irgendeiner Sache, die sie begründet und recht-

[10] Ebd. 6.

fertigt, aus dem Nichts hervorkommen könnte. Unbegründet ist die Wirklichkeit, und diese ekstatische, schwindelerregende Unbegründetheit (der Ausdruck stammt bekanntlich von Kant) ist ihre Freiheit, aber auch ihre Wahrheit, die nicht Gegenstand der Entdeckung noch der Offenbarung ist, sondern bestenfalls der „Produktion", ja der „Bildung": im eigentlich künstlerischen, dichterischen, mythosschaffenden Sinn.

Denn wo, wenn nicht in der Kunst und im Mythos, finden wir das Modell für diese Erfahrung der Wahrheit – eine Erfahrung, in der Wahrheit und Freiheit eins sind, in der nicht die Kunst vom Mythos abgeleitet wird, sondern der Mythos auf seinen Ursprung in der Kunst zurückgeführt wird, befreit von seiner religiösen Kanonisierung, der befreienden Wahrheit wiedergegeben. Dies ist das Paradox der Wahrheit des Mythos und der Kunst: Die Wahrheit ist das, was sie ist, sie gelangt zum Interpreten aus einer transzendenten Ferne und auferlegt ihm ihren normativen Wert; ist sie aber enthüllt, kodifiziert oder objektiviert, entzieht sie sich dem Interpreten, der sie sich nicht frei angeeignet hat. Der Interpret kann sich die Wahrheit nur in dem Maße zu eigen machen, sofern ihre Transzendenz in das, was am nächsten und was im Innersten gewollt ist, verwandelt wird.

Diese Erfahrung besitzt also einen wesentlichen ästhetischen Charakter. Denn Klärung wie Universalisierung ihrer Inhalte, die die Philosophie vornimmt, nicht nur um eine Teilnahme an diesen Inhalten zu ermöglichen (in dieser Möglichkeit befinden sie sich schon, zumindest auf der Ebene der Kunst, unabhängig von der möglichen Übersetzung in andere Sprachsysteme), sondern um sie auch mitteilbar zu machen (was nur in der Form universalisierender Rationalität, insofern sie übersetzt werden, geschehen kann), vollziehen sich immer nur im Anschluß, sie sind abgeleitet, nicht ursprünglich. Am Anfang steht die Schaffung des Mythos, und dennoch bedeutet die Tatsache, daß man die Interpretation mit der Schaffung von Mythen in Verbindung bringt und sogar von ihrer „ursprünglichen mythischen Natur" spricht, nicht, daß man sie auf den Bereich des schönen Scheins begrenzt. Im Gegenteil, auf diesem Weg dringt die Interpretation „ins Herz der Realität". Einen anderen Weg gibt es nicht.

So wird die Philosophie „endlich die Augen öffnen können", vor allem den rätselhaften und schrecklichen Seiten des Lebens gegenüber, an denen sie in ihrer Geschichte eindeutig gescheitert ist, indem sie sich auf ihre metaphysischen Mittel verließ (die Notwendigkeit, wieder die Notwendigkeit!); allen voran dem Problem des Bösen gegenüber, welches das große Verdrängte der philosophischen Tradition ist und daneben ein Beweis ihrer spekulativen Unzulänglichkeit. Es ist nicht verwunderlich, daß allein die Befragung der großen Kunst und des Mythos imstande ist, diesen Abgrund auszuloten. Die Freiheit ist die Wirklichkeit. Die Freiheit – und hier übernimmt Pareyson das große Thema Heideggers, dem Heidegger jedoch höchst untreu geworden ist[11] – ist das Wesen der Wahrheit. Aber das Wesen der Wahrheit, d. h. die Freiheit, ist „getrennt, doppelt, zweideutig".[12] Da die Freiheit absoluter Anfang ist, dem nichts vorausgeht, kann sie sich sowohl selber aufheben als auch in die Wahrheit des Seins verwandeln. Diese wird nicht behütet von so etwas wie der notwendigen Gliederung des Logos, sondern ist ihrerseits in allem und für alles der Freiheit anvertraut. Die Möglichkeit des Bösen liegt in dieser ontologischen Zwei-

---

[11] Vgl. L. Pareyson, Heidegger: la libertà e il nulla, in: Annuario filosofico 5 (1989) 9-29.

[12] Pareyson, Interpretazione e libertà, a. a. O. 7.

deutigkeit und muß auch dort gesucht werden, dort sprechen die Figuren, die es enthüllen, davon.

Zweideutig ist die Wirklichkeit, denn zweideutig ist die Freiheit, die ihre Quelle ist. Doch nicht weniger zweideutig ist die Wahrheit. Die Wahrheit, von der uns die gesamte religiöse Tradition erzählt (die der Boden ist, auf dem die große Kunst und der Mythos vor ihrer Trennung erwachsen, welche die Kunst zu rein nachahmender und schmükkender Funktion zwingt und den Mythos zur Vorgeschichte des Dogmas herabwürdigt), verbindet im Menschen geheimnisvoll Schuld und Unschuld, Schmerz und Freude, so wie in Gott Allmacht und Ohnmacht, Zorn und Mitleid, Erniedrigung und Ruhm. Eine „ungeheure kosmoteandrische Tragödie" entfaltet sich unter dem Druck eines Denkens, das wirklich kritisch und folgerichtig ist, nachdem es seine „Natur" in einem Element wiedergefunden hat, das es als irrational zu verneinen scheint. „Das hermeneutische Denken kann nicht im tragischen Denken gipfeln."[13]

Diese Thesen von Pareyson enthalten wertvolle Hinweise über den Verlauf seiner philosophischen Forschung, und sie zeigen an, wie sie eventuell fortzusetzen ist. Man halte sich noch einmal die Stellung von „Verità e interpretazione" innerhalb von Pareysons Werk vor Augen. Dieses Buch (sicher Pareysons bedeutendstes in Erwartung der Veröffentlichung seiner posthumen Schriften) verweist einerseits auf vorangehende Schriften, besonders auf „Teoria della formatività", und andererseits auf die letzten wunderbaren Aufsätze im „Annuario filosofico", die Teil eines systematischen Projekts mit dem Titel „Ontologia della libertà"[14] sind. Bekanntlich ist in „Verità e interpre-

[13] Ebd.

[14] Es sei besonders auf die folgenden Beiträge hingewiesen: Filosofia e

tazione" von der Ästhetik und ihrer spezifischen Thematik fast keine Spur mehr zu finden; doch nicht, weil die Ästhetik „überwunden" oder einem Fachbereich zweiter Ordnung zugeteilt worden wäre, sie kommt vielmehr darin vor, als habe die Hermeneutik sie sich anverwandelt. „Von der Wahrheit gibt es nur Interpretation, und es gibt nur Interpretation von der Wahrheit", schrieb Pareyson in „Verità e interpretazione".[15] Aber ist nicht genau das die Annahme, von der Pareyson ästhetische Reflexion ausgeht, ja worauf sie sich ganz als regelrechten Kern der Theorie gründet? Denn woher kommt sie, was regt sie an, welches ist ihr eigenster Ort, wenn nicht das Erlebnis der Kunst? Wo, wenn nicht in diesem Bereich, findet sie Bestätigung und Bedeutung? Aber hier geht es nicht darum, so etwas wie ein Transzendentales der Erkenntnis zu überprüfen, denn in Frage steht ein ausgesprochen hermeneutisches Modell, das die Kunst nicht nur zeigt, sondern auch möglich macht. Nicht zufällig bricht Pareyson in seinen letzten Schriften sein Schweigen im Hinblick auf die Kunst und begreift das Kunsterlebnis, nicht weniger als das Erlebnis der Religion (die Grenze zwischen beiden tendiert bezüglich der Gemeinsamkeit der Mythenbildung dazu, zu verschwinden), als entscheidend für die Wahrheit und unsere Begegnung mit ihr.

Aber da ist noch etwas anderes. „Verità e interpretazione" verweist auf einen Perspektivismus, der noch kein tragisches Denken oder nicht notwendigerweise tragisches Denken ist, dort, wo in den letzten Schriften Pareysons Hermeneutik und tragisches Denken, wie wir sahen, zweifellos identifiziert werden. Nicht, daß diesem Werk

esperienza religiosa, in: Annuario filosofico l (1985) 7-52; La filosofia e il problema del male, in: Annuario filosofico 2 (1986) 7-69.

[15] Pareyson, Verità e interpretazione, a. a. O. 53.

die Tragödie der Erkenntnis unbekannt wäre, im Gegenteil. Der Kampf zwischen Wahrheit und Irrtum sei, so liest man darin, hochdramatisch, weil der Irrtum nicht nur die dialektische Antithese der Wahrheit und noch weniger einen begrenzten und lückenhaften Ausdruck von ihr darstelle, sondern eine ausdrückliche, bewußte Ablehnung, die permanente Möglichkeit, daß von Wahrheit nichts übrigbleibt, eine Dissimulierung, die sie zu einer parodistischen Gegenfigur von sich selber macht, so sehr, daß wir nach Pareysons Meinung feststellen müssen, daß ganze Geschichtsepochen ohne Wahrheit sind. Das ändert jedoch nichts an der Tatsache, daß alle Interpretationen der Wahrheit, wenn es denn solche sind, vollkommen berechtigt sind. Es gibt keinen Konflikt zwischen Interpretationen. Konflikte gibt es zwischen Wahrheit und Irrtum, nicht zwischen den verschiedenen Interpretationen der Wahrheit. Obgleich dieser Perspektivismus alles andere als ironisch und von einem leeren Ideal der Toleranz inspiriert ist, ist er – das müssen wir wiederholen – noch kein tragisches Denken. Damit er in ein solches mündet, muß der Konflikt, ja der widersprüchliche Gegensatz nicht nur zwischen Wahrheit und Irrtum angesetzt, sondern ins Innere der Wahrheit selbst getragen werden. Diese „Wende“ scheint also nötig zu sein (und sie geht in gewisser Weise über „Verità e interpretazione“ hinaus), damit Pareyson in seinen letzten Schriften zu Recht von einem tragischen Denken sprechen kann. Die Ontologie der Freiheit, mit ihrer Konzeption der metaphysischen „Doppelheit“ Gottes und des Menschen, aber vor allem des Seins, setzt diese Wende voraus.

III. Tragisches Denken

Vom Perspektivismus zum Tragischen: Die Hermeneutik geht also einem Aspekt nach, der schon in anderen Ergebnissen der zeitgenössichen Epistemologie hervorgetreten war, und radikalisiert ihn. Auf dieser Ebene kommen sich die beiden Fronten, die lange Zeit einander entgegengesetzt waren, am nächsten – nicht, um einander zu überlagern und zu verflachen, wie derjenige behaupten mag, der in der Ästhetisierung der Erkenntnis die Art der Begegnung sieht, die Philosophie in Erzählung, in kommunikativen Austausch, in Abenteuer der Ideen auflöst. Nicht der Roman, sondern die Tragödie ist die literarische Gattung, die hier genannt werden müßte, möglichst in der Bedeutung, die Heidegger ihr zusprach, als er betonte: „Das Tragische hat seinen eigensten Sitz im Ästhetischen.“[16]

Fassen wir zusammen. Die Wissenschaft ist eine Kunst, heißt es in der Epistemologie, wenigstens in dem Maße, in dem die Entdeckungen hypothetischen und konstruktiven Wert haben. Das heißt, sie erheben nicht den Anspruch, die objektive Beschaffenheit der Dinge zu enthüllen, sondern geben ein Bild der vielen möglichen Dinge wieder, sie bieten eine Interpretation davon. Man müsse den Blick auf das Kunsterlebnis richten, heißt es außerdem in der Epistemologie, weil einerseits vor allem dort das Denken auf das nicht objektivierbare Objekt seiner Befragung stößt und weil es andererseits seiner Aufgabe nur treu bleibt, wenn es seine mythenschaffende Natur anerkennt. Doch anstatt eine Auflockerung und im Grunde ein Zunichtemachen der Idee der Wahrheit zu bewirken, dramatisiert diese Ästhetisierung des Unternehmens von Wissenschaft und Philosophie diese und macht sie

[16] Vgl. M. Heidegger, Nietzsche, Pfullingen 1961, 278.

noch entschiedener. Denn aus der Abschaffung der wahren Welt, die als etwas Objektives dastünde, das man ans Licht bringen müßte, ergibt sich ein Perspektivismus, der zwar die Logik des Subjekt-Objekt-Bezugs überwindet, jedoch am maßgebenden Charakter des „Dinges", das zu interpretieren ist, seiner Wahrheit, festhält. Daher erhält der Perspektivismus die Bedeutung eines Konflikts der Perspektiven, und daher bewirkt die Ästhetisierung der Erkenntnis zugleich auch ihre Dramatisierung.
Das ändert nichts an der Tatsache, daß die beiden Momente der Ästhetisierung und Dramatisierung voneinander getrennt werden können, wie es auch häufig geschehen ist. Dann verändert der Konflikt *in beiden Fällen* seine Bedeutung. Es ist dann kein wahrer Konflikt mehr, wie er beispielhaft sowohl bei Feyerabend[17] wie bei Ricoeur[18] vorliegt. Bei Feyerabend finden wir eine Ästhetisierung ohne Drama, ohne pólemos (also eine Ästhetisierung, die von ihrer eigenen Natur nichts weiß und sich unweigerlich zum Ästhetizismus verurteilt). Bei Ricoeur erfolgt in gewisser Hinsicht das Gegenteil.
Gewiß, Feyerabend spricht von einem Konflikt zwischen den verschiedenen Bildern der Wissenschaft. Aber der Konflikt ist hier fiktiv, er wird nur als Hypothese angenommen, aber in Wirklichkeit verneint. Er gehört zu der Art Konflikt, wie er für das ästhetische Bewußtsein zwischen den Kunstwerken existiert, d. h. für das Bewußtsein, das den Wahrheitswert der Werke auf Null reduziert hat, indem es sie auf der Grundlage von Geschmackskriterien legitimiert hat. Welcher Konflikt sollte also dazwischen bestehen? Dasselbe gilt für die wissenschaftlichen Bilder.

---

[17] Vgl. P. Feyerabend, Wissenschaft als Kunst, Frankfurt a. M. 1984; ders., Wider den Methodenzwang, Frankfurt a. M. 1985.
[18] Es sei besonders auf „Le conflít des interprétations" (Paris: Seuil 1969) hingewiesen.

Wahr und falsch, und also die Verfälschbarkeit einer Behauptung, sind voll und ganz Bestandteil der einzelnen Erklärungsmodelle (die so lange Bestand haben, wie sie funktionieren und – wie Feyerabend sagt – mit dem unvermeidlichen Verlust ihrer Fähigkeit, zu überzeugen und zu „faszinieren", selbst verfallen). Über sie entscheidet kein höherer Gesichtspunkt, zu dem man durch den Fortschritt der Forschung auf einheitlicher und wenigstens potentiell systematischer Grundlage Zugang fände, sondern einfach die strukturelle Folgerichtigkeit jeder einzelnen Auffassung. Jede ist von sich aus nicht mit den anderen vergleichbar, weil sie nur den eigenen inneren Kriterien entspricht und der Kraft, womit sie sich durchsetzt und Teilnahme zuläßt. Wenn die Medizin auf ritueller und magischer Grundlage in bestimmten Situationen nicht weniger wirkungsvoll ist als jene, die auf wissenschaftlichen Kriterien beruht, wenn die Kopernikanische Astronomie Aufschluß gibt über sonst unerklärliche Erscheinungen usw., warum wollte man dann nicht die Vielzahl der Perspektiven gemäß einem Toleranzideal denken, das ästhetisch ist, lange bevor es ethisch ist, und das jeglichen Konflikt zum Erlöschen bringt, indem es seine Unangemessenheit enthüllt?

Für Ricoeur sind Konflikt und Interpretation ein und dasselbe, weil die Interpretation dem Interpreten ganz überlassen wird. Dieser ist dazu aufgerufen, seine eigene Interpretation zu vertreten und sich von der anderen zu distanzieren, und kann sich nicht auf einen Dritten als einen über den Parteien stehenden Richter berufen. Auch in diesem Fall sollte man mehr von Risiko sprechen als von Konflikt (das einzige Organ der Interpretation ist die Person), von Wagnis (es gibt keine Methode, die unfehlbar den Weg weist), von Wette (im Sinne Pascals von der Entscheidung, die sich nicht auf bestimmende Votaussetzungen gründet). Es versteht sich von selbst: Das Bewußtsein von der Einsamkeit des Interpreten sollte dazu beitragen, daß übernommene Verantwortung wenigstens teilweise die Spannungen, die durch den Konflikt entstehen, abschwächt.

Nur dort, wo das Band, das Ästhetisierung und Dramatisierung verbindet, „hält", gibt es das tragische Denken. Dann besteht der Konflikt nicht nur zwischen den Paradigmen, nach denen sich Theorien richten, und auch nicht nur zwischen Wahrheit und Irrtum, sondern, viel radikaler, zwischen Wahrheit und Wahrheit. Der Konflikt ist real, soweit er auf einem Schauplatz stattfindet, den man zu Recht ästhetisch nennen kann.

Wenn der Konflikt zwischen Paradigmen bestünde, sähe man keine Möglichkeit, Lösungen zu verhindern, die Kunst und Wissenschaft im Zeichen einer monumentalen und musealen Auffassung von Geschichte identifizieren. Wie wir gesehen haben, dürfte man nicht einmal mehr von Konflikt reden, da die Bilder der Welt (ob sie nun wissenschaftlich oder künstlerisch sind) nur die Vielgestaltigkeit und das Helldunkel der Lebensformen ausdrücken würden. Die Schwierigkeiten, in die ein Autor wie z. B. Kuhn gerät, wenn er indirekt versucht, eine Antwort auf den epistemologischen Anarchismus Feyerabends und auf dessen Liquidierung der Freiheitsidee zu finden, sind bezeichnend. Warum sollten die Paradigmen, diese unbegründeten Tropismen, die auf ihre Art haltlos und sicher frei von in gewisser Weise transzendenten Absichten sind, einer Art höherer Logik oder Meta-Logik entsprechen, von der man annimmt, daß sie den Fortschritt der Erkenntnis leitet, indem sie ihn effektiv ermöglicht, während es auf der anderen Seite heißt, sie dienten einzig und allein der Produktion der einzelnen Werke oder höchstens der Produktion dieses oder jenes Stils?

In dieser Hinsicht gleicht der Fortschritt auf dem Gebiet der Wissenschaft – entgegen jeder Evidenz – dem Pfeil von Zenon: Er fliegt und fliegt doch nicht, er ist da und ist doch nicht da. Wenn er keine Illusion ist, so ist er doch eine theoretisch nicht zu rechtfertigende Realität. Man könnte sogar die Analogie zwischen Kunst und Wissenschaft auf die historische Ebene verlagern und beobachten, daß in der Vergangenheit die Geschichte der Kunst fast ausnahmslos unter dem Fortschrittsbegriff betrachtet wurde. Heute würde niemand mehr eine solche These vertreten, und es ist nicht gesagt, daß nicht auch der Geschichte der Wissenschaft dasselbe zustößt. Natürlich kehrt man auf diesem Weg zur Legitimierung zurück, ignoriert jegliche Konfliktlage und alle Bilder der Welt, die die Geschichte auswählte, indem sie sie einfach übermittelte. Da verbindet sich Anarchismus auf sehr zweideutige Weise mit extremem Traditionalismus.

Auch wenn der Konflikt zwischen Wahrheit und Irrtum besteht, erscheint eine auf jeden Fall sehr wenig konfliktbeladene Alternative unausweichlich. Auf der einen Seite gibt es eine Lösung, die explizit oder implizit auf die klassische Ontologie verweist. Es handelt sich nicht so sehr um Risiko oder Wagnis und noch weniger um eine Wette, denn der Irrtum ist nur das Ergebnis einer unangemessenen Haltung des Subjekts der Wahrheit gegenüber. Die Wahrheit „ist da“, und es gibt ein Wissen, das epistemische Wissen, das sie in diesem Da-Sein, in diesem Auf-ihrer-Grundlage-Ruhen, erfaßt. Die Subjektivität betrachtet die objektive Struktur des Seins in ihrem Zerrspiegel. Es besteht jedoch die Möglichkeit, über das Subjekt hinauszugehen und zur Wahrheit zu gelangen, die so ist, wie sie ist, und nicht anders sein kann. Aber auch der andere Fall der Alternative verringert das Risiko und das Wagnis der Interpretation, bis sie in einem Glücksspiel verschwimmt, in dem kein Irrtum mehr ist, weil es keine Wahrheit mehr gibt. Das zu Interpretierende ist wie aufgelöst, es existiert nicht mehr im eigentlichen Sinne. Es existiert nicht mehr als Hüter einer Normativität, die den Interpreten leitet und übersteigt, obgleich sie ganz in der Interpretation liegt. Alles wird dem Subjekt wieder in die Hände gelegt, und dieses wird zum Prinzip eines regelrechten hermeneutischen Okkasionalismus. Und nicht zufällig fällt diese Verherrlichung der Subjektivität mit ihrer Vernichtung zusammen. Das Subjekt verfügt vollständig über das Ding, dieses ist dem Subjekt völlig ausgeliefert. Aber dieses Ausgesetztsein ist so absolut und total, daß das Ding dem Nichts ausgesetzt zu sein scheint, so sehr, daß das Subjekt seine führende Rolle verliert. Es erhält die Gestalt eines kahlen literarischen Raumes (hier ist nicht nur die Linie interessant, die von Derrida zum Dekonstruktionismus verläuft, sondern noch mehr jene, die von ihm zu Blanchot führt); das Subjekt wird bloßer Rahmen sprachlicher Ereignisse, die man als serienhaft bezeichnen könnte, ohne Ursprung, ohne Matrix, ohne Archetypus. Wem ist das Werk nun eigentlich ausgesetzt und übereignet, wenn nicht seiner eigenen Intranszendibilität? Wem anders als der Tatsache, daß jede Interpretation des Werks immer und allein mit sich selber identisch ist und niemals vom Original her beurteilt werden kann?

So ist es aber nicht, wenn der Konflikt zwischen Wahrheit und Wahrheit besteht, wie wir es paradoxerweise auf ästhetischer Ebene erproben, natürlich unter der Bedingung, daß wir das Kunsterlebnis vom typisch modernen Vorurteil befreien, das es von der Erfahrung der Wahrheit trennt. Aber dazu muß die Wahrheit selbst „ästhetisch" gedacht werden. Die Wahrheit ist nicht da wie etwas, was sich entdecken und aus seinem Versteck ans Licht seiner Unumstößlichkeit, seiner Notwendigkeit, seines Nicht-

anders-sein-Könnens hervorziehen läßt. Man muß vielmehr in ästhetischer Hinsicht sagen, daß die Wahrheit niemals die ist, die sie war, und daß sie dennoch ist: Sie ist sie selbst und immer auch von sich verschieden, so daß die Wahrheit des Werks, wie Heidegger bemerkt hat, eigentlich sein Nichts ist – in dem Sinne, daß die Kunst nicht so sehr das sagt, was das Sein ist, als vielmehr das, was das Sein nicht ist. (Noch einmal: Nur im ästhetischen Bereich begreift man, wieso das Wesen der Wahrheit die Freiheit ist.) Darin liegt nichts Mystisches. Das Werk spielt nicht bloß auf Bedeutungen an, die über es hinausgehen und unfaßbar blieben. Die Erfahrung der Kunst beweist das Gegenteil: Die Wahrheit des Werkes liegt ausschließlich in diesem und nicht woanders. Daher ist die Wahrheit, um die es hier geht, nicht nur nichtobjektivierbar und nicht nur rätselhaft. Es geht um mehr. Sie „hält" den Widerspruch „aus", dadurch, daß sie ihn in sich trägt.
Das ist ein Paradox, das die eigenste Substanz des tragischen Denkens ausmacht. Es gilt auch nicht der Einwand, daß der Widerspruch hier nur metaphorischen Wert besitze, und mehr dazu diene, einen extremen, quälenden Gegensatz auszudrücken. Im Gegenteil, man greift im eigentlichen Sinn auf den Widerspruch zurück. Die Gegensätze sind Prädikate desselben Subjekts, und diese logische Absurdität wandelt sich in eine ontologische Erhellung. Prädikate von Gott beispielsweise sind Allmacht und Ohnmacht, vom Menschen (vom Menschen selbst) Unschuld und Schuld, von der Welt (von der Welt selbst) Sinnlosigkeit und letzter Sinn. Aber die Frage ist: Bedeutet dies Absurdität oder Erhellung? Es gibt niemanden, der nicht sieht, wie sich für die Erkenntnis eine unverzichtbare Chance eröffnet. Um sie sich zu eigen zu machen, muß das tragische Denken in den Bereich des Ästhetischen vordringen und sich dort wie zu Hause fühlen.

Zu den Autoren

Alberto Caracciolo (1918-1990) promovierte im Jahr 1940 in Klassischer Philologie an der Universität Pavia und unterrichtete anschließend an mehreren Humanistischen Gymnasien. Von 1951 an lehrte er Ästhetik an der Universität Genua. 1962 wurde er zum ordentlichen Professor ernannt, zunächst für Religionsphilosophie, dann von 1968 bis 1988 für Philosophie.
Wichtige Veröffentlichungen: Arte e pensiero nelle loro istanze metafisiche (Mailand 1953); Studi jaspersiani (Mailand 1958); La religione come struttura e come modo autonomo della coscienza (Mailand 1965); Religione ed eticità (Neapel 1971); Pensiero contemporaneo e nichilismo (Neapel 1976); Studi heideggeriani (Genua 1989); Nulla religioso e imperativo dell'eterno (Genua 1990).

Luigi Pareyson (1918-1991) promovierte 1939 in Turin. Von 1952 bis 1988 war er zunächst Professor der Ästhetik, dann der Philosophie an der Universität Turin. Er war Mitglied der Accademia Nazionale dei Lincei, der Accademia delle Scienze di Torino, des Institut International de Philosophie, des Comité international pour les études d'esthétique und der Internationalen Hegel-Vereinigung. Bis 1985 war er Herausgeber der „Rivista di estetica".
Wichtige Veröffentlichungen: La filosofia dell'esistenza e Carlo Jaspers (Neapel 1940); Fichte (Turin 1950); Esistenza e persona (Turin 1950); Estetica: teoria della formatività (Turin 1954); Teoria dell'arte (Mailand 1965); L'estetica di Kant (Mailand 1968); Verità e interpretazione (Mailand 1971); Schellingiana rariora (Turin 1977); Filosofia della libertà (Genua 1989).

Italo Mancini (1925-1993) studierte Philosophie an der Katholischen Universität in Mailand. Er war zuerst Professor für Philosophie, dann für Rechtsphilosophie an der Universität Urbino. Dort leitete er auch das Istituto Superiore di Scienze Religiose und gab die Zeitschrift "Hermeneutica" heraus. Er hat in Italien Dietrich Bonhoeffer bekannt gemacht und viel über Kant gearbeitet. Seine Forschungsschwerpunkte waren in den letzten Jahren die Philosophie des Rechts und die Religionsphilosophie.
Wichtige Veröffentlichungen: Teologia, ideologia, utopia (Brescia 1974); Novecento teologico (Florenz 1977); Guida alla Critica della ragione pura (Urbino 1982-1988); Filosofia della prassi (Genua 1986); Filosofia della religione (Genua 1986); L' ethos dell'Occidente (Genua 1989).

Umberto Eco (geb. 1932) studierte Philosophie in Turin und promovierte 1954. Von 1954 bis 1958 arbeitete er beim italienischen Rundfunk, anschließend bis 1975 beim Verlag Bompiani. Zuerst Lehrbeauftragter an den Fakultäten für Architektur der Universitäten Florenz und Mailand ist er seit 1975 Professor für Semiotik an der Universität Bologna. Er war Visiting Professor an verschiedenen europäischen und amerikanischen Universitäten.
Wichtige ins Deutsche übersetzte Veröffentlichungen: Einführung in die Semiotik (München 1972); Das offene Kunstwerk (Frankfurt a. M. 1973); Semiotik und Philosophie der Sprache (München 1985); Lector in fabula (München/Wien 1987); Kunst und Schönheit im Mittelalter (München/Wien 1991); Die Grenzen der Interpretation (München 1992).

Franco Bianco (geb. 1932) war nach der Promotion Stipendiat der Universität Basel bei Karl Jaspers und der Alexander-von-Humboldt-Stiftung bei Eugen Fink, Hans-Georg Gadamer und Karl Löwith. Von 1962 an lehrte er an den Universitäten Perugia, Bari und Rom („La Sapienza") und war Gastdozent an mehreren europäischen Universitäten. Nun ist er Professor für Geschichte der Philosophie an der dritten Universität von Rom. Er befaßt sich mit Problemen des Historismus und der modernen Hermeneutik sowie mit erkenntnistheoretischen Fragen der Geistes- und Sozialwissenschaften.
Wichtige Veröffentlichungen: Dilthey e la genesi della critica storica della ragione (Mailand 1971); Storicismo ed ermeneutica (Rom 1974); Giudizi di valore e riabilitazione della filosofia pratica (Neapel 1991); Pensare l'interpretazione (Rom 1991).

Carlo Sini (geb. 1933) promovierte in Philosophie an der Universität Mailand, wo er Assistent bei Enzo Paci wurde. Später lehrte er Philosophie der Geschichte und Geschichte der Philosophie an der Universität L'Aquila. Seit 1976 ist er Professor für Philosophie an der Universität Mailand. Er gibt die Zeitschrift „L'uomo, un segno" heraus. Er hat Seminare und Kongresse in den Vereinigten Staaten, in Argentinien und in verschiedenen europäischen Ländern geleitet.
Wichtige Veröffentlichungen: Il pragmatismo americano (Bari 1972); Passare il segno (Mailand 1981); Immagini di verità. Dal segno al simbolo (Mailand 1985); I segni dell'anima (Rom/Bari 1989); Semiotica e filosofia (Bologna 1990); Etica della scrittura (Mailand 1992).

Vincenzo Vitiello (geb. 1935) lehrt Philosophie an der Universität Salerno und gibt, zusammen mit Massimo Cacciari, Sergio Givone und Carlo Sini, die Zeitschrift „Paradosso" heraus. Seine Hauptforschungsgebiete sind dialektische Logik und Hermeneutik, Ontologie und Nihilismus, Geschichtstheorie und Topologie.
Wichtige Veröffentlichungen: Heidegger: il nulla e la fondazione della storicità (Urbino 1976); Dialettica ed ermeneutica: Hegel e Heidegger (Neapel 1979); Utopia del nichilismo. Tra Nietzsche e Heidegger (Neapel 1983); Ethos ed Eros in Hegel e Kant (Neapel 1984); La palabra hendida (Barcelona 1990); Topologia del moderno (Genua 1992).

Gianni Vattimo (geb. 1936) promovierte 1959 im Fach Philosophie. Von 1963 bis 1965 war er Stipendiat der Alexander-von-Humboldt-Stiftung in Heidelberg. Seit 1965 lehrt er an der Universität Turin, zunächst als Privatdozent, dann von 1969 an als Professor für Ästhetik, seit 1983 für Philosophie. 1972 und 1973 war er Visiting Professor an der State University of New York in Albany. Er ist Mitglied des Comité international pour les études d'esthétique und Herausgeber der Zeitschrift „Rivista di estetica". Seine Hauptforschungsgebiete sind die Ästhetik der Antike und die deutsche Philosophie des XIX. und XX. Jahrhunderts.
Folgende Schriften von ihm wurden ins Deutsche übersetzt: Jenseits vom Subjekt (Wien 1986); Das Ende der Moderne (Stuttgart 1990); Nietzsche. Eine Einführung (Stuttgart 1992).

Mario Ruggenini (geb. 1940) ist Professor für Philosophie an der Universität Venedig. Sein Arbeitsschwerpunkt ist philosophische Hermeneutik. Wichtige Veröffentlichungen: Verità e soggettività. L'idealismo fenomenologico di Edmund Husserl (Verona 1974); Il soggetto e la tecnica. Saggio su Heidegger (Rom 1978); Il nichilismo di Nietzsche (Ferrara 1983); Volontà e interpretazione (Mailand 1984); La filosofia, la fede, la perdita di Dio (Rom 1988); Il divino e l'assenza (Mailand 1991); I fenomeni e le parole. La verità finita dell'ermeneutica (Genua 1991).

Sergio Givone (geb. 1944) hat an den Universitäten Perugia und Turin gelehrt. Jetzt ist er Professor für Ästhetik an der Universität Florenz.
Wichtige Veröffentlichungen: La storia della filosofia secondo Kant (Mailand 1972); Hybris e melancholia (Mailand 1974); Ermeneutica e romanticismo (Mailand 1983); Dostoevskij e la filosofia (Rom/Bari 1984); Disincanto del mondo e pensiero tragico (Mailand 1988); La questione romantica (Rom/Bari 1992).

Personenregister

Philosophische Beiträge – international bei Alber

Renato Cristin (Hg.): Beiträge zur Phänomenologie aus Italien. In Vorbereitung. ISBN 3-495-47749-7

Javier Muguerza (Hg.): Ethik aus Unbehagen. 25 Jahre ethische Diskussion in Spanien. Aus dem Spanischen übersetzt von Ruth Zimmerling. 1991. 320 Seiten. Gebunden. (Band 40 der Reihe Praktische Philosophie) ISBN 3-495-47718-7

Volker Rühle (Hg.): Beiträge zur Philosophie aus Spanien. Aus dem Spanischen übersetzt von Volker Rühle und Ruth Zimmerling. 1992. 256 Seiten. Gebunden. (Alber-Reihe Philosophie) ISBN 3-495-47717-9

Wilhelm Goerdt: Russische Philosophie. Erster Band: Zugänge und Durchblicke. 1984. 768 Seiten. ISBN 3-495-47542-7. – *Zweiter Band: Texte.* 1989. 838 Seiten. ISBN 3-495-47666-0

Ryôsuke Ohashi (Hg.): Die Philosophie der Kyôto-Schule. Texte und Einführung. 1990. 552 Seiten. Gebunden. ISBN 3-495-47694-6

Yoshihiro Nitta (Hg.): Japanische Beiträge zur Phänomenologie. 1984. 368 Seiten. Kartoniert. (Alber-Broschur Philosophie) ISBN 3-495-47556-7

Verlag Karl Alber, Freiburg/München